공무원노동조합론

백 종 섭

도서출판 대영문화사

머리말

공무원노동조합과 관련된 책을 집필하고자 시도한 지 벌써 7년이 지나버렸다. 사실 공무원단체활동을 주제로 한 박사학위 논문을 완성한 후 책을 출간하려고 시도해 왔으니 20년 만의 작업이라고 해도 과언은 아니다. 매년 여름과 겨울방학이면 조금씩 완성해 나가던 작업을 이제야 마무리하니 어지간히 필력이 부족한 탓으로밖에 다른 변명이 없다. 집필 기간과 좋은 책의 상관관계에 관한 한 나에게는 해당되지 않는 것 같다.

아무튼 대학 생활 때 시작된 정권에 대한 부정적 시각과 행동은 이 책을 집필하는 토대가 되었던 것 같다. 1978년 학생 데모로 시작되어 구류와 휴학, 복학, 전두환 군사독재 시절 행시 합격(제24회)과 3차 면접 2회 탈락은 저자로 하여금 점차 정부에 대한 비판적인 사고와 입장을 견지하게 만들었다. 삼성에 취직하여 그룹 회사를 방문 연수할 때 고졸 출신들의 열악한 근로환경에 마음 아파하며 노동조합의 필요성을 절감하게 되었고, 퇴사 후 석사 과정에서 최저임금제로 학위를 받았으며, 뒤늦게 이어진 박사 과정에서 고민 끝에 공무원노동조합을 주제로 박사학위를 취득하여 대전대에서 강의를 하면서 공무원노동조합에 관한 집필을 시작하였다.

우리나라는 중진국을 벗어나 선진국 대열에 합류하였음에도 불구하고 국내외적 상황으로 인하여 주요 선진국과 달리 오랜 세월 동안 공무원들에게 노동기본권이 보장되지 못하였다. 상당수 공무원의 지속적인 요구와 정치권의 관심, 문민정부의 등장, 최초로 평화적인 수평적 정권 교체가 이루어지면서 우리나라에도 민주화의 물결이 급속도로 확산되어 나갔고, 드디어 김영삼 문민정부와 김대중 국민의 정부에서 논의된 공무원의 노동기본권은 우여곡절 끝에 노무현 정부에서 본격적으로 논의되면서 드디어 2005

년 1월 27일 공포되어 2006년 1월 28일부터 공무원들에게도 노동기본권이 보장되기에 이르렀다.

이 책은 수많은 선행 연구자의 귀중한 자료에 힘입었기에 가능한 일이었다. 이분들에게 일일이 고마움을 전하지 못하고 머리말로 대신함을 송구스럽게 생각할 뿐이다. 관련 논문이나 보고서를 참조하면서도 완벽하게 인용처를 밝히지 못한 것은 저서가 갖는 한계 때문이었다. 각주 처리로 최대한 노력하였으나, 하나하나 출처를 모두 밝히지 못하였음을 이 자리에서 밝히며 관련되는 연구자들의 이해와 양해를 구한다. 많은 분의 훌륭한 업적에도 불구하고 이 책에는 부족하고 미진한 부분이 상당하다는 점을 인정하며, 이는 오로지 저자의 무능력의 소치이다. 이른 시일 내에 보완하고 수정할 것을 약속드린다.

탈고를 하면서 다시금 생각나는 분이 계시다. 몇 년 전에 작고하신 고 박동서 은사님이다. 선생님께서는 저자가 대학교 3학년 때 행정고시를 준비해도 되는지 여쭐 때 알지도 못하는 저자에게 열심히 공부하여 합격하면 총무처 장관에게 추천서를 써 주겠다고 격려하셨다. 이후 저자의 게으름으로 추천서를 받지 않아 면접에서 두 번이나 낙방하는 사고를 쳤다. 석사와 박사 과정에서 선생님의 강의를 모두 수강하였으며, 박사학위 논문 심사위원장을 맡아 많은 도움을 주셨다. 1994년 가을 설악산 오색약수 호텔에서 신임교수 연수 때 특강하신 후 늦은 밤까지 마주앙 두 병을 드시면서 많은 말씀을 하셨다. 그때 선생님께서는 행정개혁쇄신위원회 위원장으로 활동하셨는데, 반드시 공무원의 단결권만이라도 보장하고 마무리하겠다고 강조하셨다. 선생님의 강한 의지는 뒤이어 정부에서 공무원 노동기본권을 논의하는 계기가 되었고 결국 법으로 제정되기에 이르렀던 것이다.

여러 가지로 부족한 필자의 석·박사 과정을 지도해 주고 이끌어 주신 김신복 교수님과 석사 과정 진학에 큰 도움을 주신 유훈 교수님, 학자의 열의를 몸소 실천으로 보여 주시는 강신택 교수님, 오석홍 교수님, 노화준 교수님 등 행정대학원 은사님께 감사드린다.

공무원의 노동조합 문제에 가장 많은 관심을 갖고 함께 논의하며 의견을 나눈 서원석 박사, 세미나 때마다 열띤 토론을 하는 김재기 교수, 항상 예리한 비판과 논점을 제시하는 조선일 교수, 진지하게 연구하고 토론해 온

하재룡 교수, 배귀희 교수, 진종순 교수, 정재명 교수, 김성훈 박사 등 공무원의 노동기본권에 관심을 가지고 함께 연구해 온 한국인사행정학회 회원분들께도 감사드린다.

몹시도 추운 겨울 끝자락 봄날부터 당신들도 투정을 부릴 열 살과 일곱 살 나이에 세 살바기 필자의 가녀린 생명을 보듬고 온갖 투정을 달게 삼키며 영원한 엄마와 아빠가 되어 공부할 수 있도록 키워 준 누님과 형님께 하늘과 땅보다 더 높고 넓은 무한한 감사를 드리며, 자식이 성장할 수 있도록 삶의 고통과 어려움을 오랜 세월 동안 홀로 이겨내 오신 아버님께 한없는 존경심을 보낸다. 그리고 어려운 환경 속에 고생하시는 새어머님께도 죄송스러움과 진정으로 고마움을 표한다.

무엇보다 초등 학력도 없는 서러움을 배움의 희열 속에 65세 만학도로 고교 학력을 취득하신 누님께 한없는 축하와 경의를 표한다.

실업자로 공부하는 사위에게 물심양면으로 격려해 주고 도움 주신 빙부, 빙모님께 감사의 말씀을 드린다.

학자의 길을 걷는 데 어려울 때마다 큰 도움을 주며 격려해 준 나의 반려자 한재경, 힘든 학창 시절에 도움도 주지 못하고, 인생의 올바른 나침반 역할조차 제대로 하지 못해 항상 안타깝게 생각하는 우리의 소중하고 착하며 귀여운 아들 경태와 딸 소정이에게 미안한 마음과 고마움을 남기고 싶다.

끝으로 이 책이 나오기까지 여러 해 동안 기다려 주시고 격려해 주신 대영문화사 임춘환 사장님과 항상 웃음으로 번거로움을 받아 주신 임직원 여러분께도 진심으로 감사드린다.

2012년 겨울의 문턱에서
운봉(雲峰) 백종섭(白鍾燮)

차 례

Chapter 01 공무원과 노동기본권

제1절 공무원의 개념과 범위

우리 헌법은 제33조 제1항에서 근로자는 근로조건의 향상을 위하여 자주적인 단결권, 단체교섭권 및 단체행동권을 가진다고 규정함으로써 노동기본권의 향유 주체를 근로자로 한정하고 있다. 따라서 공무원의 노동기본권을 논하기 위해서는 공무원의 개념과 범위 및 그에 따른 근로자성(勤勞者性) 여부를 살펴보아야 할 것이다.

이 책에서 다루는 주요 내용은 공무원들의 노동권과 관련되는 관계로 공무원의 개념과 범위를 단순하게 정의하기보다는 먼저 행정법학의 입장에서 정리해 보고자 한다. 일반적으로는 공무원이란 국가 또는 지방자치단체의 공무담당자를 그 기관으로서의 지위를 떠나 파악하고 있다. 이를 넓은 의미의 공무원, 좁은 의미의 공무원으로 나누어 설명하면 다음과 같다(김남진 · 김연태, 2012).

1 넓은 의미(광의)의 공무원

넓은 의미의 공무원은 국가 또는 지방자치단체의 공무담당자 모두를 포괄한다. 헌법 제7조 제1항의 규정인 "공무원은 국민 전체에 대한 봉사자이며, 국민에 대하여 책임을 진다"의 규정 개념에 해당한다. 이러한 범위에 해당되는 공무원은 대통령, 국회의원 등과 같이 선거에 의하여 취임하거나 임명에서 필요로 하는 정무직 공무원, 계약에 의하여 공무를 담당하는 자, 임식직 등 모든 공무담당자가 포함된다.

2 좁은 의미(협의)의 공무원

좁은 의미의 공무원은 국가·지방자치단체와 공법상 근무 관계를 맺고 공무를 담당하는 모든 자로서, 국가공무원법, 지방공무원법 및 기타 공무원의 지위와 신분에 관하여 규율하고 있는 각종 공무원법상의 공무원이 해당된다.

3 이 책에서의 공무원

공무원이라는 개념과 포괄 범위는 나라에 따라 다른 규정을 두는 바, 우리나라의 경우 종래에는 국가공무원법의 획일적인 적용 여부에 따라 일반직과 별정직으로 분류하였으나, 1981년에 개정하여 실적주의와 장기 근무를 내용으로 하는 직업공무원제의 적용 여부에 따라 크게 경력직과 특수경력직으로 분류하였다. 이에 따라 인사행정의 주요 대상은 경력직에 초점이 모아지며 과거의 일반직보다 인원이 훨씬 많아지게 되었다.

이 책에서는 공무원의 개념과 범위면에서 공무원의 노동권과 관련되는 관계로 노동기본권의 향유 주체가 되는 공무원을 중심으로 논의하므로, 협의의 공무원 개념으로 사용한다. 공무원의 개념으로 "장기간 충실히 근무하며 그의 노동의 대가로서 정부로부터 특별한 대우, 즉 보수·신분 보장·연금 등을 받을 사람"(박동서, 1990: 136)으로 정의한다. 이러한 의미에 포함되는 공무원은 국가 또는 지방자치단체와 특별행정법 관계를 맺고 공

〈표 1-1〉 공무원의 구분과 노조 가입 대상 범위

구분	하위 구분	예	공무원노조법 가입 대상
경력직 공무원	일반직	행정 · 기술직(고위공무원, 3급~9급) 연구 · 지도직(연구 · 지도관, 연구 · 지도사)	6급 이하
	특정직	법관 · 검사 · 외무 · 경찰 · 소방 · 교육 · 군인 등	6급 이하의 외무행정 · 외교정보관리직단, 교원은 교원노조법 적용 대상
	기능직	정보통신 · 교환 · 운전 · 타자 · 방호 등	전원 *일부 제외
특수경력직 공무원	정무직	감사원장 · 처장 · 차관 · 청장 등	제외
	별정직	차관보 · 비서관 · 비서 등	6급 이하
	계약직	일반 · 전문 · 시간제 계약직 등	6급 이하

출처: 해당 법령을 참조하여 저자가 작성. * <표 1-2> 참조.

무를 담당하는 기관구성자로 국가공무원법 및 지방공무원법상의 경력직과 특수경력직이 모두 해당되지만, 이 책에서의 분석 대상은 경력직의 일반직 공무원, 특정직 공무원, 기능직 공무원이며, 이 중 특정직은 주로 경찰공무원, 소방공무원, 교육공무원이 해당된다.

행정안전부는 조만간에 법령을 개정하여 현행 공무원의 직종을 재분류할 예정이다.[1)]

1) 2012년 9월 현재 행정안전부는 공무원의 분류를 다음과 같이 입법예고하였다(2014년 1월부터 시행 예정).

공무원 직종 개편(안)

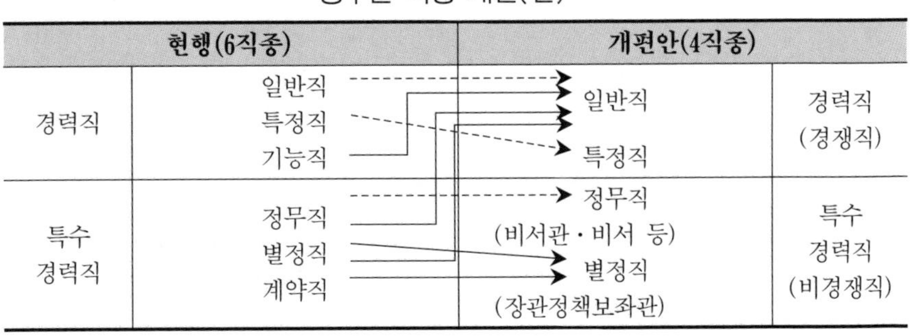

제 2 절 공무원과 근로자의 관계

1 공무원의 근로자성

대한민국 헌법 제33조 제1항은 "근로자는 근로 조건의 향상을 위하여 자주적인 단결권, 단체교섭권 및 단체행동권을 가진다"라고 규정하여 노동3권의 주체를 근로자로 정의하고 있다.

이때 근로자에 대하여 근로기준법은 "직업의 종류에 관계없이 임금을 목적으로 사업이나 사업장에 근로를 제공하는 자"(제2조)로 규정하고 있다. 공무원도 임금을 목적으로 근로를 제공하므로 근로기준법상 근로자라고 할 수 있다. 또한 노동조합 및 노동관계조정법(이하 노동조합법)은 "근로자라 함은 직업의 종류를 불문하고 임금·급료 기타 이에 준하는 수입에 의하여 생활하는 자"(22조)로 규정하여 공무원도 노동조합법상 근로자라고 볼 수 있다.[2)]

이에 대해 헌법재판소는 결정문에서 다음과 같이 명시하고 있다.

> 공무원은 임명 주체 등에 따라 국가공무원과 지방공무원으로 대별되고, 이들은 각각 다시 일반직, 특정직, 기능직으로 세분되는 경력직 공무원과 정무직, 별정직, 전문직, 고용직으로 세분되는 특수경력직 공무원으로 구분된다. 일반적으로 말하여 공무원이란 직접 또는 간접적으로 국민에 의하여 선출 또는 임용되어 국가나 공공단체와 공법상의 근무 관계를 맺고 공공적 업무를 담당하고 있는 사람들을 가리킨다고 할 수 있고, 공무원도 각종 노무의 대가로 얻는 수입에 의존하여 생활하는 사람이라는 점에서 통상적인 의미의 근로자적인 성격을 지니고 있으므로 헌법 제33조 제2항 역시 공무원의 근로자적 성격을 인정하는 것을 전제로 규정하고 있다(헌법재판소 1992.4.28. 전원재판부 결정, 90헌바27).

---

2) 공무원도 임금을 목적으로 근로를 제공하는 근로기준법 제14조 소정의 근로자이므로, '중략' 원칙적으로 근로기준법이 적용되므로…… 사기업의 근로자와 동일하므로 근로기준법 제45조의 휴업수당은 공무원에게도 적용된다(대판 1996. 4. 23. 94 다 446; 이상윤, 2009: 97 재인용).

이처럼 공무원의 근로자임을 인정하는 것은 헌법 자체 내의 규정에 의해서도 명백하게 인정되고 있는 바, 헌법 제33조 제2항은 "공무원인 근로자는 법률이 정하는 자에 한하여 단결권, 단체교섭권 및 단체행동권을 가진다"라고 규정하고 있다. 이 규정은 공무원이 근로자라는 사실에 기초하여 공무원의 노동3권을 제한하는 근거 규정일 뿐이다. 다만, 공무원은 '국가공무원법' 또는 '지방공무원법' 등의 특별법을 제정하여 근로 조건 등을 따로 규정하고 있어 그 직무의 성격상 일반 근로자와는 달리 노동3권을 제한하고 있을 뿐 근로자가 아니기 때문에 노동3권을 제한하는 것은 아니다(김헌수, 2009: 52).

또한 노동조합법 제5조에서는 "근로자는 자유로이 노동조합을 조직하거나 이에 가입할 수 있다. 다만, 공무원과 교원에 대하여는 따로 법률로 정한다"고 하여 공무원이 근로자임을 전제하고 있다.

이상의 법률적 근거를 바탕으로 할 때, 공무원은 임금 등에 의하여 생활하는 근로자이고, 따라서 노동조합법상의 노동3권인 단결권, 단체교섭권 및 단체행동권을 향유할 수 있으나, 공적인 업무를 담당하는 특수성으로 인하여 일정한 범위 내에서만 노동기본권의 제한을 받는 근로자이다.

2 공무원과 노동기본권

1) 노동기본권의 개념

노동기본권의 개념은 헌법학자들과 노동법학자들에 의하여 널리 사용되고 있으나, 그 개념 속에 포함된 내용은 다양하게 나타나고 있다. 이 책은 법학과 관련된 것이 아니므로 이에 대한 구체적인 학자들의 입장 및 논의는 생략하고 간략하게 주요 개념만 설명하고자 한다. 좀 더 자세한 것은 관련되는 문헌(각종 헌법 및 노동관계법)을 참고하면 될 것이다.

먼저 노동기본권에 노동3권과 생활권(헌법 제34조의 인간다운 생활의 보장권) 및 근로권(헌법 제32조의 근로의 권리 및 근로 조건 보장권)을 포괄하는 입장, 노동기본권에 근로권만 포함시키는 입장, 그리고 노동기본권을 노동3권으로 한정하는 입장이 있다.

이 책에서는 공무원의 노동기본권을 설명하고 논의하는 저서의 목적과 범위에 맞게 전개의 편의상 공무원의 노동기본권을 노동3권인 단결권, 단체교섭권, 단체행동권으로 한정하여 설명하고자 한다. 이 경우 노동3권은 근로자의 인간다운 생활의 보장이라는 측면에서 경제적 약자인 근로자의 실질적인 자유와 평등을 확보하기 위한 수단으로 보장되는 권리로 보아야 한다. 우리나라 헌법도 제33조에서 "근로자는 근로 조건의 향상을 위하여 자주적인 단결권·단체교섭권 및 단체행동권을 가진다. 공무원인 근로자는 법률이 정하는 자에 한하여 단결권·단체교섭권 및 단체행동권을 가진다. 법률이 정하는 주요 방위산업체에 종사하는 근로자의 단체행동권은 법률이 정하는 바에 의하여 이를 제한하거나 인정하지 아니할 수 있다"고 규정하고 있는 점에서 확인할 수 있다.

2) 노동기본권의 내용

(1) 단결권

근로자의 단결권이란 근로자들이 자주적으로 노동조합을 설립·운영하고 이에 가입하여 활동할 수 있는 개별적 단결권과 근로자단체인 노동조합이 자주적으로 활동할 수 있는 집단적 단결권을 말한다(김유성, 2004: 26). 헌법 제3조는 "근로자는 근로 조건의 향상을 위하여 자주적인 단결권·단체교섭권 및 단체행동권을 가진다"고 규정하고 있다.

따라서 개별 근로자인 공무원은 관련 법규에 따라 근로 조건을 유지·개선할 목적으로 자유로이 노동조합으로 대표되는 근로자단체를 조직하거나 이에 가입하여 활동할 수 있다(노동조합법 제5조). 따라서 사용자인 국가나 지방자치단체는 근로자인 공무원이 노동조합에 가입하지 아니할 것 또는 특정 노동조합의 조합원이 될 것을 고용 조건으로 하거나, 노동조합의 결성 또는 가입을 이유로 근로자인 공무원을 해고하거나 기타 불이익한 처분을 할 수 없다(노동조합법 제81조). 조합원이 된 근로자인 공무원은 노동조합의 모든 문제에 대해 균등하게 참여할 권리를 가진다(노동조합법

제22조).

한편, 개별적 단결권과 관련하여 법학에서는 '단결하지 아니할 자유,' 즉 노동조합에의 가입을 강제당하지 아니할 자유가 포함되느냐에 논쟁이 있으나, 다수설은 소극적 단결권을 부정하여 근로자는 반드시 노동조합에 가입하여야 하나, 원하는 노동조합을 선택할 수 있는 단결 선택의 권리를 갖고 있다고 본다(이상윤, 2009: 63-65). 이 경우 근로자는 노조 일반에의 가입은 강제되지만, 특정 노조(예: shop 조항 체결 노조)에 가입이 강제되는 것은 아니다. 그러나 법리상의 논쟁은 여전히 남아 있다.

그리고 집단적 단결권과 관련하여 근로자단체인 노동조합은 당해 조직을 구성하고 재정 등의 내부 운영 사항 등에 자유로이 결정할 수 있으며, 또한 당해 조직을 확대하거나 상부 단체를 결성하거나 가입할 수 있는 권리가 인정된다(김유성, 2004: 28).

(2) 단체교섭권

단체교섭권은 근로자가 근로 조건을 유지하고 개선하기 위해 노동조합 기타 단결체의 대표자를 선출하여 사용자 또는 사용자단체와 집단적으로 교섭할 수 있는 권리이다. 이와 관련하여 노동조합법 등은 근로자의 단체교섭활동에 대한 민·형사 면책을 인정하고 있다(노동조합법 제3조, 제4조). 근로자의 단체교섭권에 대응하여 사용자는 단체교섭 의무를 갖는다. 이 의무에는 단체교섭에 응할 의무와 교섭 과정에서 양자 간에 합의 달성을 위해 성실하게 노력하여야 하는 성실 교섭 의무도 포함되어 사용자가 근로자의 단체교섭 요구에 정당한 이유 없이 거부할 경우에는 단체교섭의 침해로 간주하여 사용자의 부당노동행위의 하나로 금지하고 있다(노동조합법 제30조, 제81조). 그러나 사용자는 성실 교섭 의무를 질 뿐 노동조합 측의 요구를 수용하여 단체협약을 체결하여야 할 의무까지 지는 것은 아니다(노동조합법 제2조, 제46조).

그런데, 단체교섭권에 단체협약체결권까지를 포함시키는가 하는 문제가 있다. 헌법재판소는 이에 대해 다음과 같이 판시하고 있다.

> 헌법 제33조 제1항이 근로3권을 보장한 것은 근로자가 사용자와 대등한 지위에서 단체교섭을 통하여 자율적으로 임금 등 근로조건에 관한 단체협약을 체결할 수 있도록 하기 위한 것이기 때문에 비록 헌법이 위 조항에서 '단체협약체결권'을 명시하여 규정하고 있지 않다고 하더라도 근로 조건의 향상을 위한 근로자 및 그 단체의 본질적인 활동의 자유인 '단체교섭권'에는 단체협약체결권이 포함되어 있다고 보아야 한다(헌재 1998. 2. 27. 94헌바13·26, 95헌바44(병합)[노동조합법 제33조 제1항 위헌소원]; 김유성, 2004: 31 재인용).

그리하여 헌법상 단체교섭권에는 단체협약체결권까지 포함되어 있는 것으로 보아 단체협약체결권을 금지하면서 단체교섭권만을 인정하는 법률을 제정하는 경우에는 위헌이 될 것이라는 의견이 있다(김유성, 2004: 31).

그런데, 국가에 따라서 단체교섭권과 단체협약체결권을 분리하여 보장하고 있는데, 일본은 단체교섭권만 보장하였고, 영국은 단체협약체결권을 명문으로 규정하지 않아 단체협약을 체결하지만 이는 법적 구속력이 없는 이른바 '신사협정'으로 이해되고 있다. 좀 더 구체적인 내용은 이 책의 뒤에서 설명하는 주요 국가의 공무원 노동기본권 보장을 참조하기 바란다.

(3) 단체행동권

단체행동권이란 근로자가 근로 조건 등 자신의 요구를 관철하기 위하여 사용자에 대하여 집단적인 압력 행동을 취할 것을 보장하는 권리다. 단체행동권은 쟁의권(쟁의행위)과 조합활동권으로 구분되는데, 쟁의권이란 파업·태업·직장폐쇄 기타 노동 관계 당사자가 그 주장을 관철할 목적으로 행하는 행위와 이에 대항하는 행위로서 업무의 정상적인 운영을 저해하는 행위를 말한다(노동조합법 제2조).

그리고 조합활동권이란 쟁의행위 및 단체교섭 이외의 단결체의 행동으로 리본 착용, 휴게 시간 중의 유인물 배포, 집회, 연설 등으로 업무의 정상적인 운영을 방해하지 않는 방식으로 사용자에 대하여 요구 또는 시위하거나 제3자에 대하여 선전활동을 행할 수 있는 권리(김유성, 2004: 32; 이을형, 1996: 119)이다. 노동조합법 등은 정당한 단체행동에 대해 민·형사상 면책을 인정하고 있으며(노동조합법 제3조, 제4조), 근로자가 정당한 단체행위에 참가한 것을 이유로 그 근로자를 해고하거나 그 근로자에게 불이익을 주는 행위는 부당노동행위로 금지하고 있다(노동조합법 제81조). 노동기본권의 내용과 법령에 따른 공무원의 노동기본권 허용 범위와 그 대상을 정리하면 <표 1-2>와 같다.

〈표 1-2〉 노동기본권의 내용과 허용 범위

<table>
<tr><th>노동기본권
(노동3권)</th><th>포함 권리와 대상</th><th>단순노무 종사자
공무원*</th><th>공무원
노조법</th><th>교원
노조법</th></tr>
<tr><td>단결권</td><td>개별적 단결권: 근로자 개인
집단적 단결권: 노동조합</td><td rowspan="3">보장</td><td rowspan="2">보장</td><td rowspan="2">보장</td></tr>
<tr><td>단체교섭권</td><td>협의의 단체교섭권
단체협약체결권</td></tr>
<tr><td>단체행동권</td><td>쟁의권: 파업, 태업, 직장폐쇄 등
조합활동권: 리본 착용 등</td><td>제한</td><td>제한</td></tr>
</table>

* 국가공무원법 제66조 제1항 단서 및 지방공무원법 제58조 제1항 단서의 규정에 의한 "사실상 노무에 종사하는 공무원"은 노동조합법의 적용을 받아 노동3권이 모두 보장된다. 여기에 해당되는 공무원은 지식경제부 소속 현업기관의 작업 현장에서 노무에 종사하는 기능직 공무원(기능직 공무원의 정원을 대체하여 채용된 일반계약직 공무원 및 시간제 일반계약직 공무원을 포함)으로서 다음 각 호의 어느 하나에 해당하지 아니하는 공무원이다.

1. 서무·인사 및 기밀 업무에 종사하는 공무원
2. 경리 및 물품출납 사무에 종사하는 공무원
3. 노무자 감독 사무에 종사하는 공무원
4. 「보안업무규정」에 따른 보안목표시설의 경비 업무에 종사하는 공무원
5. 승용자동차 및 구급차의 운저에 종사하는 공무원(국가공무원 복무규정 제28조).

Chapter 02 공무원과 노동조합

제 1 절 공무원노동조합의 의의

1 공무원단체와 공무원노동조합의 개념

공무원단체와 공무원노동조합의 개념은 학자에 따라 그 범위 설정에 약간의 차이를 보이고 있으나 대동소이하다. 또한 용어도 공무원단체 또는 공무원노동조합이 보편적으로 사용되고 있다. 공무원도 노동자(근로자)이므로(대한민국 헌법 제31조 제2항에서도 공무원은 근로자임을 명시하고 있다) 원칙적으로 그들의 경제적 · 사회적 · 정치적 지위를 향상시키기 위하여 단체를 결성할 권리가 있다. 즉, 노동조합을 조직할 수 있는 것이다.

노동조합이란 무엇인가에 대한 대답은 학설사로 잘 정리한 펄먼(M. Perlman)의 분류가 유명하다. 그는 노동조합에 대한 여러 가지 이론을 다섯 가지로 분류하고 있다. 즉, 도의적 단체, 심리적 반응단체, 복지단체, 민주적 단체, 혁명단체가 그것이다(Perlman, 1958). 이 중 특히 관심 있는 것은 복지단체와 민주적 단체로서의 노동조합 개념이다. 복지단체로서의 노동조합론은 영국의 웹(S. & B. Webb), 피구(A. C. Pigou), 미국의 버넷(G. E. Burnet) 등의 견해로서 노동조합의 존재 이유를 조합원의 능률 향상, 조합원과 국민의 복지 증대에서 구하고 있다.

민주적 단체로 이해하는 입장은 노동조합을 현대 사회의 민주화 과정에서 필수적인 제도로 인식하고 있는데, 이는 이른바 산업민주주의론에 입각하고 있는 것이다. 이러한 입장을 취하는 사람들은 영국의 웹(Webb) 부부,[1] 독일의 브렌타노(Lujo Brentano), 미국의 코멘스(J. R. Commens), 퍼먼(S. Perman), 펄먼(M. Perlman) 등이다. 즉, 채용부터 해고까지의 고용관리는 기본적으로 조합의 권리라는 사상에 기초한다(강석인, 1987).

이런 두 가지 입장 중 우리나라는 주로 전자의 입장이 강하다고 볼 수 있으며, 일부 특히 민간 분야에서는 산업민주주의론이 활발하게 연구되고 논의되는 바 앞으로 이러한 입장에 대한 연구가 더 진전되리라고 본다.

이러한 입장들과 관련하여 노동조합에 대한 개념을 웹 부부는 『노동조합의 역사(*The History of Trade Unionism*)』(1894년 초판)에서 "노동조합(trade union)이란 고용 조건(of their employment)의 유지 또는 개선을 목적으로 하는 임금노동자의 지속적 단체(continuous association)"로 정의하였는데, 고용 조건이라는 개념이 노동조합이 항상 자본주의 또는 임금제도의 항구적인 존속을 도모하는 것처럼 오해되자, 1920년의 개정판에서는 "노동조합이란 노동생활(working lives)의 조건의 유지 또는 개선을 목적으로 하는 임금노동자의 지속적 단체"로 정의하였다(Webb, 1956).

한편, 공무원들의 인사관리적인 측면을 다루는 행정학의 입장에서 박동서(1990)는 사기와 관련시켜 공무원단체란 개념을 사용하고, 박연호(1989)는 넓은 의미로 공무원들의 근무 조건의 유지·개선을 위하여 조직하는 모든 단체로, 좁은 의미는 '공무원 노동조합'으로 정의하였다. 오석홍(1989)은 공무원단체란 근로 조건의 유지·개선을 위하여 공무원들이 조직하는 단체 또는 그 연합체로 노동조합의 형태를 갖춘 공식적인 단체만을 주요 논의 대상으로 삼으면서 '공무원의 노동조합(labor union or employee union)'과 동일한 의미로 사용한다.

1) 이는 영국의 웹(S. Webb)과 웹(B. Webb)으로 남편(husband과 아내(wife), 즉 부부(夫婦), 부처(夫妻)를 의미한다.

노동조합법 제2조에는 “노동조합이란 근로자가 주체가 되어 자주적으로 단결하여 근로 조건의 유지·개선과 근로자의 복지 증진, 기타 경제적·사회적 지위의 향상을 목적으로 조직되는 단체 또는 그 연합체를 말한다”고 정의를 내리고, 단서에서 노동조합의 결격 사유를 크게 다섯 가지로 열거하고있다.

〈표 2-1〉 노동조합 결격 사유(노동조합법 제2조)

가. 사용자 또는 항상 그의 이익을 대표하여 행동하는 자의 참가를 허용하는 경우
나. 경비의 주된 부분을 사용자로부터 원조받는 경우
다. 공제·수양 기타 복리사업만을 목적으로 하는 경우
라. 근로자가 아닌 자의 가입을 허용하는 경우. 다만, 해고된 자가 노동위원회에 부당노동행위의 구제신청을 한 경우에는 중앙노동위원회의 재심판정이 있을 때까지는 근로자가 아닌 자로 해석하여서는 아니된다.
마. 주로 정치운동을 목적으로 하는 경우

영어로는 매우 다양한 용어가 사용되는데, 스탈(Stahl, 1983)은 public service union, 나이그로와 나이그로(Nigro & Nigro, 1986), 바튼과 채펠(Barton & Chappell, 1985)은 union or public employee organization, 시겔과 마이어틀(Siegel & Myrtle, 1985)은 public employee union or public union, 벤트와 리브스(Bent & Reeves, 1987), 콜먼(Coleman, 1990)은 public employee union(s)으로 쓰고 있다. 한편 영국에서는 주로 trade union(s)으로 사용한다.

이 책에서는 공무원단체를 더 넓은 개념으로 사용하여 다음과 같이 정의하고자 한다.[2] 즉, “공무원단체(public employee organization)란 임금노동

2) 다만, 근로자의 정치적 지위 향상을 포함시킬 것인가가 주요 쟁점이라고 할 수 있는데, 일반 근로자의 경우에는 정치적 지위 향상이 포함될 수 있다. 공무원의 경우 논쟁이 많은 부분으로 국가에 따라서는 정치적 지위 향상을 포함하기도 한다. 현재 우리나라에서는 공무원과 공무원노동조합의 정치적 활동(행위)을 금지하고 있기 때문에 현실적으로 정치적 지위 향상을 포함시키는 것은 한계가 있다. 필자의 입장은 공무원노동조합의 정치적 지위 향상 기능은 우리나라의 공공부문 노사관계 측면에서 볼 때 정부 및 공무원과 공무원노동조합 모두 한 단계 성숙된 노사관계 이후에 가능하다고 본다.

〈표 2-2〉 공무원단체와 공무원노동조합의 개념과 범위

구분	범위
공무원단체(public employee organization)	• 노동조합의 형태를 갖춘 공식적 또는 비공식적인 단체 또는 그 연합체 • 합법적인 공무원노동조합 • 법외노동조합
공무원노동조합(public employee union)	• 노동조합의 형태를 갖춘 공식적인 단체 또는 그 연합체 • 합법적인 공무원노동조합

자인 공무원들이 그들의 사회적 · 경제적 및 근로 조건의 유지와 개선을 위해 조직하는 노동조합의 형태를 갖춘 공식적 또는 비공식적인 단체 또는 그 연합체"이다. 여기에는 합법적인 공무원노동조합과 법외노동단체를 포함하는 의미로 사용한다.

반면, 공무원노동조합은 "공무원노동조합(public employee union)이란 임금노동자인 공무원들이 그들의 사회적 · 경제적 및 근로 조건의 유지와 개선을 위하여 조직하는 합법적인 노동조합의 형태를 갖춘 공식적인 단체 또는 그 연합체"로 사용하여 공식적 단체로 합법적 노동조합만을 지칭하는 것으로 법외노동단체는 포함시키지 않는다.

2 노동조합의 일반적 기능

노동조합의 일반적 기능과 관련하여 대표적으로 웹 부부는 노동조합의 기능을 상호보험(mutual insurance) 기능, 단체교섭(collective bargaining) 기능, 입법활동(legal enactment) 기능의 세 가지로 분류한다. 또 다른 많은 연구에서는 공제적 기능, 경제적 기능, 정치적 기능 등으로 구분하고 있으나, 그 기능의 실제적인 내용은 대부분 포함되고 있으며, 단지 이를 어떻게 분류하느냐의 차이라고 할 것이다. 이하에서는 이를 기본 기능, 집행 기능 및 참모 기능으로 대분류(이준범, 1992: 192-196)하여 설명하고자 한다.

1) 기본 기능

노동조합의 기본 기능이란 조직 기능을 말하며, 이는 노동자 기능과 노동조합 기능으로 구분된다. 노동자 기능이란 노동조합을 결성하기 위하여 비조합원인 노동자를 조직하는 제1차적 기능으로 기존 노동조합의 조직 확장 기능이라고 할 것이며, 노동조합 기능이란 노동조합이 조직된 이후에 그 노동조합을 유지하는 제2차적 기능으로 이미 가입한 조합원들을 관리하는 기능이라고 할 수 있다(이준범, 1992).

2) 집행 기능

(1) 단체교섭 기능

노동조합의 단체교섭 기능은 조합원의 근로 조건을 유지하고 개선하기 위한 노동조합의 목적을 달성하기 위하여 사용자(또는 사용자단체)와 단체교섭을 진행하는 것이다. 노동조합의 초기에는 단체교섭보다는 조합원들의 공제적 기능에 치중하였으나, 노동기본권이 법적으로 보장되면서 사용자와의 단체교섭을 통한 경제적 지위 향상을 주요 기능으로 삼고 있다.

근로자들의 노동기본권에는 단결권과 단체교섭권이 있고, 대부분 근로자들에게 단결권이 보장되면 당해 근로자들의 노동조합에는 단체교섭권도 보장된다. 다만, 공공부문의 경우 국가마다 입법정책에 따라 단결권만 보장하고 단체교섭권을 인정하지 않는 국가도 있다. 여기에서 단체교섭권이란 단체협의권과 단체협약체결권을 포함하는 개념이다.

결국, 노동조합은 단체교섭을 통하여 당해 조합원들의 근로 조건을 유지・개선하며 단체교섭의 결과는 단체협약으로 체결되어 양 당사자를 구속하게 된다. 오늘날 선진국과 달리 노동쟁의가 빈발하는 우리나라의 경우 좀 더 효율적인 단체교섭이 이루어지지 못하는 데 그 원인이 있으므로 단체교섭의 효율성을 높이기 위한 정부, 사용자, 근로자들의 노력이 배가되어야 할 것이다.

아무튼 노동조합의 중추적 기능은 단체교섭을 통한 경제적 기능의 확보인 만큼 효율적인 단체교섭을 위하여 노사 간에 상호 신뢰하고 서로 이기는 승승게임(win-win game)의 협상 자세를 습득하여야 할 것이다.

(2) 경제적 기능

경제적 기능은 주로 조합원의 경제적 권리와 이익을 신장하고 유지하는 기능을 말한다. 노동조합이 노동조합원의 경제적 이익 증진을 위한 추구 내용은 근로자의 임금 인상, 근로 시간 단축, 근로환경 개선, 고용의 지속성·안정성 확보, 불리한 인사관리의 개선 등이라고 할 것이다. 노동조합이 경제적 기능을 추구하는 방법에는 영·미식 단체교섭제도와 일본이나 독일 등에서 이루어지고 있는 경영참가제 또는 노사협의제이다. 노동조합의 이러한 기능이 충분히 발휘되기 위해서는 사용자가 노동조합을 대등한 교섭단체로 인정하는 것이 필요하다.

우리나라는 민간부문의 경우 그동안 단체교섭 중심에 의한 경제적 기능의 수행이 주류를 이루고 있으며, 1980년 12월 노사협의회법 제정을 계기로 노사협의회제 중심의 경제적 기능이 추가되었다.

(3) 공제·복지적 기능

노동조합의 공제적·복지적 기능은 조합원이 질병, 재해, 실업, 노령, 사망 등의 원인에 의하여 어려움에 직면하는 경우를 대비하여 노동조합이 사전에 공동기금을 마련해 두어 필요에 따라 조합원에게 제공하는 상호 부조 활동을 말한다. 이는 상호보험(mutual insurance)이라고도 한다.

이러한 기능은 노동조합과 조합원의 관계를 긴밀하게 유지할 수 있고, 공제기금 설정으로 노동조합의 교섭력을 강화할 수 있으며, 조합원들로 하여금 노동력을 헐값에 제공하는 것을 방지하여 표준적 근로 조건을 유지시킬 수 있다는 이점이 있다. 그러나 기업별 노동조합이 산업별 노동조합으로 변모하고 사회보장제도의 발전으로 이 기능의 중요성은 많이 감소하였다(이준범, 1992).

(4) 협동적 기능

노동조합이 단체교섭을 통하여 생산자로서의 근로자를 보호하는 것이라면 여기의 협동적 기능은 노동조합이 소비자로서의 근로자를 보호하는 것이다. 그 가운데서 주된 것으로는 다음과 같은 것이 있다.

첫째, 식당 · 휴게실 · 이발소 등의 각종 후생시설을 설치 · 운영하여 조합원에게 편의를 제공해 주는 일이다.

둘째, 협동조합의 설치 · 운영으로 소비자협동조합과 신용협동조합이 주된 것이다.

셋째, 주택문제의 해결을 위한 활동이다. 여기에는 먼저 회사에서 사택과 합숙소를 건축하여 운영하도록 하는 방식과 조합원들이 주택조합을 결성하여 공동출자로 대지나 자재를 공동으로 구입하여 자기 주택을 갖게 해 주는 일이다.

넷째, 조합원을 위한 의료시설의 설치 · 운영이다. 노동조합은 의무실이나 병원을 직접 운영하거나 계약하여 조합원들이 저렴한 치료비 또는 현금 없이도 언제나 필요할 때 의사의 진단과 치료를 받을 수 있게 한다.

(5) 경영참가 기능

노동조합제도는 약자인 근로자들의 단결된 힘을 바탕으로 합당한 근로의 대가를 확보하는 데 매우 유용한 장치라고 할 수 있으며, 이러한 노력의 결과로 근로자들의 사회적 · 경제적 지위는 많은 향상을 가져왔다. 그러나 이러한 지위의 향상은 사용자들의 그것에 비하면 상대적으로 미흡할 수밖에 없다.

그 결과로 노동조합 측은 점차 교섭 내용을 경영 심층부까지 확대시켜 나가게 되었다. 노동조합은 근로자들의 고용이나 임금 지급 능력에 영향을 줄 수 있는 경영의 모든 분야, 예컨대 공장의 위치, 제품의 종류, 생산 방법, 가격, 판매제도, 회계에까지 관심을 가지게 되었으며, 사실상 많은 노동조합들이 임금에 관한 조항 이외에도 작업 시간 · 고용 · 승진 · 해고 · 안전 · 건강 · 작업 속도 · 작업 할당 등의 경영 및 인사관리의 세부적인 사항에 대해서도 단체협약을 체결하고 있다. 실제로 생산 방법 · 신규 투자 · 합병 등의 제반 경영문제는 노동조합과 조합원의 중대한 관심사이다.

이러한 경영참가제도는 유럽의 많은 국가가 채택하고 있지만, 우리나라는 아직까지 정부나 기업 모두 부정적인 입장으로 제대로 반영되지 못하는 실정이다. 이의 활성화를 위해서는 무엇보다도 노사 간에 깊은 신뢰가 형성되고, 어디까지나 조합원의 직업 안정과 생활 향상을 위한 방편일 뿐이며 노동조합이 경영 자체를 간섭하거나 대신하려는 것이 아니라는 상호 인식이 필요하다.

다만, 고충처리제도나 노사협의제를 통하여 노동조합이 경영문제에 간접적으로 참여하는 계기는 마련되고 있는 실정이지만, 독일의 공동결정법이나 경영조직법 등처럼 노동조합의 경영 참가를 입법화하는 상태까지 이르지는 못하고 있다.

(6) 정치적 기능

노동조합은 경제적 활동과 불가분의 관계를 가지고 있는데, 경제적 목적을 달성하기 위하여 부득이 정치적인 활동을 요구받게 되었다. 근로자의 제반 근로 조건을 규정하는 근로관계법의 제정과 개정, 재해보상제도, 실업보상, 직업훈련 등은 단체교섭만으로 달성할 수 없는 목표이기 때문에 이와 관련한 법령의 제정과 개정을 위한 정치적 발언권을 행사하고자 한다.

노동조합은 조합원의 제반 지위를 향상시키기 위하여 최소한의 정치활동을 요구하고 있으나, 과거 우리나라는 법적으로 정치활동을 금지해 왔다. 이것은 노동조합이 사회적으로 성숙되기 전에 정치 세력에 악용되어 노동조합 본연의 기능을 망각한 경험과 우려 때문이다.

그런데 1998년 4월 '공직선거 및 선거부정방지법'의 개정으로 노동조합이 그 명의 또는 그 대표자의 명의로 특정 정당 또는 후보자를 위한 선거운동을 할 수 있으며(제87조 단서), 노동조합의 정치활동은 정치자금의 기부를 제외하고는 모두 허용되었다. 이에 따라 공직선거에서 특정 정당이나 후보자를 지지·반대하는 활동을 포함하여 근로자의 사회적·경제적 지위 향상과 관련 있는 입법 및 행정조치의 촉구 또는 반대를 위한 정치활동은 가능하게 되었다(김유성, 2004).

3) 참모 기능

노동조합의 참모 기능은 노동조합의 기본 기능 내지 집행 기능을 더욱 효과적으로 수행할 수 있도록 보조하는 기능으로 교육활동 · 선전활동 · 조사연구활동 · 사회봉사활동 · 문화활동 등으로 구분할 수 있다(이준범, 1992).

(1) 교육활동

노동조합의 교육활동은 조합 간부(집행부 및 대의원)를 대상으로 실시하는 교육과 일반 조합원을 대상으로 실시하는 교육으로 이루어진다. 조합 간부에 대한 교육 내용은 간부들에게 노동과 관련한 제반 이론(노동경제, 노동법, 노사관계 등)과 사용자들에게 유용한 경영 전반에 대한 지식으로 임원으로서의 훌륭한 리더십을 발휘하게 하고, 단체교섭을 수행할 때 사용자와 대등한 교섭 능력을 발휘하도록 도와 주는 것이다.

노동조합의 일반 조합원을 대상으로 실시하는 교육은 노동과 관련한 일반적인 교양지식과 노동조합활동에 대한 이해와 인식을 높여 조합에 대한 충성심을 배양하는 것이다. 그리고, 조합원들에게 직업훈련을 통하여 변화하는 노동시장에 능동적으로 적응할 수 있는 능력을 부여해 준다. 많은 연구에 의하면 노동조합의 교육활동에 만족할수록 조합원들의 노조에 대한 몰입이 높은 것으로 나타나고 있다(백종섭 외, 2005). 노동조합은 조합원들의 충성심을 확보하기 위하여 교육 내용, 교육 방법, 교육 장소와 교육 시간 등에서 좀 더 효율적인 교육활동을 전개해 나가야 할 것이다.

(2) 선전활동

노동조합의 선전활동은 조합원들에게 조합활동의 내용을 널리 알려 주기 위하여 노동조합 소식지 같은 공식 기관지나 소책자를 발간하는 활동을 말한다. 선전활동의 내용은 조합활동에 관한 내용뿐만 아니라 정치 · 경제 · 사회 · 국제문제, 조합원들의 비공식적 친목활동 · 오락 · 취미 · 문예활동 등 광범위한 내용을 취급할 수 있다. 선전활동의 내용이 다양하며 유익하고 흥미로울수록 조합원들의 관심폭을 넓혀 조합원들의 충성심을 높이고 조합활동을 적극적으로 지지 내지 참여하도록 유도하는 데 기여할 수 있다.

아울러 노동조합은 단지 조합원만을 대상으로 하는 선전활동에 국한할 것이 아니라 비조합원은 물론이고 일반 사회를 대상으로 한 홍보활동을 통하여 국민의 여론을 노동조합에 유리하도록 노력할 필요가 있다.

(3) 조사연구활동

현대 사회는 지식기반 사회이며 날로 복잡하고 전문적이며 다양한 양태로 변해 가는 추세이다. 이러한 변화에 부응하기 위하여 노동조합은 다양한 문제에 대하여 심도 있는 조사와 연구를 수행하여 노동조합의 활동 방향과 내용을 정립하여야 한다. 각 국가의 노동조합에 대한 정책의 내용과 방향, 국제 정세의 추세, 국제 경제의 동향, 국내 경제의 흐름, 시민단체의 활동, 국내 정당의 노동정책에 대한 입장, 단체교섭과 노사관계에 대한 추세, 여론의 노동정책에 대한 흐름 등은 노동조합에 매우 중요한 정보이다.

따라서 각 노동조합은 노사관계에 대한 공동정책을 개발하고 변화에 대응하기 위하여 기획실, 정책실, 조사부, 연구부 등을 설치하여 관련 전문가를 확보하여 유용한 정보를 수집하고 분석하여야 한다. 이러한 조사연구 결과를 바탕으로 노동조합은 조합원들의 임금·근로 시간·근로 조건에 관한 단체교섭에서 유리한 협상력을 확보할 수 있다.

(4) 사회봉사활동

노동조합도 우리 사회의 한 제도이며 사회와 동고동락하면서 생존하는 유기체이다. 따라서 사회의 안정과 발전을 위한 역할을 수행하여야 하며, 이러한 활동의 하나로 다양한 봉사활동을 전개할 필요가 있다. 예로 조합원을 위한 상담소의 설치 운영, 이웃돕기운동, 나눔활동, 자원봉사활동, 헌혈운동, 각종 모금운동, 장병위문활동 등을 들 수 있다.

(5) 문화활동

노동조합은 노동문화의 창조를 통하여 조합원의 문화활동을 돕는다. 여기에는 문학활동의 장려, 여가활동의 선용, 취미활동의 개발, 소설·시·수필의 창작활동 지원, 사진촬영대회 개최, 꽃꽂이 강습, 등산대회 및 낚시대회의 주최, 영화 촬영과 상영 및 연극활동의 지원 등이 대표적이다.

3 공무원노동조합의 기능

공무원노동조합은 공무원의 복지 증진과 사기 앙양, 행정 능률의 향상 및 행정 발전에 기여할 수 있는 장치이며, 현대 인사행정에서 중시되고 있는 관리 도구의 하나이다. 종래에 우리나라에서는 이를 무시한 채 공무원노동조합 그 자체의 존립을 인정하지 않으려는 태도가 강하였으나, 국민의 정부(1998~2002년)에서 좀 더 긍정적으로 검토하여 오늘날 공무원노동조합이 법적으로 인정되기에 이르렀다. 이제는 좀 더 적극적으로 한국 행정의 발전이라는 측면에서 과연 공무원노동조합이 어떠한 기능과 역할을 수행할 수 있는지 이론적인 측면과 실제적인 측면에서 연구하고 정립해 나갈 필요가 있다.

웹 부부는 노동조합의 기능을 상호보험(mutual insurance) 기능, 단체교섭(collective bargaining) 기능, 입법활동(legal enactment) 기능의 세 가지로 분류하고 있다. 박동서(1990)와 오석홍(1989)은 유사하게 압력단체로서의 기능, 의사 전달 등을 통한 대내 행정의 민주화와 발전 기능, 참여 등을 통한 사기 앙양 기능, 실적주의의 강화와 직업윤리 확립 기능으로 분류한다. 스탈(Stahl, 1983)과 파월(Powell, 1956)의 기능 분류도 위의 내용과 대동소이하다. 유훈(1984)은 공제적 기능, 경제적 기능, 정치적 기능으로 대별하여 설명하고 있으며, 이준범(1992)은 기본 기능(조직 기능), 집행 기능(단체교섭, 경제활동, 정치활동), 참모 기능(교육선전, 조사연구, 사회사업)으로 분류하고 있다. 콜먼(Coleman, 1990)은 공공부문에서의 노동관계는 사적 부문에서의 그것과 다섯 가지 측면에서 차이가 있음을 설명하고 있는데, 이는 기능의 차이라기보다는 활동의 범위와 내용에서의 차이를 의미한다. 이하에서는 이러한 입장들을 좀 더 체계적으로 정리하면서 공무원노동조합의 기능을 설명한다(백종섭, 1991a).

1) 압력단체의 기능

공무원들은 공무원노동조합을 통하여 그들의 집합적인 의사를 개별적인 관리자, 단위행정기관, 행정부, 입법부, 사법부 및 국민들에게 표시할 수 있다. 이러한 과정을 통하여 공무원노동조합과 정부(행정부, 입법부, 사법부)는 서로의 입장을 원활하게 파악, 전달할 수 있어 쌍방의 정책 결정에 도움을 줄 수 있다. 이러한 기능은 사실상 정치사회에서의 압력단체와 유사한 것인데, 문제는 공무원노동조합이 사적 부문의 압력단체처럼 정치적 기능을 할 수 있는가이다. 과거 우리나라 노동법에서는 노동조합의 정치활동을 금지하였고, 한국노총에서는 이를 위헌이라고 하면서 헌법소원을 제기하였었다. 앞에서도 설명한 바와 같이 당시에는 우리나라의 노동조합이 사회적으로 성숙되기 전에 정치 세력에 악용되어 노동조합 본연의 기능을 망각한 경험과 우려 때문이라고 볼 수 있다.

그런데, 1998년 4월 '공직선거 및 선거부정방지법'의 개정으로 노동조합이 그 명의 또는 그 대표자의 명의로 특정 정당 또는 후보자를 위한 선거운동을 할 수 있으며(제87조 단서), 노동조합의 정치활동은 정치자금의 기부를 제외하고는 모두 허용되었다. 이에 따라 공직선거에서 특정 정당이나 후보자를 지지·반대하는 활동을 포함하여 근로자의 사회적·경제적 지위 향상과 관련 있는 입법 및 행정조치의 촉구 또는 반대를 위한 정치활동은 가능하게 되었다(김유성, 2004).[3]

파월(Powell, 1956)은 더 나은 공공 서비스를 위한 노동조합의 압력단체와 같은 로비활동은 조합 회원들의 지위와 신분 보장을 위한 하나의 발명품으로 이해하는 것이 타당하다고 했다. 웰링턴과 윈터(Wellington & Winter, 1971)는 공무원노동조합주의에서 가장 중요한 문제는 정부에 대하여 그들의 이익을 요구하는 집단들에게 정치적인 힘(political power)을 나누어 주는 것이라고 하였다.

3) 단, 교원과 공무원 및 관련 노동조합은 해당 법률에 의해 정치활동을 금지하고 있다.

2) 사회적 욕구 충족 기능

공무원노동조합은 공무원들의 복지 증진, 정책 결정 과정에의 관여, 집합적인 의사 표시, 오락 및 친목활동 등을 추구함으로써 공무원들의 참여 의식, 인간의 가치 인정, 귀속감, 성취감, 연대 의식 등의 사회적 욕구를 충족시켜 준다. 이러한 과정과 활동을 통하여 공무원들의 사기를 높일 수 있고, 행정 능률의 향상 등에 도움을 줄 수 있다.

3) 행정의 민주화 기능

공무원노동조합은 공무원과 관리층 간에 쉽게 접근할 수 있는 경제적이며 쌍방적인 의사 전달 통로를 제공할 수 있다. 이론적으로 관리층과 노동조합은 공공 업무를 수행할 때 공평성과 효과성을 증진하기 위하여 강력한 동맹 관계(최소한 협조 관계)를 형성할 수 있는 것이다(Powell, 1956).

즉, 공무원노동조합이 관리층과 대화와 협상을 통하여 상호 이해의 증진과 관리층의 횡포를 통제함으로써 대내 행정의 민주화와 행정 발전에 기여할 수 있다. 행정사회에서 이것이 어느 정도 달성된다면 우리의 행정문화 중 전제적 권위주의가 약화되면서 강자에게는 약하고 약자에게는 강한 비민주적 행태를 시정할 수 있으며, 이로써 대내 행정의 민주화는 물론 국민에 대한 서비스도 개선될 수 있다고 본다.

4) 실적제의 강화 및 직업윤리 확립 기능

실적제는 시대와 상황에 따라 그 내용이 약간씩 변해 왔으며, 공무원노동조합활동과 대립되는 측면도 있지만 상호 조화를 이루고 있다(Siegel & Myrtle, 1985). 초기에 일부 공무원노동조합 지도자들은 실적제와 단체교섭은 양립할 수 없다는 인식하에 실적제를 신랄하게 비판하면서 이를 제거하려고까지 하였으나, 현재는 이 두 제도가 양립할 수 있고 인사행정에서 오히려 상승 효과를 기대하고 있는 상황이다. 그리하여 노동조합은 주로 경제적인 편익의 증진, 고충 처리의 문제, 승진·휴직·전보·교육훈련의 구체적인 측면에 협상의 초점을 두는 반면, 채용과 승진은 아직까지 실적제가 지배하고 있다(Nigro & Nigro, 1986).

미국의 많은 지역에서 두 제도는 융화되어 왔으며, 실적제는 약화되기보다는 오히려 강화되었다. 여러 가지 측면에서 전통적인 실적제는 단체교섭제도와의 경쟁에서 패배했는데, 이는 공무원들이 관리층의 일방적인 의사결정(unilateralism) 및 온정주의(paternalism)보다는 쌍방 협상적인 의사결정(bilateralism)을 더 선호하였기 때문이다.

그러나 현실적으로 두 제도를 동시에 인정하고 있는 경우에는 몇 가지 방법으로 두 제도 간의 조화를 꾀하고 있다(Nigro & Nigro, 1986). 여러 가지 방법을 통하여 실적주의의 유지와 강화 등 행정 발전을 촉진하는 것은 공무원노동조합을 구성하는 사람들의 지위를 개선하는 데 기여할 수 있으며, 이러한 실적제는 하의상달과 함께 행정의 개선과 질의 향상, 부패 방지에 기여할 수 있게 된다(박동서, 1990).

또한 공무원노동조합은 공무원들의 올바른 직업윤리 확립과 자질 향상에 기여할 수 있다. 공무원노동조합의 가장 기본적인 역할은 지성적이고 계몽적인 이기성(intelligent and enlightened selfishness)이다. 그런데, 민주주의 사회에서는 이러한 노동조합의 기본적인 이익과 공공 서비스의 이익은 특히 미국의 경우 서로 양립하고 있는 것이다(Powell, 1956). 공무원단체는 공무원들이 직업적인 행동규범으로부터 이탈되는 것을 막는 사회적 견제작용을 하고, 직업윤리 확립과 자질 향상을 위한 교화활동을 전개할 수 있다(오석홍, 1989). 또한 부패 방지를 막기 위한 타율적인 통제와 함께 전문직업화를 통한 자율적 통제가 효과를 거둘 수 있게 해 준다.

제 2 절 공무원노동조합에 대한 논의

앞에서는 공무원노동조합의 기능에 대하여 살펴보았는데, 여기서는 공무원노동조합의 적용 범위나 활동 내용에 대한 논의보다는 먼저 공무원노동조합의 존립에 대한 논의를 살펴보고자 한다. 과연 공무원노동조합은 존립할 만한 가치가 있는 것인가에 대한 논의가 정리될 필요가 있다고 본다(백종섭, 1991a).

1 부정적 입장

이 입장은 공무원은 국민 전체의 봉사자이고 이들의 행동은 정부, 나아가서는 국민생활에 지대한 영향을 미치기 때문에 정부가 공무원노동조합을 인정할 수 없다는 취지이다. 이러한 입장을 정리하면 다음과 같다(박동서, 1990).

첫째, 공무원은 주권자의 공복(公僕)이라는 입장이다. 주권이론의 기원은 영국의 불문법(common law)에서 기원하는 바, 국왕은 어떠한 과오도 없으며 어떤 개인도 국가의 동의 없이 국가를 기소할 수 없다는 것이다(Nigro & Nigro, 1986; Siegel & Myrtle, 1985). 따라서 주권을 갖는 고용주로서 정부는 단체교섭으로 인한 어떠한 의무도 지지 아니하며, 설령 경솔하게 공무원조직과 단체협약을 하여 주권의 양도가 있더라도 정부는 이 협약을 어겨도 정당하다고 본다. 이러한 입장은 오랜 세월 동안 공무원의 단체교섭활동을 제약해 온 요인 중의 하나가 되어 왔다(Nigro & Nigro, 1986).

우리나라에서는 공복의 근거로 헌법 제7조에 규정된 공무원의 국민 전체에 대한 봉사자성과 책임성, 공무원의 신분 보장과 정치적 중립성을 들고 있다. 공무원인 근로자의 사용자는 정부이고 그 정부는 국민을 대표하는 것이므로 궁극적인 사용자는 국민인데, 그 봉사의 대가로 받는 경제적 이익의 관계만을 중시할 수 없고, 국민의 공복으로서 수임 봉사의 관계를 더욱 중시하여 공무원의 단결권을 제한할 수 있다는 논리이다(신인령, 1987).

둘째, 공무원노동조합을 인정하면 관리층의 인사권을 지나치게 제약하고 그들의 이익, 경력 위주의 인사, 능률급의 반대 및 신분 보장만 강화하려고 한다. 따라서 모든 인사 조치를 객관화하여 관리층의 재량과 신축성을 제약하여 부하 직원에 대한 통제와 행정 능률의 향상이 어렵다는 것이다. 민간부문과 달리 공무원의 보수 인상을 위한 공무원단체와 협상 결과는 납세자에게 귀착되며, 예로서 한 도시의 인건비가 50%에서 80%로 상승하였고, 1962~1967년 사이 공무원의 수가 19% 증가한 반면 봉급은 46% 증가하였다는 것이다(Henry, 1989). 스페로와 카포졸라(Spero & Capozzola, 1973)도 비슷한 연구 결과를 제시하고 있다.

셋째, 집단이기주의에 빠질 수 있다는 것이다. 공무원노동조합도 궁극적으로는 조합원들의 이익 증대를 위하여 기능하는 압력단체요 이익집단의 성격을 지니고 있다. 이는 노동조합의 관리자와 조합원들이 합리적인 의식을 가지지 않는 한 자칫 집단이기주의로 노동조합의 이익만을 위한 활동에 치중하여 행정 서비스의 질적 향상에 소홀하거나 임금 인상 등으로 국민들에게 부담을 줄 가능성이 있다.

넷째, 실적제와 상충한다는 입장이다. 실적제(merit system)는 공무원들의 근무 실적에 따라 인사행정을 수행하는 제도이다. 이는 행정의 생산성과 효율성을 높여 국민에게 질 높은 행정 서비스를 제공할 수 있는 인사제도의 장치이다. 반면 공무원노동조합제도는 자칫 조합원들의 이익을 증대시키기 위하여 실적제보다는 불합리하거나 부당한 인사 기준으로 인사행정을 요구할 가능성이 높다. 이 경우 관리층이 합리적으로 인사행정을 집행하지 않을 경우 공무원조직의 실적제는 위기에 처할 수 있다. 초기에 일부 공무원노동조합 지도자들은 실적제와 단체교섭은 양립할 수 없다는 인식하에 실적제를 신랄하게 비판하면서 이를 제거하려고까지 하였다.

다섯째, 공무원 조직 내 구성원 간 갈등을 초래할 수 있다는 것이다. 공무원노동조합에 가입할 수 있는 공무원의 대상은 일정하게 법으로 규정되어 있다. 현재 우리나라의 경우 6급 이하로 한정되어 있는데, 공무원노동조합에 가입할 수 있는 공무원과 가입할 수 없는 공무원 간, 공무원노동조합에 가입할 수 있는 공무원 중에서 실제로 노동조합에 가입한 공무원과 가입하지 않은 공무원 간에 노동조합활동과 관련하여 갈등을 초래하기 쉽다. 조합활동에 의한 이익의 수혜 대상과 범위, 협상 과정에서의 대립으로 인한 갈등 등이 공무원조직 내에서 공무원 계층 간 및 공무원 간 갈등을 초래할 수 있다는 것이다.

여섯째, 주로 법학적인 시각에서 논의되는 것으로 특별 권력 관계에 의한 제한설, 공공복지에 의한 제한설, 대상조치설, 국민생활 전체의 이익확보설, 필수적인 사업유지설 등이 제시되고 있다(신인령, 1987).

일곱째, 우리나라와 같은 특수한 경우에 주장되는 것으로 자본 축적을 통하여 경제 발전을 신속히 이룩하여야 하는데 이에 역행하고, 남북이 분단된 우리나라는 공무원노동조합을 인정하면 무책임한 행동이 발생하여 적화(赤化)의 선구적 역할을 한다는 입장이다.

2 긍정적 입장

공무원노동조합의 필요성과 성과에 대한 주장은 상당히 다양하게 제시되고 있다.

첫째, 공무원도 국민의 한 사람으로 시민의 권리를 향유할 수 있다는 것이다. 공무원이 주권자의 공복(公僕)이라는 제한적 입장에 대하여 지금은 국민주권주의 시대이며 이때 공무원도 그 주요 부분을 형성하는 시민인 것이다. 그 나라 지도층의 주요 부분을 구성하는 공무원을 단체활동의 대상에서 제외한다는 것은 오히려 진정한 의미의 주권이론에 반한다고 보고 있다 (Frankel, 1964). 또한 국민주권주의 시대에는 선거에 의하여 취임한 정부의 대표가 권위 있는 단체교섭의 규칙을 이행한다고 해도 이는 주권을 침해하였다고 말할 수 없으며, 이후 많은 법률이 정부에서의 단체교섭을 인정하는 규정을 두는 방식으로 주권이론을 새롭게 재정의하였다(Nigro & Nigro, 1986).

공복의 개념은 독일 바이마르 헌법에서도 찾아볼 수 있는데, 여기서는 공무원이 국민 전체의 이익을 위하여 봉사하는 자임을 의미할 뿐이었다. 국민주권주의 하에서는 국민 전체의 이익을 국민 자신이 결정하는 것이고 국민 전체 봉사자의 지위도 민주주의 정치 질서의 확보를 위한 법적 표현일 뿐 구체적으로는 관료기구의 민주화의 방향에서 이해되어야 할 개념이며, 근로자인 공무원의 노동기본권을 제한하기 위한 논거로 사용되어서는 안 된다는 것이다(신인령, 1987).

오늘날에는 계약이론에 의하여 정부도 다양한 측면에서 협상과 계약을 체결하고 있으며, 따라서 정치적으로도 이제는 정부가 단체교섭을 금지하지 않는 추세이다. 개인주의와 자본주의를 일방으로 보급시키면서 타방에서는 이를 공무원에게 거부하고 타인을 위해서만 봉사하도록 하는 것은 모순이며, 합리적인 것은 개인과 전체와의 통합과 조화인 바, 공익도 이에 입각하여 해석하여야 할 것이고 공무원단체를 인정하는 경우 각 직책별로 단체활동이 국민 다수의 공익에 미치는 영향을 기준으로 허용 대상과 범위를 결정하는 것이 합리적이라고 본다. 공무원도 국민의 일원인 이상 건강하고 문화적인 최저생활을 할 권리가 있고 이러한 인간다운 생활을 영위할 수 있는 근로 조건을 요구할 수 있어야 할 것이다.

둘째, 관리층의 권한을 약화시켜 행정 운영에 방해가 된다는 입장은 일견 그러한 면도 있겠으나, 이는 어느 나라의 경우나 마찬가지이며, 근본적으로 공무원들의 사익과 공익의 조화에 대한 태도의 문제이지 민간부문의 근로자와 구별하여 공무원노동조합을 제약할 아무런 타당한 근거가 되지 못한다(박동서, 1990). 펄먼이 노동조합을 민주적 단체로 이해하면서 노동조합은 현대 사회의 민주화 과정에서 필수적인 제도로 인식하고 있는 것처럼, 또한 앞에서 살펴보았듯이 공무원노동조합은 그 기능적인 측면에서 매우 긍정적인 역할을 수행할 수 있다. 우리의 전제적 권위주의 행정문화는 바로 공무원노동조합을 통한 관리층과 대화와 협상을 통하여 상호 이해의 증진과 관리층의 횡포를 통제함으로써 상당히 완화될 수 있다. 일방적인 의사결정이 지난날에는 당연시되었으나 이제는 쌍방 협상적인 의사결정이 보편적이고 합리적인 방법이 되고 있다.

또한 보수 인상 문제는 여러 연구 결과가 공무원노동조합이 인정되면 공무원의 봉급이 인상되고 따라서 국민의 조세 부담이 증가하는 등 문제점을 지적하고 있지만(Stahl, 1976; Nigro & Nigro, 1986; Henry, 1989), 이것이 곧 공무원노동조합을 인정할 수 없다는 논리적 근거는 되지 못한다. 공무원들도 인간다운 생활을 할 권리가 있으며, 따라서 보수 증가로 인한 조세 부담의 증가가 불가피하다면, 반대로 공무원의 서비스 향상을 요구할 권한

이 국민에게 주어지는 것이고, 특히 우리 사회에 만연된 부정부패로 인한 국민들의 정신적·물질적 손해를 고려한다면 이는 감내하여야 할 성질의 것이라고 본다. 공무원들의 근무 조건이 향상되어 경제적·사회적 욕구가 어느 정도 충족되고 공무원들의 사기가 향상되어 행정 능률과 서비스가 개선된다면 오히려 바람직한 일이라고 본다.

실적제의 충돌 문제는 이미 오래전에 양 제도를 도입한 미국 등 선진국에서 두 제도가 서로 양립할 수 있는 훌륭한 제도임이 입증되었다. 집단이기주의 문제는 모든 집단의 공통적인 문제이며 이것이 곧 공무원노동조합을 반대하는 논리로는 미약하다. 다만 지나치게 공무원집단의 이기주의를 약화시키는 국민들의 관심과 비판이 지속적으로 이루어져야 할 과제이다.

공무원조직 내의 갈등 문제는 단체교섭 과정에서 자주 발생할 가능성이 높다. 관리층과의 갈등, 조합원과 비조합원과의 갈등 문제인데, 이는 단체교섭에 대한 올바른 교육과 이해를 통하여 극복할 수 있고, 조합원과 비조합원과의 갈등은 어느 조직(공공부문이든 민간부문이든)에도 존재하며, 그리 심각한 문제도 아닌 몇 가지 제도적인 장치로 극복이 가능한 사항으로서 노동조합의 인정을 반대하는 논리로는 매우 미약하다고 할 것이다.

다음으로 주로 법학적인 시각에서 논의되는 입장 중 특별권력관계론은 이 학설이 창안된 독일에서조차 강한 비판을 받았으며, 지금은 부정론 내지 폐지론이 주종을 이루고 있다(신인령, 1987). 그럼에도 불구하고 우리나라에서 공무원의 노동3권의 제한 근거를 특별권력 관계에서 구하는 이유는 우리나라 공무원법이 민주주의적 법제도 하의 역사가 아직 짧고 우리의 사고방식에 전근대적 관료 의식이 뿌리깊게 잔존하기 때문이라고 본다. 공공복리에 의한 제한설은 공공복리 개념 자체는 원래 자본소유권을 중심으로 하는 시민적 자유를 제한하기 위한 것으로 노동기본권의 보장 그 자체가 공공복리에 부합하는 것이기 때문에 적합하지 아니하다. 대상조치설은 공무원의 근로 조건이 노동3권이 아닌 다른 수단(신분 보장, 구제제도 등등)으로 충분히 보장된다면 제한할 수 있다는 취지인데, 과연 현실적으로 대상 조치가 충분한지가 매우 의심스러울 뿐만 아니라 대상 조치의 충분성 여부도 매우 모호한 기준이라고 할 것이다. 기타 여러 가지 주장에 대한 반박도 설득력 있게 제시된다(신인령, 1987).

마지막으로 우리나라에 특수한 현상에서 비롯되어 주장되는 것으로 공무원 및 공무원노동조합의 무책임한 행동이나 적화 행동에 대한 주장은 시대에 따라 그 평가가 달라져야 한다. 후자의 입장은 과거 자유당 시절의 상황을 두고 주장되는 경우가 있었으나, 이제 그러한 시대는 아니며, 또한 노동3권 중 단체행동권을 인정하지 않으면 더욱 그렇다.

이상의 논의를 살펴볼 때 공무원노동조합의 존립에 대한 소극적 입장은 그 주장 근거가 매우 미약함이 논증되었다.

공무원은 엄연하게 그들이 제공하는 근로 봉사의 대가로 생활을 영위하는 근로자이다. 근로자는 일반적으로 이들을 고용하는 사용주에 비하여 정치적·경제적·사회적으로 약자에 속하여 이를 개선하기 위하여 단체활동이 보장된다. 공무원도 사실상 이들을 고용하고 관리·통제하는 국가(정부-넓은 의미의 정부임) 및 관리층에 비하여 여러 가지 측면에서(정치 권력, 부의 축적, 사회적 지위와 명예, 신분 보장 신분을 위협하는 각종 제약 요소들) 나약할 수밖에 없다. 또한 관료조직은 생리적으로 비인간화와 합리성의 추구, 조직구성원의 소외감 형성과 조직의 부품화, 계층제로 인한 하의상달의 어려움과 이로 인한 의사 전달의 왜곡 심화 등 수많은 문제점을 지니고 있다. 이러한 문제 해결 수단의 하나로 선진국에서 보편화되어 있는 공무원노조활동을 보장하는 것이다.

곧 공무원노조는 역기능보다 순기능적인 측면을 더 많이 내포하고 있는 현대 인사행정제도 중 대표적인 관리 도구의 하나이다. 다만 공무원에게 노동기본권을 보장하는 데 특별한 제한이 필요하다면 이것은 '공무원'이라는 신분 때문이 아니라 공무원이 담당하는 '직무 성질상'의 특수성에 근거하여야 한다. 즉, 공무원이 담당하는 직무의 내용이 얼마만큼 공공적이며 공익과 공공 질서 유지에 관련되느냐에 따라 결정되어야 할 것이다(박동서, 1990).

제 3 절 공공부문 노사관계의 중요성

1 공공부문의 특성

우리는 국가의 영역을 크게 구분한다면 민간부문(private sector)과 공공부문(public sector)으로 대별할 수 있다. 민간부문은 이윤극대화를 추구하는 시장 원리에 의하여 작동되는 부문이며, 공공부문은 공익극대화를 핵심과제로 삼고 국가가 소유하거나 통제권을 행사하는 부문을 말한다. 노사관계 측면에서 일반적으로 공공부문은 정부가 일정한 근로자에 대하여 사용자로서의 지위에서 근로 조건을 결정하고 통제하는 부문이며, 정부의 사용자 역할을 좁게 해석하는 경우 공공부문은 정부기관에 한정되지만, 넓게 해석하면 정부가 실질적인 사용자 역할을 하는 기관까지 포함할 수 있다(박영범 · 이상덕, 1990). 여기에는 정부조직기관뿐만 아니라 정부가 운영하는 정부 회사인 정부투자기관, 정부출자기관을 비롯하여 재투자기관, 지방공기업, 정부출연기관 및 특수법인 형태의 공공법인체 등이 모두 포함될 수 있다(이철수 · 강성태, 1997).

따라서 공공부문의 노사관계란 정부가 직 · 간접적으로 사용자로서 역할을 하는 조직체의 노사관계를 의미하며, 이는 일반적으로 말하는 공익사업체의 공익근로자 노사관계와는 개념이 다르다. 공공부문이라 부르는 경우에는 그 수혜자에 관계 없이 사용자가 정부 또는 그와 유사한 단체로서 실질적으로 정부가 사용자 역할을 한다는 점이 특징이다.

공공부문은 전체 국민을 대상으로 공공적인 서비스를 제공하는 관계로 그 재정의 운용 방식과 형태, 조직구성원에 대한 관리 방식, 그리고 시장과의 관계 등에서 민간부문과는 다른 여러 가지 특징을 지니고 있다. 공공부문은 국민이 납부한 세금으로 운영하는 재정 관계이다. 아울러 조직구성원인 공무원은 민간부문의 근로자와는 그 근로 관계가 특수하다는 성질을 갖기 때문에 임용과 신분 보장 등의 관리 양식이 상이하게 나타나고 있다. 공공부문의 주요 특징을 살펴보면 다음과 같다(Beaumont, 1992; 최종태, 1998; 강수돌, 1997; 이규창 외, 2001).

첫째, 외적인 정치 및 정부제도에 의한 영향이 훨씬 크고 시장정보, 동기가 상대적으로 미약하며, 예산이 정부나 국회에서 확정되고 시장의 조절 메커니즘이 정상적으로 작용하지 못하는 한계를 지닌다.

둘째, 공공부문의 사용자들은 민간부문에 비하여 제약이 많고 자율성이 낮다. 국가나 정부가 사용자의 입장이므로 근로자의 노동3권이 일정한 제약을 받는 점과 단위 기관별 경영의 자율성이나 노사관계의 자율적 조정에 제약이 따른다.

셋째, 공공부문 조직의 목표가 민간부문에 비하여 좀 더 다양하고 불명확하며 상충적이다. 행정관리 부문이나 공공 서비스의 경우 직접적으로 국민이 고객인 경우가 많다는 데 따른 결과이기도 하다.

넷째, 공공부문 조직은 좀 더 정교하고 공식적인 규칙과 좀 더 엄격한 위계구조를 가지며 종사자의 신분 보장이 상대적으로 안정적이라는 점을 들 수 있다.

이러한 공공부문의 특징으로 임금 결정이나 노사 교섭에서 노사 당사자들의 행동반경이 상당한 제약을 받고 있다. 하지만 공공부문 종사자인 공무원의 증가와 함께 노동기본권이 보장된 선진국에서는 이들의 조직화가 강력해지고 그에 따라 단체교섭 및 단체행동이 빈발하면서 공공부문 노사관계에 관한 이론적·현실적 중요성이 강조되고 있다.

2 공공부문 노사관계의 중요성

그동안 공공부문의 노사관계는 민간부문의 노사관계와는 달리 근로 조건은 정부에 의해 일방적으로 결정되었고 이는 법령에 의하여 구체화되었다. 또한 공공부문 근로자에 대하여 민간 부문보다 신분 보장 등의 유리한 측면을 제공하면서 정부와의 협력을 요구하였다.

그러나, 자본주의 발전과 민간부문의 생산성 향상 그리고 이를 바탕으로 한 민간부문 근로자들의 근로 조건이 개선되면서 공공부문의 근로 조건은 민간부문의 그것보다 열악해지기 시작하였다. 이후 공공부문의 근로자들도 민간부문의 근로자들처럼 근로자로서의 권익 향상을 위하여 노동3권을 요구하게 되었고, 많은 선진 산업국가는 공무원들에게도 일정한 제약 속에 노동권을 보장하기에 이르렀다.

그 결과로 선진 산업국가에서는 공공부문의 노사관계가 아주 중요한 위치를 차지하며, 최근 들어 우리나라에서도 공공부문의 노사관계에 대한 관심이 더욱 높아지고 있다. 그 이유는 1990년대 들어 민주화의 물결이 거세어졌고 국민들의 욕구가 다양해지는 다원화 사회를 맞이했으며, 공공부문의 주요 사업장들에서 노사관계가 악화되어 사회적 이슈로 부각되자 그 원인과 대책 마련을 위한 연구의 필요성이 절실하였기 때문이다.

지나친 공공부문의 비대화와 비효율성, 관료주의에 따른 경직성과 형식성 등으로 공공부문의 경영혁신이 강조되었고, 특히 1997년 IMF 외환 위기 이후 세계화의 물결 속에 신자유주의 경제정책 추진에 따른 시장의 자율성 확대, 공기업의 민영화, 공공부문에의 탄력적인 근로제도의 도입 등 정부 운영의 효율성 증대가 전 국민적 관심사로 대두되면서 공공부문의 노사관계가 중요성을 지니게 되었다. 이를 좀 더 구체적으로 살펴보면 다음과 같다(이규창 외, 2001; 박영범 · 카멜로 노리엘, 1994; 최종태, 1998).

첫째, 공공부문은 인력과 예산, 국내경제력(GDP) 측면에서 엄청난 규모로 팽창하면서 정부 기능의 확대와 생산 영역에 대한 국가의 개입 증대가 나타났다.

둘째, 대부분 선진국의 경우 근로자 중 15% 내지 30%가 국가에 의하여 고용될 정도로 국가가 거대한 인력 사용자가 되었다.

셋째, 공무원이 수행하는 업무 성격이 민간부문 근로자가 수행하는 것보다 근본적으로 다르다는 관념이 퇴색하고, 두 부문의 많은 직업이 성격상 매우 유사하다는 사실이 받아들여져 노사관계에 대한 관념도 변하게 되었다.

넷째, 1950년대와 1960년대의 민간부문 고용 조건의 수준이 향상됨에 따라 공공부문의 고용 조건이 상대적으로 유리한 것이 상쇄되거나 역전되면서 공공부문 근로자의 투쟁성이 강화되고 노조조직률의 활성화로 이어졌다.

다섯째, 주요 선진국의 경우 공공부문 노조조직률이 1960~1970년대 현저하게 증가하였으며, 몇몇 국가에서는 민간부문 조직률이 하락한 반면 공공부문에서는 안정적인 상태를 유지하고 있다.

여섯째, 시대적 제반 상황의 변화에 따라 공공부문 근로자의 고용 조건이 사용자의 일방적 결정이 아니라 합의가 중시되었다는 점이다.

결국, 현대국가에서 공공부문의 팽창은 노사관계가 매우 중요해졌다는 것이다. 공공부문의 노사관계는 공공성과 국민 경제 전반에 상당한 파급력을 가져와 법적·제도적 제약을 받는 것이 사실이다. 이는 공익과 공공부문 근로자의 노동기본권 사이의 균형, 공공부문과 민간부문 사이의 형평성, 기본권 제한에 따른 보상 방법 등 여러 가지 복잡한 과제를 제시하고 있다(이규창 외, 2001; 김준, 1996).

3 공무원 노사관계의 특징

대한민국 헌법 제33조 제1항은 "근로자는 근로 조건의 향상을 위하여 자주적인 단결권, 단체교섭권 및 단체행동권을 가진다"라고 규정하여 노동3권의 주체를 근로자로 정의하고 있다. 이때 근로자라 함은 노동조합법 제2조 제1호의 규정에 의하면 직업의 종류를 불문하고 임금·급료 기타 이에 준하는 수입에 의하여 생활하는 자로 규정하고 있다. 직업의 종류를 불문하기 때문에 근로계약의 상대방이 사인이든 국가 등 공공기관이든 상관없고 또한 사법적 계약에 의한 것이든 공법적 계약에 의한 것이든 상관이 없으므로 공무원도 '노동조합 및 노동관계조정법'상의 근로자라고 볼 수 있다. 하지만 공무원의 노사관계는 일반 민간 근로자와는 다른 노사관계의 특징을 갖는다(박천오 외, 2004; Leap, 1991).

첫째, 단체교섭에서 당사자 이익보다는 공익을 우선시한다는 점이다. 민간부문의 근로자들은 근로자로서 노동 제공의 정당한 대가를 요구하지만, 공무원들은 정당한 대가의 요구와 함께 공익을 고려하여야 하는 제약을 가진다. 곧 국민의 세금으로 임금이 제공되는 상황에서 무작정 그들의 이익 증대를 위한 단체교섭을 주장할 수 없는 한계가 있다.

둘째, 대부분의 국가에서 공무원의 단체행동권(파업권)을 인정하지 않고 있다. 즉, 공무원들이 파업을 하는 경우 정부는 대체 인력과 대체 서비스가 불가능하여 국민생활과 국가경제에 엄청난 파란을 가져와 국가 운영에 막대한 장애를 가져올 수 있기 때문이다. 따라서 대부분의 국가는 단결권과 단체교섭권만 인정하고 있으며, 설령 단체행동권을 인정하는 몇몇 국가에서도 엄격한 제한을 가하고 있다.

셋째, 단체교섭 과정에서 정부교섭 대표자는 국회나 상급기관과 국민의 개입과 영향력 때문에 제한된 범위 내에서 협상력을 발휘할 수밖에 없으며, 법률 등에 의하여 규정되는 보수나 예산 문제 등은 교섭 대상에서 제외되는 경우가 있다.

넷째, 단체교섭 결과로 단체협약이 체결되면 원칙적으로 효력이 발생하지만, 공무원의 단체교섭에서는 법률의 제약을 받는 사항의 경우에는 효력을 발생시킬 수 없고, 정부의 성실한 이행 노력을 촉구하는 방법이 사용되고 있다.

다섯째, 공무원의 노사관계에 따른 협상 결과에 대하여 행정 서비스의 공급 문제에 장애가 발생할 수 있고 이런 경우 대체 서비스가 불가능하기 때문에 국민들의 관심이 매우 높아 단체교섭에 영향을 미칠 수 있다.

Chapter 03

공무원 노동기본권과 국제노동기구(ILO)

제1절 국제노동기구(ILO)의 주요 내용

1 국제노동기구의 연혁

국제노동기구(International Labor Organization: ILO)는 베르사유 평화조약의 조인을 앞두고 강화 과정에서 평화회의는 노동자의 노동 조건 개선을 목적으로 하는 조항을 삽입할 것을 국제노동법위원회에 검토하도록 위탁하였고, 이때 노동문제에 대한 조약 및 권고의 채택을 목적으로 하는 국제노동기구의 창설이 결정되어 1914년 4월 11일에 설립된 국제기구이다.[1)]

국제노동기구는 제1차 세계대전의 교전 양측과 중립국 측 노동조합 조직의 의견이 반영되어 탄생되었는데, 이 기구는 세계 근로자들의 노동 조건을 개선하고 노동자의 권익 보호와 복지 증진을 통하여 사회 정의를 실현하며 세계의 항구적인 평화 달성에 공헌한다는 목적을 담고 있다. ILO는 1919년 베르사유 평화회의에서 국제연맹 산하기구이면서도 독립적인 지위를 갖는 기구로 존속하다가 1946년 국제연합(UN)의 전문기구로 편입되었다.

1) 국제노동기구(ILO)에 대하여 자세한 자료는 홈페이지(www.ilo.org)를 참조하기 바란다.

2011년 7월 31일 현재 193개 UN 회원국(www.un.org) 중 ILO에 183개국이 가입(www.ilo.org)하고 있어 ILO는 기능이나 규모 면에서 UN의 가장 중요한 전문기구의 하나이다.

ILO의 설립 목적은 헌장 전문과 헌장의 부속서인 '국제노동기구의 목적에 관한 선언(일명 필라델피아 선언, 1944년 제26차 총회)'에 명시되어 있는데, 이를 요약하면, ① 다수 국민에 대한 부정, 고난 및 궁핍을 수반하게 하는 노동 조건을 개선하여 사회 정의를 확립하고 나아가 세계 평화에 이바지한다. ② 이를 위하여 생활 수준의 향상, 완전고용의 실현, 단체교섭의 승인, 노사 간의 협조, 사회 보장 및 복지 입법의 실현, 교육 및 직업에서의 기회 균등을 조장하고 촉진한다는 것이다. 이러한 목적을 달성하기 위하여 ILO는 각종 협약과 권고를 채택하여 회원국들이 공동으로 협력함으로써 근로자의 권익을 향상시키고 단체활동을 제도적으로 정착시키도록 국제노동 기준을 제시하고 권장하고 있다. 특히 ILO는 노사가 상호 동반자 관계를 인정하고 국가정책에 정당한 영향력을 행사하도록 하여 각 국가의 노동정책의 발전을 도모한다.

ILO에 가입하는 방법으로 유엔 회원국은 헌장상의 의무를 수락할 것을 ILO 사무국장에게 통고함으로써 가능하고, 유엔 비회원국은 총회에 출석하여 투표한 정부 대표의 3분의 2의 찬성과 총회에 참가한 모든 대표의 3분의 2의 찬성을 획득하여야 한다. 우리나라는 1982년에 회원국이 아닌 옵서버 자격을 획득하여 총회에 참석해 오다가 1991년 12월에 정식 회원으로 가입하였고, 북한은 1984년부터 옵서버로 참석하였다.

2 국제노동기구의 조직

국제노동기구(ILO)는 크게 총회(General Assembly), 이사회(Governing Body), 국제노동사무국(International Labor Office)으로 구성된다. 총회는 각 회원국이 파견한 정부 대표 2명, 사용자 대표 1명, 근로자 대표 1명 등 4명의 대표로 구성된다. 각 대표는 1인 1표를 가지며 본인의 의사에 따라

투표권을 행사할 수 있다. 총회는 필요에 따라 수시로 개최할 수 있으며 정기총회는 연 1회 이상 개최하여야 한다. 회기는 통상 매년 6월 첫째 수요일부터 3주일간이다. 총회는 협약 및 권고의 심의와 채택, 회원국의 가입 승인, 예산 및 분담금을 결정하는 기능을 수행한다.

이사회는 56명의 이사와 66명의 대의원으로 구성되는데, 이사는 28명의 정부 대표, 14명의 사용자 대표, 14명의 근로자 대표로 구성되고, 대의원은 정부 대표 28명, 사용자 대표 19명, 근로자 대표 19명으로 구성된다. 정부 대표 이사 중 10개 상임이사국은 주요 산업국가로 선정하였는데, 브라질, 중국, 프랑스, 독일, 인도, 이탈리아, 일본, 러시아, 영국, 그리고 미국이다. 나머지 국가의 정부 대표 이사는 총회에서 매 3년마다 선출하고, 사용자와 노동자 대표 이사는 총회에서 각 대표들에 의하여 선출된다. 이사회는 1년에 세 번 즉 3월, 6월과 11월에 열린다.

이사회는 총회 및 이사회의 의사일정과 총회 결의에 대한 집행 조치에 대한 결정, 사무총장 임명, 국제노동사무처 감독 및 사무국이 작성한 예산안과 분담금 결정안의 심의와 총회 제출, 협약 권고의 실시에 관한 감독 및 애로 사항 심의, 헌장 및 협약 해석에 관한 국제사법재판소 의견 청구, 지역회의의 임무 및 권한 결정 등의 업무를 수행한다.

국제노동사무국은 5년마다 이사회에서 선출한 사무총장과 스위스 제네바 본부와 세계 여러 곳에 있는 사무소 등에 근무하는 약 1,900명의 직원, 기술적 협력을 위하여 세계 각지에서 활동하는 600여 명의 전문가들로 이루어져 있다(www.ilo.org).

사무국은 상설기구로 기술협력 전문가들의 모집 및 안내, 노동문제와 관련한 광범위한 자료 수집 및 출판물 발행, 각국 정부 및 사용자 조직과 노동조합들과의 긴밀한 협조가 이루어질 수 있도록 하는 등의 활동을 전개하고 있다(서원석, 1995).

3 국제노동기구의 주요 활동

국제노동기구는 각종 권고와 협약을 통하여 노동기본권의 국제적인 최소한의 기준을 제시한다. 대표적인 노동기본권으로 결사의 자유(freedom of association), 단결권(right to organize), 단체교섭권(collective bargaining), 강제 노동의 폐지(abolition of forced labour), 기회와 처우의 균등(equality of opportunity and treatment), 그리고 노동과 관련한 모든 분야에서 표준이 되는 조건 등이다.

좀 더 구체적으로 ILO의 활동을 살펴보면, 협약과 권고의 채택 및 이의 감독, 기술 협력, 노동문제와 관련한 연구·교육·출판활동이다(서원석, 1995: 22-23).

1) 협약·권고의 채택·감독

ILO는 국제적인 노동 조건의 개선을 위하여 각종 협약(Convention)과 권고(Recommendation)를 채택하는데, 협약은 회원 국가가 비준하면 국제적으로 법적 의무를 이행하여야 하는 구속력을 가지며, 권고는 비준 문제 없이 국내 조치의 지침이 될 뿐이다.

ILO는 협약의 비준을 회원국들에게 강요하지는 않지만 일단 비준을 한 경우에는 비준한 협약상의 의무 이행 여부를 감독하기 위하여 '협약·권고적용전문가위원회(Committee of Experts on the Application of Conventions and Recommendation)'와 총회에 '협약·권고적용위원회(Committee of Application of Conventions and Recommendation)'를 두고 있다. ILO 회원국은 총회에 의한 협약과 권고가 채택된 후 1년 또는 예외적인 경우에는 18개월 이내에 이를 입법기관 또는 당해 사항에 대하여 권한이 있는 기관에 제출할 의무를 진다. 협약에 대하여 권한 있는 기관의 동의를 받은 국가는 협약의 정식 비준을 ILO에 통지하고 그 규정을 실시하기 위한 필요한 조치를 취하여야 한다.

2) 기술 협력

ILO는 주요 활동 중의 하나로 개발도상국과 후진국 등에 전문가를 파견하는 등의 방법을 통하여 기술 협력 프로그램을 사용하고 있다. 예로 1949년부터 심각한 실업과 불완전 고용, 기술근로자의 부족, 저생산성 등 개발도상국에 심각한 경제문제가 발생하자 이를 해결하기 위하여 ILO 정규 예산뿐만 아니라 유엔개발계획(UNDP)의 기술 원조 및 특별기금 부문을 통하여 각국에 많은 기술 협력사업을 실시하였다.

우리나라와 관련하여 ILO는 1957년부터 1971년까지 한국에 전문가 파견, 해외훈련, 직업훈련원 운영 등을 적극 지원하였고, 1978년에는 국립노동과학연구소 설립에 경제적인 지원을 하였다. 1992년부터는 UNDP와 한국이 공동 부담하여 공공부문 노사관계 연구 등의 프로젝트를 수행하였다(구연춘, 1992: 7; 서원석, 1995 재인용).

3) 연구 · 교육 · 출판

ILO는 노동문제의 과학적 연구와 교육을 위하여 1960년 '국제노동연구소(The International Institute for Labor Studies)'를 창설하였다. 이 연구소에서는 정부, 노조, 대학 등과 밀접한 관계를 유지하면서 노동 분야와 관련된 세미나 및 교육 과정을 운영하는 한편 그 결과를 출판하여 노동정책 수립에 이바지하고 있다. 또한 개발도상국에 유용한 분야의 선진화된 훈련과 재훈련을 실시하기 위하여 '국제선진기술 · 직업훈련센터(The International Center for Advanced Technical and Vocational Training)'를 설치하였다.

아울러 ILO는 매년 각 국가의 노동통계, 총회 보고서, 전문회의와 협의를 위한 각종 보고서와 자료들을 발행하여 회원국들에게 제공한다.

제 2 절 공무원단체와 국제노동기구의 협약 · 권고안

1 단결권과 국제노동기구 협약 · 권고안

국제노동기구(ILO)는 근로자의 노동기본권에 대한 협약과 권고를 하고 있지만 그 중에서 단결권을 의미하는 결사의 자유가 기본 원칙이다. ILO는 창설 이후 지금까지 정치 체제나 경제 발전의 정도에 관계 없이 각국이 공통적으로 반드시 지켜야 할 결사의 자유에 관한 기준을 분명히 하고 이를 보호하는 것을 기본 사명으로 한다. ILO는 1919년 헌장을 제정하면서 결사의 자유를 실천 강령의 가장 중요한 목표로 삼았다. 1944년 제26차 ILO 총회는 노동정책의 기조를 확실히 할 것을 촉구하면서 필라델피아 선언문 제1조에서 표현의 자유 및 결사의 자유는 끊임없는 진보를 위하여 필수적인 것으로 재확인하였다. 아울러 제3조에서는 ILO가 추진할 실천계획으로 단체교섭권의 효율적 승인, 생산성의 지속적 개선을 위한 노사 협의, 사회적 · 경제적 조치의 준비 및 적용에 관한 노사 간의 협력을 제시하였다.

(1) 제87호 협약(결사의 자유 및 단결권 보호에 관한 협약)

ILO의 협약 · 권고 중에서 근로자의 단결권을 보장하고 있는 대표적인 기본 협약은 1948년 제87호 협약(결사의 자유 및 단결권 보호에 관한 협약)과 1949년 제98호 협약(단결권 및 단체교섭권 원칙의 적용에 관한 협약), 1978년 제151호 협약(공공부문의 단결권 보호 및 고용 조건의 결정을 위한 절차에 관한 협약), 1981년 제154호 협약(단체교섭 촉진에 관한 협약), 1978년 제159호 권고(공공부문에서의 고용 조건 결정절차에 관한 권고) 등이다.

1948년 7월 9일 제31차 총회에서 채택하고 1950년 7월 4일부터 효력이 발생한 제87호 협약은 제2조에서 노동자와 사용자는 사전 인가를 받지 아니하고, 스스로 선택하는 단체를 설립할 수 있는 권리와, 그 단체의 규약에 따를 것만을 조건으로 하여 그 단체에 가입할 수 있는 권리를 어떠한 차별도 없이 보장받아야 한다고 규정하고 있다. 다만, 군대 및 경찰에 대하여 이 협약이 규정하는 보장을 적용하는 범위는 국내 법령에 따르도록 하여 (제9조 제1항) 이를 제외한 공무원을 포함한 모든 근로자가 이 협약의 규정이 적용되어야 한다는 것이 ILO결사자유위원회의 기본 입장이다. 이 협약에서 근로자의 단결권에 관하여 4개의 적극적인 보장 규정과 2개의 소극적 보호 규정을 두고 있는 바, 주요 내용은 다음과 같다(국제노동연구소, 1991).

먼저 적극적 보장 규정 4개를 살펴보면, 첫째, 조직 결성 자유의 원칙이다. 근로자는 사전 인가를 받지 아니하고 스스로 선택하여(제2조) 자신의 이익을 증진・옹호하는 것을 목적으로 하는 노동자단체(제10조)를 설립하고, 그 단체의 규약에 따를 것만을 조건으로 하여 그 단체에 가입할 수 있는 권리를 어떠한 차별도 없이 가진다(제2조). 따라서 근로자인 공무원이 노동조합을 결성하기 위하여 정부로부터 일정한 형태의 사전 승인이 요구되는 경우 이는 이 협약의 기본 원칙에 위배된다. 결사의 자유위원회는 정부의 허가로 단체의 결성을 인정하는 법규는 결사의 자유 원칙에 위배된다고 확인한 바 있다. 이는 노동조합을 설립하는 일정한 형식 절차는 각국의 법규에 규정할 수 있으나 이러한 규정이 실질적으로 근로자인 공무원이 자유롭게 노동조합을 설립하는 것을 지연시키거나 방해하는 것이어서는 안 된다는 의미이다(홍기갑, 1990; 이을형, 1996).

둘째, 단체의 자주성 원칙이다. 근로자단체 및 사용자단체는 그 규약과 규칙을 작성하고 자유로이 대표자를 선출하며, 관리 및 활동에 대하여 결정하고 사업계획을 수립할 권리를 가진다. 공공 당국은 이 권리를 제한하거나 이 권리의 합법적인 행사를 저해하는 어떠한 간섭도 해서는 안 된다(제3조)고 규정하고 있다. 하지만 각국 정부에서 노동자단체 및 사용자단체가 정상적으로 활동하는 데 적당하다고 판단되는 절차를 각 국가의 국내법으로 규정하는 것은 자유이다. 노동자단체 및 사용자단체의 규약과 그 운영에 관하여 국내법으로 정하는 절차가 이 조약의 보장 내용에 어긋나지 않는 한 그 국내법이 조약의 규정을 위배하였다고 보지는 않는다(국제노동연구소, 1991: 129).

셋째, 단체의 해산·권리 정지 금지 원칙이다. 이는 절차상의 보장에 관한 것으로 앞의 두 번째 자주성의 원칙에 따라 설립된 근로자단체 또는 사용자단체는 행정 당국에 의하여 해산되거나 활동이 정지되어서는 안 된다고 규정하고 있다(제4조). 다만 이 규정은 근로자단체 및 사용자단체가 국내법을 존중하는 경우에 보장되는 것(제8조)이지만, 결사의 자유위원회는 국내법을 위반한 단체에게 권리 정지 또는 해산 처분이 당연하다고 하더라도 법원에 제소하고 판결이 행정조치보다 우선하여야 한다고 결정하였다. 각국 정부가 단체의 권리 정지나 해산을 위하여 이용하는 방식은 설립신고 등록의 취소, 직접 법원에 제소할 권리를 동반하는 일시적 권리 정지, 제소할 권리를 갖거나 갖지 않는 행정명령에 의한 해산이다. 그러나 제4조는 어떠한 경우에도 단체의 권리 정지 또는 해산은 정식재판에 의한 보호를 받을 수 있어야 한다는 점을 규정한 것이다(국제노동연구소, 1991: 179).

넷째, 연합단체 결성과 국제단체 가입의 자유 원칙이다. 근로자단체 및 사용자단체는 연합단체와 총연합단체를 설립하고 이에 가입할 권리를 가지며, 이러한 단체·연합단체 또는 총연합단체는 국제적인 단체에 가입할 권리를 갖는다(제5조)고 규정하고 있다. 아울러 제6조에서는 노동자단체 및 사용자단체의 설립, 권리 정지 및 해산에 대한 보장은 노동자단체 및 사용자단체의 연합단체와 총연합단체에도 적용된다고 규정하고 있다.

한편, ILO는 2개의 보호 규정을 두고 있는데, 첫 번째 보호 규정은 근로자단체 및 사용자단체의 법인격 취득에 관한 사항으로 노동자단체, 사용자단체, 연합단체 및 총연합단체의 법인격 취득에 관하여 이 조약 제2조, 제3조, 제4조의 적용을 제한하는 성격의 어떤 조건을 붙여서는 아니 된다(제7조)고 규정하여 노동자단체와 사용자단체의 법인격 취득에 앞에서 설명한 세 가지 보장 규정을 제약하지 못하도록 명시하고 있다.

두 번째 보호 규정은 각국 정부가 근로자의 결사의 자유를 침해할 목적으로 공공의 질서 및 법질서의 유지를 악용하는 것을 방지하기 위한 것이다. 이를 위하여 제8조 제1항에서는 이 조약에서 보장하는 권리를 행사할 때 노동자 및 사용자, 그리고 그들의 각 단체는 국내법을 존중하도록 규정하면서 제2항에서는 국내법은 이 조약에서 규정하는 보장을 침해하거나 침해하도록 적용하지 못하도록 하였다. 아울러 제11조에서는 이 조약이 적용되는 모든 회원국은 노동자 및 사용자가 단결권을 자유로이 행사할 수 있도록 보장하는 데 필요하고도 적절한 모든 조치를 취할 의무를 부과하고 있다(국제노동연구소, 1991: 23).

(2) 제98호 협약(단결권 및 단체교섭권 원칙의 적용에 관한 협약)

1949년 7월 1일 제32차 총회에서 채택하고 1951년 7월 18일에 효력이 발생한 ILO 제98호 협약(단결권 및 단체교섭권 원칙의 적용에 관한 협약)은 공무원의 적용 범위와 관련하여 많은 논란을 가져왔는데, 제1조에서 근로자는 고용에 관한 반노동조합적 차별행위에 대하여 충분한 보호를 받아야 한다고 규정하고 있다.

아울러 근로자단체에 대한 대리인이나 구성원에 의한 어떤 간섭행위로부터의 보호와 사용자의 지배와 간섭으로부터의 보호(제2조), 단결권 보장을 위한 기구의 설치(제3조)와 자주적인 교섭 절차의 개발 권장(제4조) 등을 규정하고 있다. 그러나 이 협약에 규정된 보장들을 군대와 경찰에 적용하는 범위는 국내 법령에 정한다(제5조)고 하였으며, 국가행정에 종사하는 공무원의 신분에 대해서는 다루지 아니하며, 또한 그 권리 및 지위에 불리하게 해석되어서도 아니 된다(제6조)고 규정하고 있다.

문제는 협약 제98호가 많은 국가에서 민간부문 못지않게 공공부문의 근로 관계가 점차 확대되어 가는 추세임에도 불구하고 각국의 정치・경제・사회・문화의 다양성이 존재한다는 점과 민간부문과 공공부문에서 고용 간에 차이가 존재한다는 점 등으로 이 협약에서 적용이 배제되어 있는 공무원의 범위에 대하여 해석상 논란이 발생하였다는 점이다.

이에 대하여 결사의 자유위원회는 제98호의 협약, 특히 단체교섭의 지원 및 촉진에 관한 이 협약 제4조는 민간부문, 국유화 기업 및 공공기관 모두에 적용되며, 다만 국가행정에 종사하는 공무원만을 이러한 적용에서 제외시키는 것이 가능할 뿐이라고 했다(ILO, 1985: paragraph 597; 이철수・강성태, 1997에서 재인용). 여기서 국가행정에 종사하는 공무원이란 그 직무가 국가의 행정에 직접 종사하는 자, 곧 정부의 부처나 그와 유사한 기관에 고용되어 있는 관리, 기타 그러한 관리를 보좌하는 자라고 보았다(전문가 위원회 보고서 176항; 서원석, 1995)에 그 범위를 축소하여 제87호 협약의 정신에 근접하고자 하였다.

아울러 국가에 의하여 고용되거나 공공부문에 종사하는 사람으로서, 공공기관의 대리인으로 활동하지 않는 사람들을 협약의 적용 범위에서 제외하는 것은, 비록 그들이 국가의 행정에 종사하는 공무원의 지위와 동일한 지위를 부여받고 있다 하더라도, 협약의 취지에 반한다고 하였다. 그리하여 국영 라디오 및 TV 방송국 직원, 교사, 우편 및 통신부문 종사자 등도 공공기관의 대리인으로서 활동하는 사람이 아니라고 하면서 단결권 및 교섭권이 부정되어서는 안 된다고 하였다(ILO, 1985: paragraph 598, 599, 601, 602; 이철수 외, 1997).

(3) 제151호 협약(공공부문의 단결권 보호 및 고용 조건의 결정절차에 관한 협약)

몇몇 국가가 다수의 공공부문 근로자집단을 ILO 제98호 협약의 적용 범위에서 제외하는 문제점이 지적되자 ILO 제151호 협약(공공부문의 단결권 보호 및 고용 조건의 결정절차에 관한 협약)을 채택하였다. 이 협약은 1978년 6월 27일 제64차 총회에서 채택하고 1981년 2월 25일부터 효력이 발생하였다.

제151호 협약의 주요 내용은 다음과 같다.

첫째, 이 협약은 제1조에서 다른 ILO 협약의 좀 더 유리한 규정이 적용되지 않는 한 공공기관에 고용된 모든 근로자에게 적용된다(제1조 제1항). 다만, 공공부문 근로자 중에서 정책 결정 또는 관리를 담당하고 있다고 간주되는 고위직에 있는 근로자 또는 고도의 기밀 성격의 직무에 종사하는 근로자에 대하여 이 협약에서 규정하는 보장을 적용하는 범위는 국내 법령으로 정하도록 하고 있다(제1조 제2항).

둘째, 공공부문 노동자단체라 함은 구성 내용과 관계 없이 공공부문 노동자의 권익을 증진·옹호하는 것을 목적으로 하는 모든 단체로 규정하고 있다(제3조).

셋째, 공공부문 근로자는 고용에 관한 반노동조합적 차별 대우로부터 보호를 받아야 한다. 즉, 공공부문 근로자 채용 시 근로자단체에 가입하지 아니하거나 또는 근로자단체로부터 탈퇴할 것을 고용 조건으로 하는 행위 및 공공부문 근로자 단체의 조합원이라는 이유 또는 그러한 단체의 정상적인 활동에 참여하였다는 것을 이유로 공공부문 근로자를 해고하거나 불리한 처분을 하는 행위로부터 보호를 받아야 한다는 것이다(제4조).

넷째, 공공부문 근로자단체는 공공기관으로부터 완전한 독립을 보장받아야 하고, 그 설립, 활동, 운영에 관한 공공기관의 어떠한 간섭으로부터 보호받아야 한다. 특히 공공부문 근로자단체를 공공기관의 지배 하에 두기 위하여 공공기관의 지배를 받는 근로자단체의 설립을 꾀하거나, 근로자 단체에 재정이나 기타 수단으로 지원을 하는 행위는 간섭으로 간주된다(제5조).

다섯째, 승인된 공공부문의 근로자단체의 대표가 근무 시간 중이나 근무 시간 외에 그 업무를 신속하고 효율적으로 수행할 수 있도록 적절한 편의가 제공되어야 하며, 그 편의 제공으로 관계 있는 행정 및 기관의 효율적인 운영을 저해해서는 아니 된다(제6조)고 규정하고 있다.

(4) 제159호(공공부문에서의 고용 조건 절차에 관한 권고)

ILO는 1978년 제64차 총회에서 '공공부문에서의 고용 조건 절차에 관한 권고' 제159호를 채택했는데, 이는 제151호 협약의 내용을 보충한 것이다. 이 권고 내용 중 단결권과 관련된 규정을 살펴보면, 공공부문 근로자단체에 제151호 협약에 규정된 반노조행위 금지, 간섭 금지, 편의 제공 등의 권리를 독점적 내지 배타적으로 부여할 것을 결정할 목적으로 이들 단체를 인정하는 절차를 두고 있는 국가인 경우에는, 그러한 결정은 단체의 대표성에 관하여 이미 수립된 객관적 기준에 기초하여야 하며, 그러한 절차가 동일한 범주에 속하는 근로자단체의 분열을 조장하는 것이어서는 아니 된다(제1조)고 규정하고 있다.

한편, 제151호 협약에 규정된 편의 제공의 범위와 성격을 결정할 때에는 1971년 ILO 제143호 권고(사업장에서 근로자 대표에게 제공하는 보호 및 편의에 관한 권고)의 내용을 고려하여야 한다(제4조). 1971년 ILO 제143호 권고에서는 근로자 대표가 그 직무를 신속하고 효율적으로 수행할 수 있도록 사업장의 적절한 편의 제공 원칙을 규정하면서(제9조), 임금 손실 없는 전임 시간(제10조, 제11조), 사업장 내의 출입 보장(제12조), 경영자 대표와의 회견 기회 부여(제13조), 사업장 내에서 조합비 징수(제14조), 사업장 내에 공지 사항 게시와 문서 배부(제15조), 물질적 편의 및 정보 제공(제16조) 등을 인정하도록 하였다.

결국, ILO의 협약 및 권고 사항에 따르면, 공공부문의 근로자 중에서 군인, 경찰, 중요한 정책 결정이나 업무를 담당하는 고위직 공무원, 또는 고도의 기밀 업무를 담당하는 공무원에 대해서는 국내 법령에 따라 단결권이 제한될 수 있으나, 그 이외의 소방직·교정직 공무원, 교사, 일반의 관리직·감독직·기밀직 공무원에 대해서는 공공부문의 근로자임을 이유로 단결권을 제한할 수 없다는 입장이다.

2 단체교섭권과 국제노동기구 협약·권고안

국제노동기구(ILO)의 협약·권고 중에서 근로자의 단체교섭권을 보장하고 있는 대표적인 기본 협약은 1949년 제98호 협약(단결권 및 단체교섭권 원칙의 적용에 관한 협약), 1978년 제151호 협약(공공부문의 단결권 보호 및 고용 조건의 결정을 위한 절차에 관한 협약), 1981년 제154호 협약(단체교섭 촉진에 관한 협약), 1978년 제159호 권고(공공부문에서의 고용 조건 결정 절차에 관한 권고) 등이다.

1949년 7월 1일 제32차 총회에서 채택하고 1951년 7월 18일에 효력이 발생한 ILO 제98호 협약(단결권 및 단체교섭권 원칙의 적용에 관한 협약)은 공무원의 적용 범위와 관련하여 많은 논란을 가져왔는데, 제4조에서 단체협약을 통해 근로 조건의 결정을 목적으로 하는 사용자 또는 사용자단체와 근로자단체 간의 자율적인 교섭을 위한 절차를 완벽히 개발하고 이용하도록 장려하고 촉진하기 위하여, 필요한 경우에는 국내 사정에 적합한 조치를 취하여야 한다고 규정하였다.

공공기관에 근무하는 모든 근로자에게 적용되는 ILO 제151호 협약(공공부문의 단결권 보호 및 고용 조건의 결정을 위한 절차에 관한 협약)은 제7조에서 고용 조건에 관한 관련 공공기관과 공공부문 근로자단체 간의 교섭을 위한 제도 또는 공공부문 근로자 대표가 그들의 근로 조건 결정 과정에 참여하는 기타 방법을 충분하게 개발하고 이용하도록 장려하고 촉진하기 위하여, 필요한 경우에는 국내 사정에 적합한 조치를 취해야 한다고 규정하고 있다.

한편, 1981년 6월 19일 제67차 총회에서 채택한 ILO 제154호 협약(단체교섭 촉진에 관한 협약)은 모든 경제활동 분야에 적용되며, 다만 이 협약에 규정된 보장을 군대 및 경찰에게 적용하는 범위는 국내 법령 및 관행으로 정할 수 있으며, 공공부문에 대해서는 이 협약의 적용을 위한 특별한 약식을 국내 법령 빛 국내 관행으로 정할 수 있다(제1조).

이 협약에서 단체교섭이라 함은 세 가지 목적을 위하여 한 명 또는 여러 명의 사용자 또는 하나 또는 여러 개의 사용자단체와 하나 또는 여러 개의 근로자단체 사이에 이루어지는 모든 교섭을 말한다. 세 가지 목적은 노동조건과 고용 조건의 결정, 사용자와 노동자 간의 관계 규정, 사용자나 사용자단체와 하나 또는 여러 개의 노동자단체 간의 관계 규정을 말한다(제2조).

이 협약은 단체교섭을 촉진하기 위하여 국내 사정에 적절한 조치를 취하여야 하는데, 그러한 조치는 ① 경제활동 분야의 모든 사용자 및 노동자집단이 단체교섭이 가능할 것, ② 단체교섭의 대상은 앞에서 설명한 세 가지 목적 사항까지 점진적으로 확대되어 갈 것, ③ 사용자단체와 노동자단체가 합의하는 절차 규칙을 수립하도록 장려할 것, ④ 단체교섭의 절차에 적용되는 규칙의 부재, 불충분, 부적절 등을 이유로 단체협약이 저해되어서는 안 될 것, ⑤ 노동쟁의 해결을 위한 기구나 절차가 단체교섭 촉진에 기여할 수 있도록 마련되어야 할 것 등이다(제5조).

아울러 제7조에서는 공공기관이 단체교섭을 장려하고 촉진하기 위하여 취하는 조치들은 공공기관과 사용자단체 및 노동자단체 간의 사전 협의를 반드시 거쳐야 하며, 가능한 경우에는 언제나 합의가 있어야 한다고 규정하고 있다. 제8조에서는 단체교섭을 증진시킬 목적으로 취해진 조치들은 단체교섭의 자유를 저해하기 위한 목적으로 입안되거나 또는 그러한 목적으로 적용되어서는 아니 된다고 하였다.

한편, ILO는 1951년 제91호 권고(단체협약에 관한 권고)를 채택하였는데, 이 권고에는 적용 대상과 범위에 대한 규정이 없다. 이 권고에는 단체교섭제도, 단체협약의 정의, 단체협약의 효력, 단체협약의 확장, 단체협약의 해석 및 단체협약 적용에 대한 감독에 대하여 비교적 상세하게 규정하고 있다. 1981년에는 제163호 권고(단체교섭 촉진에 관한 권고)를 채택하여 단체교섭의 촉진 수단에 대하여 규정하고 있다.

1978년 ILO 제159호 권고(공공부문에서의 근로 조건 결정 절차에 관한 권고)는 제151호 협약의 내용을 보완하고 있는데, 그 협약에 따른 고용 조건을 교섭하는 경우, 관련 공공기관은 교섭권을 가진 사람이나 기관 및 합의된 고용 조건에 효력을 발생시키는 절차를 국내 법령 또는 기타 적절한 방법에 의하여 결정하도록 규정하였다. 또한 공공부문 노동자 대표로 하여금 고용 조건 결정에 참여하도록 하는 데 교섭 이외의 다른 방법을 취하는 경우 그러한 참여 절차 및 고용 조건의 최종 결정을 위한 절차는 국내 법령 또는 기타 적절한 방법에 의하여 결정되어야 한다(제2조). 이 권고에 따라 공공기관과 공공부문 근로자단체 사이에 협약이 체결되는 경우, 협약 유효기간 내지 만료·갱신·개정의 절차가 정식으로 규정되어 있어야 한다(제3조).

이상의 ILO협약과 권고 사항을 살펴보면, 공공근로자 중에서 군인, 경찰, 중요한 정책 결정이나 관리를 담당하는 고위직 공무원, 또는 고도의 기밀업무를 담당하는 공무원에 대해서는 국내 법령에 의하여 단체교섭권이 제한될 수 있다. 그러나 그 밖에 소방직·교정직 공무원, 교사, 일반의 관리직·감독직·기밀직 공무원, 국유 기업의 종사자 등에 대하여 공공근로자임을 이유로 단체교섭권을 제한할 수 없다. 입법기관에 대한 예산 권한을 이유로 단체교섭권을 제한할 수 없다. 입법기관에 대한 예산 권한을 이유로 공공기관에 의하여 또는 이를 대리하여 체결된 단체협약의 준수가 방해되어서는 아니 된다. 다만, 제151호 협약 제7조에서 규정하고 있는 근로 조건의 결정 방식의 선택은 반드시 단체교섭에 국한되는 것은 아니며, 어느 정도의 유연성이 허용된다(ILO, 1985: paragraph 604, 606; 이철수 외, 1997에서 재인용).

3 단체행동권과 국제노동기구 협약 · 권고안

공공부문에 대해 파업권 등 단체행동권의 보장을 규정하고 있는 ILO협약은 아직 없다.[2] 다만, 결사의 자유위원회는 파업권에 대하여 '공공기관의 대리인인 공무원(civil servants acting in their capacity as agents of the public authorities)'이거나 '엄격한 의미에서의 필수사업에 종사하는 자(essential services in the strict sence of the term)'에 대해서만 파업권의 제한이 허용될 수 있다고 보고 있다.

"본 위원회는 파업권은 근로자와 근로자단체의 기본적 권리의 하나이며, 그들이 자신의 직업적 이해를 증진·옹호할 수 있는 필수적인 수단 중의 하나라는 입장을 항상 견지하여 왔음을 재차 강조한다……. 본 위원회는 파업권은 공공 서비스(공공당국의 대리인으로서 행동하는 자인 공무원)나 엄격한 의미에서의 필수적 사업(즉 중단되면 생명, 개인의 안전 또는 국민 전체 혹은 일부의 건강을 위태롭게 할 수 있는 사업)에 한하여 제한 또는 심지어 금지할 수 있다는 점을 상기한다. 그러나 본 위원회는 교육근로자는 필수적 사업 또는 공공기관의 권한을 행사하는 공공 서비스의 정의에 해당되지 않는다고 생각한다"(1990년 결사의 자유위원회 제272차 보고서, 사건 제1503호(페루), 제116항 및 제117항; 1991년 결사의 자유위원회 제277차 보고서, 사건 제1528호(독일), 제258항; 1991년 결사의 자유위원회 제278차 보고서, 사건 제1570호(필리핀), 제165항; 1993년 결사의 자유위원회 제286차 보고서, 사건 제1629호(한국), 제563항, 등).

이 위원회의 위와 같은 입장은 필수 사업 개념을 그 사업의 중단이 생명, 개인의 안전 또는 국민 전체 혹은 일부의 건강을 위태롭게 할 수 있는 부문에 한정하여 매우 엄격하게 해석하고 있다.

그리하여, 전술한 교사(ILO, 1985: paragraph 404), 정상적인 환경에서

2) 이 부분의 내용은 대부분 이철수·강성태(1997: 73-74)의 글을 약간 수정하여 게재하였다. 좀 더 자세한 내용은 해당 저서를 참조하기 바란다.

일반적인 항만사업, 항공기 정비와 모든 운송업, 금융업, 농업, 금속 및 석유산업, 식료품의 분배 및 공급사업(paragraph 402), 조폐업, 정부의 인쇄사업, 술·소금·담배 등의 국가독점사업(paragraph 403), 금속과 탄광 부문(paragraph 406) 등은 필수적 사업에 해당되지 않는다고 보고 있다.

반면, 병원 부문(paragraph 409), 식수공급사업(paragraph 410), 그리고 항공교통관제사도 그 서비스의 중단은 수많은 승객과 승무원의 생명과 안전을 위태롭게 할 수 있으므로 필수사업으로 보고 있다(paragraph 412).

4 쟁의조정

국제노동기구(ILO)의 협약·권고 중에서 쟁의의 해결과 관련한 협약은 1978년 제151호 협약(공공부문의 단결권 보호 및 고용 조건의 결정을 위한 절차에 관한 협약)이다.

공공기관에 근무하는 모든 근로자에게 적용되는 제151호 협약은 제5부 제8조에서 고용 조건 결정과 관련하여 발생하는 쟁의 해결은 국내 조건에 따라 당사자 간의 교섭을 통하거나 관련 당사자의 신뢰를 보장할 수 있는 방식으로 수립된 조정·알선·중재와 같은 독립적이고 공정한 제도를 통하여 이루어져야 한다고 규정하고 있다.

Chapter 04 대한민국의 공무원 노동기본권 연혁

제 1 절 일본 제국주의 및 미군정 시대

1 일제 시대 노동운동

우리나라의 근대적 노동운동은 일제의 침입에 의한 한국 경제의 자본주의화 과정에서 근대적 임금노동의 형성을 중심으로 시작되어 발전하여 왔다고 평가하고 있다. 노동운동의 요인은 일제 하 식민지 광공업의 발전에 따른 노동계급 성장과 신민지 하의 가혹한 노동 조건이었고, 아울러 민족해방 투쟁과 국제노동운동의 영향이었다고 본다(김윤환, 1982: 11). 여기에서는 일제 하 공무원들의 노동운동과 관련한 자세한 내용은 차후 과제로 남기고, 공무원에 해당될 수 있는 몇몇 직종의 노동운동 사례를 소개함으로써 혹독한 일제 치하에서도 지속적이고 광범위한 분야에서 다양한 형태의 노동운동이 전개되어 왔음을 상기시키면서 이 분야에 대한 연구와 노동운동을 소개하고자 한다.[1)]

1) 일제 치하의 노동운동, 대부분 민간부문의 노동운동에 대한 매우 광범위하고 자세한 연구는 다음을 참고하기 바란다. 김윤환(1982). 「한국노동운동사I : 일제하 편」; 한국노동조합총연맹(1979). 「한국노동조합운동사」.

대표적인 노동운동은 1920년대 교원의 동맹사직이라고 할 수 있다(한국노동조합총연맹, 1979: 99-101). 교원은 지식인으로 일반 노동자와 다른 특수한 계층으로 인식되어 노동쟁의 용어 대신 동맹사직 도는 동맹휴직이라는 용어를 사용하여 기록하였다. 1921년 3월 황해도 신천군의 사립 경신학교 교원 전원이 사표를 제출한 노동운동이 있었고, 10월에는 경남 마산의 사립 창신학교 보통과 교원들이 경영자의 무성의와 냉정한 태도에 동맹사직을 단행한 후 양측의 희의로 문제점을 해결하였다. 1922년 8월에는 평북 자성 공립보통학교에서 한국인과 일본인 사이의 민족적 차별정책으로 한국인 교원 4명이 동맹사직한 사건, 경남 통영 대화정 유치원 여교사 3명이 동맹사직한 사건이 발생하였다. 1926년에는 서울시내 동대문의 홍인 배재학교 교원 4명이 월봉 45원을 35원으로 감봉하자 동맹사직하여 학교 측은 1주일 간의 임시 휴교를 하였다.

이외에도 1923년 4월 전북 순창에서 우편국을 우편소로 격하시켜 월급의 1/3이 감봉되자 직배원 6명이 동시에 동맹사직을 하는 노동쟁의를 단행하였다. 1926년에는 전남 장성우편소 한국인 사무원과 집배원 7명이 월급의 인상을 요구하면서 동맹파업을 함으로써 요구 조건을 관철하고 복직하는 노동운동이 발생하였다(한국노동조합총연맹, 1979: 101). 이러한 사례를 살펴보면, 일제 강점기에도 한국의 노동자들은 근로 조건의 개선을 위하여 노동운동을 전개하여 왔음을 알 수 있다. 아래에서 소개하는 문헌에는 일본 제국주의 강점기에도 민간부문에서 나타난 다양한 노동운동과 노동단체, 노동조합, 동맹파업 등을 매우 상세한 통계와 자료로 분석하여 설명하고 있다.

2 미군정 시대 노동운동

해방 후 미군정은 1945년 10월 9일 법령 제11호에 의하여 일제 시대의 '치안유지법', '정치범처벌법', '예비검속법', '출판법' 등의 법률을 폐지하여 남한의 정치활동 자유를 보장하는 조치를 취하였다. 계속하여 노동조정위원회로 하여금 노동분쟁을 강제 중재하여 종결하도록 하는 법령을 공포하였으나, 이는 미군정의 행정 편의에 따른 법령이다.[2] 이후 미군정은 1945년 10월에 법령 제14호로 '일반 노동임금에 관한 법령', 법령 제19호 '폭리에 관한 취체 법규', 법령 제34호 '노동조정위원회법', 법령 제97호 '노동문제에 관한 공공정책 및 노동부 설치에 관한 법령' 등으로 자본주의 노동법의 기본 골격을 구성하였다. 특히 법령 제19호에서는 노동조합과 관련한 조항이 눈길을 끌고 있다.

재조선 미국 육군사령부 군정청 법령 제97호

재조선 미국 육군 군정청은 노동문제에 관한 공공정책을 아래와 같이 선포함.
가. 민주주의적 노동조합의 발전을 장려함.
나. 노동자는 자발적 노동조합을 통하여 노동연합회를 조직하고 가입하며, 타 노동조합을 원조하고 또는 원조를 받는 권리가 있는 동시에 고용주와 그 대리인의 간섭을 받지 않고, 고용계약의 기간 및 조건을 협정할 목적으로 자기가 선택한 대표자를 지명할 권리가 있음.
다. 고용계약서에 있어 고용주와 노동조합간의 합의된 노임, 노동 시간 및 기타 고용 조건을 명기한 평화적 협정을 장려함.

그런데, 1945년 11월 5일, 해방 이후 80일 만에 전국적 노동자 조직인 조선노동조합전국평의회(전평)가 결성대회를 가져 전국 13도 50만 조합원을 대표하는 505명의 대의원이 참석하였다. 전평은 친미가 아닌 친소련 정치 노선을 띠어 미군정으로 하여금 노동정책을 난처하게 만들었다. 1946년 9월 전평 산하 조선철도노동조합이 중심이 되어 철도노동자의 대우 개선을 위한 요구 조건을 제시하고 미군정의 성의 있는 답변이 지연되자 총파업을 실시하였고 미군정의 강력한 조치로 철도 파업은 무산되었다.

한편, 전평의 확대 강화를 저지하고 반공 투쟁의 일익을 담당하기 위하여 민족 진영의 청년과 노동자들을 중심으로 1945년 11월 대한독립촉성전

2) 미군정 시대의 노동운동과 관련한 내용은 다음의 자료를 발췌하여 정리하였으며, 설명의 편의상 일일이 인용처를 밝히지 않았으므로 좀 더 구체적인 내용은 해당 문헌을 참고하기 바란다. 김낙중(1982). 「한국노동운동사 : 해방후 편」. 청사; 한국노동조합총연맹(1979). 「한국노동조합운동사」.

국청년총연맹이 조직되었다. 이 연맹에는 40여 개의 우익 청년조직들로 구성되었고, 1946년 3월에 결성된 대한노총의 모체가 되었다. 대한노총은 1947년 3월 제1차 대의원대회를 개최하고 총재 이승만, 부총재 김구를 추대하였다.

이후 여러 차례의 노동쟁의와 파업이 발생하였다. 미군정 하의 노동운동의 주요 특징은 좌우익을 막론하고 자기 집단의 정치 세력을 확장하기 위한 정치운동의 일환과 열악한 근로 조건의 개선을 위한 노동운동으로 대별할 수 있다. 아울러 통치권의 담당자인 미군정 당국에 의하여 제도화된 노동 관련 법규들은 노동운동이 통치 권력의 주도성에 제약을 받는 한국노동운동의 특징을 가지는 계기가 되었다고 평가하고 있다(김낙중, 1982: 104).

제 2 절 제1·2공화국(이승만, 장면 정부): 1948~1961년

1 노동 관계 법령의 제정

1948년 헌법 제정과 함께 탄생한 제1공화국은 이승만 정권의 정치적 속성과 당시의 국제적 역학 관계로 인하여 노동3권과 노동자의 이익균점권이 보장되었다. 제헌헌법 제18조에서는 근로자의 단결권, 단체교섭과 단체행동의 자유는 법률의 범위 내에서 보장된다고 규정하였다.[3] 1948년 8월 12일에 공포된 국가공무원법은 공무원의 복무와 관련하여 제30조에서 공무원은 국민 전체의 봉사자로서 친절·공정히 집무해야야 하고, 공무원은 정치운동에 참여하지 못하며, 공무 이외의 일을 위한 집단적 행동을 해서는 아니 되고(37조), 공무원의 근무 조건 기타 복무에 관한 사항은 대통령령으로

3) 이하의 모든 법령은 한국법령편찬회가 편찬한 「대한민국법령연혁집」(1972-1987)과 법제처가 편찬한 「대한민국현행법령집」(1990)을 저자가 각 시대 법령의 각 조와 항을 추적하여 분석하였다. 백종섭(1991) 참조. 1987년 이후는 법제처 홈페이지를 활용하였다.

정하도록(38조) 하였다. 1950년 2월 11일에 신규 제정한 고용원 규정은 국가공무원법 제3조 제2항 제5호에 규정된 '단순한 노무에 종사하는 공무원'의 범위와 근무 조건 기타 복무에 관한 규정을 명시하였다.

노동관계법들은 한국전쟁으로 인하여 미루어 오다가 노동자들의 법적 근거에 대한 요구가 증가하자 정부는 노동 4법을 제정하게 되었다. 1953년에 제정한 노동조합법에서 근로자는 자유로이 노동조합을 조직하거나 또는 이에 가입할 수 있으나, 현역 군인, 군속, 경찰관리, 형무관리와 소방관리는 예외로 하였고, 노동조합원으로부터 정치자금의 징수와 노동조합기금을 정치적 자금에 유용할 수 없도록 하였다. 한편 노동쟁의조정법에서 살펴볼 주요 사항은 공익사업과 공익사업에 준하는 사업 및 사업체의 범위이다. 이러한 사업 및 사업체에서는 쟁의행위가 금지되거나 쟁의행위 시의 냉각기간, 알선에서의 특별 규정, 중재 개시 등에 특별한 제약을 가해 노동권이 크게 제약받기 때문이다.

1953년 3월 8일에 제정된 이 법은 공중의 일상생활에 필요불가결한 공익사업의 범위로 운수, 통신, 수도. 전기 또는 와사(가스를 의미함) 공공사업, 의료 또는 공중위생사업을 지정(제4조 1항)하고 이외에 국민경제와 경제에 중대한 사업은 공익사업으로 지정할 수 있도록 규정하였다(제4조 2항). 근로자 또는 사용자는 노동쟁의가 발생하였을 때 그 주장을 관철하기 위하여 쟁의행위를 할 수 있도록 규정하였으나, 단순한 노무에 종사하는 이외의 공무원은 예외로 하여 단순노무자의 쟁의행위를 법률적으로 보장하고 있다. 여기서 단순한 노무에 종사하는 공무원은 1950년 2월 11일에 제정한 고용원 규정에 규정된 공무원이다. 따라서 고용원은 쟁의행위(단체행동권)가 보장되었으나, 기타 공무원은 단결권과 단체교섭권만 보장되는 형태가 되었다.

2 교원노동조합의 탄생 과정

한편, 국공사립학교 교원의 노동조합 결성 자체가 금지되지는 않았음에도 불구하고 4·19 이전에는 이들의 노조 결성이 구체화되지 못한 것은 이승만과 자유당의 경찰국가적 독재 체제 때문이라고 볼 수 있다(김낙중, 1982: 278). 이의 근거로는 1959년 3월 16일 법무부와 보사부 공동 명의로 각부 장관과 각 시·도에 순수한 노무종사자 이외의 어떤 공무원도 노동조합에 가입할 수 없다는 내용의 공문이 그것이다. 이 공문은 1958년에 대구를 중심으로 한 대학교수 등 교원들의 교원노조 결성 움직임과 관련하여 취해진 조치였다(한국노동조합총연맹, 1979: 446-467).

이러한 정부 측 태도에도 불구하고 1960년 4월 29일에 대구에서는 대구시 교원조합결성준비위원회가 개최되었고, 5월 7일에는 대구시 중·고교직원노조와 국민학교 교직원노조가 결성되었다. 5월 15일에는 부산에서, 5월 22일에는 서울에서 한국교원노조연합회가 결성되었다(한국노동조합총연맹, 1979: 446-467; 대구매일신문, 1960). 이러한 결성에 대하여 허정 과도정부는 당시 문교부(이병도 장관)를 통하여 국무회의의 결정과 법무부의 견해에 따라 교원노조 결성은 국가공무원법 및 교육공무원법 위반이라는 이유로 5월 29일까지 해체를 지시하였다(김낙중, 1982; 전국교직원노동조합 외, 1989: 54).

또한 경상북도 당국은 교원노조운동을 저지하기 위하여 1960년 8월 9일 경상북도 내 초·중·고 교원 400여 명을 전근 발령시켰다. 이에 경북교원노조연합회에서는 대구지방법원에 노조 간부 교원들에 대한 부당 전근 발령 취소를 요구하는 행정소송을 제기하였고, 1960년 8월 23일 제2공화국 수립 이후 8월 25일 대구고등법원은 경북교원노조연합회가 제기한 노동조합 간부 전보 발령 행정처분 취소 및 정지가처분 신청에 대하여 이 행정처분의 집행정지를 명하는 결정을 내렸다. 이러한 결정에 대하여 장면 총리를 수반으로 하는 제2공화국 정부는 경북도지사에게 항고하지 말 것을 지시하였다(김낙중, 1982: 287-288).

이후 정부는 교원노조의 명칭을 교원연합회 또는 교원조합 등으로 개칭하고, 교원의 생활 권익을 위한 단결은 인정하나 교육에 지장이 있는 단체행동은 인정하지 않는다는 조건으로 교원노조를 인정한다는 타협안을 제시하고, 새 법률이 제정될 때까지 분규조정위원회를 설치·운영하겠다는 모호한 태도를 보였다.

그러나, 이는 자유당 시절 어용단체였던 대한교육연합회를 활용하려는 것으로 당국은 민의원을 통하여 교원노조의 봉쇄를 위한 노동조합법 개정안을 제안하기에 이르렀다. 국회는 1960년 9월 29일 교원노조에 대한 토론에서 민주당 신파와 사회대중당은 교원노조의 합법성을, 민주당 구파는 일부 소장파를 제외하고 교원노조 불법화를 지지하였다. 결국 국회는 노동법 개정안을 폐기하기로 결정하였으나, 정부 당국은 각료회의에서 교원노조의 단결권과 단체교섭권은 인정하되 단체협약권과 단체행동권은 부인하기로 하고 추진중이던 교직단체법을 제정하여 대처하기로 방침을 정하였다(조선일보, 1960. 10. 7; 서울신문, 1960. 10. 6; 김낙중, 1982: 290-291; 이목, 1989: 200-201). 그러나, 정부 당국은 그때까지 교원노조 측의 노동조합 설립 신고를 받아 주지 않아 교원노조의 투쟁은 계속되다가 1961년 5·16 이후 많은 희생자를 낸 뒤 끝내 해산당하고 말았다.

3 일반공무원 노동조합의 탄생 과정

일반공무원 노동조합의 근대적 성격의 노동운동은 해방 이후 진주한 미군정이 '치안유지법' 등을 폐지하자 좌익 세력이 먼저 노동자의 조직화를 추진하였는바, 산업별 노동조합이 조직되어 나갔고, 1945년 11월 5일에는 이들 노동조합의 대표들이 모여 '조선노동조합전국평의회(전평)' 결성대회를 개최하였다. 전평은 마르크스·레닌주의적 사회주의 노선을 따르면서 노동운동을 정치 투쟁 위주로 이끌어 나가자 우익 정치인들은 전평 타도와 우익 노동단체의 필요성을 느끼기 시작하였다. 1945년 11월 2일 우익 청년단체인 대한독립촉성청년총연맹이 결성되고, 다시 우익노조의 시초인 우마차노동조합이 조직되었다.

1946년 3월 10일에는 좌익 전평에 대항하기 위한 우익 노동단체인 대한독립촉성노동총연맹(대한노총)이 탄생되었다 (김낙중, 1982: 54-61, 79-80). 하지만, 대한노총은 어용단체의 성격이 강하다는 비판을 받아야 했으며 노동운동은 많은 시련을 겪었다.

자유당 치하에서 억압되었던 공무원노조의 욕구는 4·19 이후 분출되면서 단체교섭이 활발해졌는데, 1960년 6월 30일 전국철도노조연맹은 전국대의원대회 이후 정부 측과 현안 문제를 위한 교섭에 실패하자 10월 21일 보건사회부에 쟁의 신고를 하고 11월 17일에는 노조에서 쟁의의 찬성 결의를 하였다.

그러나, 정부의 미온적인 태도로 노조가 1961년 1월 27일 1단계의 통신시한파업을 단행하자, 정부는 파업이 계속되면 군경을 동원하여 이를 저지하겠다고 발표하였으며, 교통부 장관이 공무원은 파업에 가담할 수 없으며 파업 가담자는 징계 및 형사 처벌하겠다고 경고하였다. 또한 경찰 당국은 파업 사태에 대한 진상조사에 나섰다. 그러나 체신노조와 전매노조에서 동맹파업을 불사하자 정부의 강경 노선은 완화되어 노사 협의를 통하여 쟁의는 2월 1일 일단락되었다. 전매노조의 경우 전매청과 임금 인상과 단체협약의 갱신을 위한 교섭이 진행되는 동안 대구 전매청에서는 1960년 11월 17일 노조활동과 관련하여 43명이 집단해고되는 사태가 발생하였으나 전매노조와 정부의 교섭에 따라 파업으로 진행되지 않고 일단락되었다. 이후 전매노조는 1987년 4월 1일부로 전매청이 공사화하여 자동 탈퇴하게 되었다. 체신노조도 체신부 당국과 교섭이 원활하게 진행되지 못했으나, 정부당국은 철도와 전매노조의 경우를 고려하여 결국 체신노조와 협상이 타결되어 파업은 발생하지 않았다(김낙중, 1982: 305-308; 한국노동조합총연맹, 1979: 523-526).

제 3 절 제3·4공화국(박정희 정부): 1961~1979년

1 제3공화국 시대의 노동기본권

제3공화국은 1962년 12월 26일 헌법 개정에서 근로자는 근로 조건의 향상을 위하여 자주적인 단결권, 단체교섭권 및 단체행동권을 가지나, 공무원인 근로자는 법률로 인정된 자를 제외하고는 단결권, 단체교섭권 및 단체행동권을 가질 수 없다(제29조)고 규정하여 공무원의 노동권은 법률 유보사항으로 규정되었고 선택적으로 인정된 공무원만 노동권을 행사할 수 있게 되었다.

국가공무원법은 1961년 9월 18일의 개정에서 37조의 규정 중 '공무' 대신 "'노동운동 기타 공무' 이외의 일을 위한 집단적 행동을 하여서는 아니 된다"로 규정하였고, 1962년 2월 23일 개정에서는 제37조에 단서 조항을 신설하였는데, 즉 "공무원은 정치운동에 참여하지 못하며 노동운동 기타 공무 이외의 일을 위한 집단적 행동을 하여서는 아니 된다. 단, 사실상 노무에 종사하는 공무원의 노동운동은 예외로 한다"고 하였다. 이는 지금까지의 규정 중 가장 구체적으로 노무종사자인 공무원의 정치운동과 집단적 행동이 사실상 보장되는 의미 있는 개정이었다.

여기서 사실상 노무에 종사하는 공무원의 범위는 1963년 6월 1일의 공무원복무규정이 신규 제정되기 전에는 1950년 2월 11일에 제정된 대통령령 제277호의 고용원 규정에 의하여 규정된 자(당시 고용원 규정의 별표 제1호의 고용원 직명 및 일급 한계표 참조)를 의미한다. 1963년 4월 17일의 개정에서 공무원의 정치활동을 금지하는 조항이 신설되었으며(제65조), 공무원은 노동운동 기타 공무 이외의 일을 위한 집단적 행위를 하여서는 아니 되나, 각령으로 정하는 사실상 노무에 종사하는 공무원은 예외로 하도록 하였고(제66조), 공무원의 복무에 관하여 필요한 사항은 이 법에 규정하는 것을 제외하고는 국가재건최고회의규칙, 대법원규칙 또는 각령(1963. 6. 1.에 제정된 각령 제1339호의 공무원복무규정을 의미함)으로 위임하였다.

1963년 12월 16일 개정에서는 제66조와 제67조의 '각령'을 '대통령령'으로, 제67조의 '국가재건최고회의규칙'을 '국회규칙'으로 개정하였고, 1964년 5월 26일 개정은 제65조 4항과 제66조의 '대통령령'을 '국회규칙, 대법원규칙 또는 대통령령'으로 하였다.

1973년 2월 5일의 개정은 제66조 1항의 '국회규칙, 대법원규칙 또는 대통령령'을 삭제하고 대신 제2, 3, 4항을 신설하여 제2항에서는 전항 단서의 사실상 노무에 종사하는 공무원의 범위는 국회규칙, 대법원규칙 또는 대통령령으로 정하도록 하고, 단서에 규정된 공무원으로서 노동조합에 가입된 자가 조합 업무에 전임하고자 하는 경우에는 소속 장관의 허가를 얻어야 하며 이때 허가에는 필요한 조건을 붙일 수 있게 하였다.

고용원규정은 1962년 3월 8일의 개정에서 고용원의 직종을 기능적인 노무에 종사하는 고용원과 일반 노무에 종사하는 고용원(다시 경노무 고용원으로 구분)으로 구분하였고, 1963년 6월 1일에 신규 제정된 공무원복무규정(각령 제1339호)은 국가공무원법 제66조에서 규정한 공무원의 정치적 행위의 한계(크게 세 가지 사항임)를 명시하였으며, 제27조에서는 정치운동과 집단적 행위가 인정되는 사실상 노무에 종사하는 공무원은 별표에 규정한 현업기관의 작업 현장에서 근무하는 자로 하되 서무, 인사, 물품 출납, 경리, 기밀 또는 노무자의 감독사무에 종사하는 자는 제외하였다.

그런데, 별표에 제시된 노무공무원(범위는 운수직, 기술직, 기능직 및 고용직을 포함)은 교통부, 체신부, 전매청 및 국립의료원의 소속 공무원으로 한정하여 다른 부처에 종사하는 단순 노무자의 경우는 전혀 노동권이 인정되지 않는 모순을 지니게 되었고, 이전까지는 제약되지 않았던 서무・인사 등의 업무에 종사하는 단순 노무자를 제외함으로써 보장 대상자가 그만큼 축소되었으며, 이 모순과 제약은 현재까지 지속되어 논란이 되고 있다.

이러한 제약은 한국 공무원 노동기본권이 너무 형식적이고 불합리한 기준에 따라 인정되고 있음을 잘 나타내는 규정이다. 1964년 3월 11일 개정에서는 별표의 '교통부'를 '교통부 및 철도청'으로, 전매청의 직명 및 소속란을 개정하였다.

1972년 5월 4일의 개정에서는 제27조의 정치적 행위 조항을 좀 더 구체적으로 개정하였으며, 제28조에서 사실상 노무에 종사하는 공무원으로 체신부・전매청 및 철도청 소속의 현업기관과 국립의료원의 작업 현장에서 노무에 종사하는 기능직 공무원 및 고용원으로 하되, 서무・인사・기밀 업무 종사자, 경리 및 물품출납 사무 종사자, 노무자의 감독사무 종사자, 보안업무 규정에 의한 보안 목표시설의 경비 업무 종사자, 승용 자동차의 운전 종사자는 예외로 규정하고 별표를 삭제하였다.

여기의 개정에서 특기할 사항은 사실상 노무에 종사하는 공무원의 범위에서 종전의 '교통부 및 철도청'에서 교통부가 제외되고 철도청 소속 공무원으로 축소되었다. 그러나 무엇보다도 노동조합활동을 할 수 있는 단순노무자의 범위가 과거의 운수직, 기술직, 기능직 및 고용직에서 운수직과 기술직이 제외되었다.

노동조합법은 1963년 4월 17일의 개정에서 근로자는 자유로이 노동조합을 조직하거나 이에 가입할 수 있으나 공무원에 대해서는 따로 법률로 정하도록 하고 정치활동을 금지하였다. 1953년의 규정이 거의 모든 공무원을 노동운동의 보장 대상으로 한데 반하여 1963년의 개정은 사실상 대부분의 공무원의 노동운동을 금지한 개악의 개정이 되었고, 이후 1990년까지 이러한 규정은 지속되었다.

노동쟁의조정법은 1963년 4월 17일 개정에서 공익사업의 범위로 체신·전매 및 조폐사업, 국가에 그 손익이 직접 귀속되는 유류사업, 증권거래소 및 은행사업이 새로 추가되었고, 역시 국민경제에 중대한 사업은 공익사업으로 지정할 수 있도록 하였다. 노동조합의 쟁의행위는 그 조합원의 직접 무기명투표에 의한 과반수의 찬성으로 결정하지 아니하면 이를 행할 수 없도록 규제하고, 공익사업에서 쟁의의 조정은 우선적으로 취급(제11조), 냉각 기간의 제약(제14조), 알선의 제외(제19조), 긴급조정과 쟁의행위의 금지(제40조 및 41조) 등으로 제약을 두었다.

헌법의 규정에 따라 1971년 12월 27일에 제정된 '국가 보위에 관한 특별조치법'은 1981년 12월 17일에 폐지되었는데, 이 법률에서는 비상사태 하에서 국가의 안전 보장 등에 효율적으로 대처하기 위하여 제정되었고(제1조), 비상사태 하에서 근로자의 단체교섭권 또는 단체행동권의 행사는 미리 주무관청에 조정을 신청하여야 하며, 그 조정 결정에 따라야 한다고 규정하였다(제9조). 대통령은 국가 안보를 해하거나 국가 동원에 지장을 주는 다음 근로자(국가기관 또는 지방자치단체, 국영기업체, 공익사업 및 국민경제에 중대한 영향을 미치는 사업에 종사하는 근로자)의 단체행동을 규제하기 위해 특별한 조치를 취할 수 있다고 함으로써 근로자의 노동권 행사가 극도로 제약받는 사태가 되었던 것이다.

2 제4공화국 시대의 노동기본권

한편, 유신헌법(1972년 12월 27일)에 따라 등장한 제4공화국은 헌법 제29조에서 근로자의 단결권, 단체교섭권 및 단체행동권은 법률이 정하는 범위 안에서 보장하되 공무원인 근로자는 법률로 인정된 자를 제외하고는 노동3권을 가질 수 없다고 규정하였다.

또한 공무원과 국가, 지방자치단체, 국영기업체, 공익사업체 또는 국민경제에 중대한 영향을 미치는 사업체에 종사하는 근로자의 단체행동권은 법률이 정하는 바에 따라 이를 제한하거나 인정하지 아니할 수 있다고 하여 노동권을 제약받는 근로자와 공무원의 범위는 넓어지기 시작하였다.

노동쟁의조정법(1973년 3월 13일 개정)은 공익사업의 범위(제4조 1항)는 그대로 둔 채 공익사업에 준하는 사업체의 범위를 좀 더 구체적으로 명시하였는데, "국가, 지방자치단체 또는 국영기업체가 행하는 사업 또는 국민경제에 중대한 영향을 미치는 사업으로서 대통령령으로 정하는 사업 또는 그 사업체"(제4조 2항)에 대해서는 전 항의 공익사업에 준하여 이 법을 적용하도록 함으로써 쟁의 조정은 우선적으로 취급되고, 냉각기간에 제약이 따르며, 알선의 제약, 긴급조정과 쟁의행위의 금지 등으로 인하여 노동권의 행사가 많은 제약을 받게 되었다.

제 4 절 제5공화국(최규하, 전두환 정부): 1980~1987년

1 공무원의 노동기본권에 대한 노동정책

1980년 10월 25일의 개정 헌법으로 출발한 제5공화국은 제31조에서 근로자는 근로 조건의 향상을 위하여 자주적인 단결권. 단체교섭권 및 단체행동권을 가지되, 단체행동권의 행사는 법률이 정하는 바에 의하며, 공무원인 근로자는 법률로 인정된 자를 제외하고는 노동3권을 가질 수 없도록 하였다. 국가, 지방자치단체, 국공영기업체, 방위산업체, 공익사업체 또는 국민경제에 중대한 영향을 미치는 사업체에 종사하는 근로자의 단체행동권은 법률이 정하는 바에 의하여 이를 제한하거나 인정하지 아니할 수 있도록 규정하여 근로자의 단체행동권 행사는 더욱 제약을 받게 되었고, 제4공화국 헌법에 비하여 국공영기업체와 방위산업체가 추가되어 국가공무원법상 공무원의 노동권을 제약하는 뒷받침이 되었다.

국가공무원법(1981년 4월 20일 개정)은 제65조 제4항의 '전항 이외의'를 '제3항 외의'로, 제66조 제2항 중 '전항 단서'를 '제1항 단서'로, 제4항 중 '전항'을 '제3항'으로 문맥의 모호함을 조정하고, 이후 세 차례의 개정(1981. 12. 31; 1982. 12. 28; 1986. 12. 31)에서 제65조와 제66조는 개정이 없었고, 1988년 8월 5일(제6공화국)에 개정에서도 제65조와 제66조에는 변동 사항이 없었다.

공무원복무규정은 여러 차례의 개정(1981; 1982; 1983; 1985; 1987; 1987) 중 1987년 4월 1일 개정에서 제28조의 사실상 노무에 종사하는 공무원의 범위를 체신부 및 철도청 소속의 현업기관과 국립의료원의 작업 현장에서 노무에 종사하는 기능직 공무원 및 고용직 공무원으로 하여 전매청의 공사화로 인한 개정이 되었다. 노동조합법(1980년 12월 31일 개정)은 제12조의 2조로 제3자 개입 금지 조항을 신설하였다.

노동쟁의조정법은 1980년 12월 31일 개정에서 공익사업의 범위로 운수, 수도・전기・가스・정유, 공중위생 및 의료, 증권거래 및 은행사업으로 규정하고(제4조 1항), 국민경제에 중대한 영향을 미치는 사업으로서 대통령령으로 정하는 사업 또는 그 사업체에 대해서는 제1항의 공익사업에 준하여 이 법을 적용하도록 하였다. 제11조에서는 '공익사업' 대신 '국가, 지방자치단체, 국공영업체, 방위산업체 및 공익사업'에서의 쟁의조정은 우선적으로 취급하고 신속히 처리하도록 하였다. 이 개정에서 특히 문제가 되는 대표적인 것은 제12조의 신설 조항으로 "국가, 지방자치단체, 국공영기업체 및 방위산업체에 종사하는 근로자는 쟁의행위를 할 수 없다"(2항)는 내용이다.

이 규정을 노동 관계 단체와 노동운동자들은 독소 조항이라고 비판하였으며, 그동안 정부는 (철도)공무원노동조합의 쟁의행위를 이 법규를 근거로 위법 처리하여 왔던 것이다. 아울러 쟁의행위는 당해 사업장 이외의 다른 장소에서는 이를 행할 수 없도록 규정하였고(동조 제3항), 공익사업의 경우 냉각 기간을 30일에서 40일로, 알선 기간을 15일에서 20일로 연장하여 노동운동이 한층 제약을 받게 되었다.

1986년 12월 31일 개정은 공익사업의 범위를 그 사업의 정지 또는 폐지가 국민경제를 위태롭게 하거나 국민의 일상생활을 위협한다고 인정되는 사업으로서 운수, 수도, 전기, 가스 및 정유사업, 공중위생 및 의료사업, 증권 거래 및 은행사업, 석탄 및 산업용 연료사업, 방송 및 통신사업으로 규정하고, 제12조의 독소 조항들은 개정되지 않았으며, 냉각 기간을 40일에서 다시 30일로, 알선 기간을 20일에서 15일 내로 단축하였다.

1987년 11월 28일의 개정에서는 공익사업의 범위를 "공중의 일상생활에 없어서는 아니 되거나 그 업무의 정지 또는 폐지가 국민경제를 현저히 위태롭게 하는 사업으로 공중운수사업, 수도・전기・가스・정유사업, 공중위생 및 의료사업, 은행사업, 방송, 통신사업"으로 규정하였다.

문제가 되는 제12조의 쟁의행위 제한 규정은 이 조항의 대상 산업체를 별도의 법률에 의하도록 위임하였는바 "'국가, 지방자치단체 및 방위산업에 관한 특별조치법'에 의하여 지정된 방위산업체에 종사하는 근로자는 쟁의행위를 할 수 없다"고 규정하였던 것이다. 이 규정에 따라 제정된 '방산특조법'은 이후 공무원의 노동쟁의를 위법 처리할 수 있는 근거법으로 이용되어 왔다. 쟁의행위의 냉각 기간을 대폭 축소하여 30일에서 15일로 하였고, 알선 기간은 삭제되었다. 공익사업은 노동위원회가 직권으로 중재를 행할 수 있도록 하였고(제30조), 노동부 장관은 긴급조정을 결정할 수 있으며, 이때는 쟁의행위의 중지와 20일 간의 냉각 기간이 제약된다(제40조).

2 교원의 노동기본권에 대한 노동정책

다음으로 교원노조에 대하여 살펴보면, 1960년대의 교원노조 활동이 씨앗이 되어 1986년 5월 10일 한국 YMCA 중등교육자협의회 산하 서울·부산·광주·춘천지방회는 '제1회 교사의 날' 행사를 갖고 '교육민주화선언'을 발표함으로써 전교조의 신호탄이 되었다. 이 선언문에는 교육의 정치적 중립, 교사의 교육권 및 시민권 보장, 교육행정의 자율화와 교육자치제의 실시, 자주적 교원단체의 결성과 활동의 자유, 교사의 잡무 경감, 보충·심야학습의 폐지 등을 요구하는 내용을 담고 있었는데, 특히 교원단체 설립에 관한 내용이 주목된다. 이러한 내용은 참가 교사들의 서명(600여 명)이 뒤따랐다.

이에 대하여 문교부는 5월 15일 각 지역별 모임을 주도한 10여 명의 교사들에게 사직서를 받아 해임하고 해당 교사들이 사직서 제출을 거부할 경우 징계위원회를 열어 파면 조치한다는 중징계 방침을 밝혔다. 5월 17일에는 최열곤 서울시교육감이 서울시교육위원회 교육감실에서 기자회견을 통하여 '교육민주화선언'을 선동적 대중 정치집회로 규정하고 집회 주동자에 대하여 파면이나 해임 등 강경 조치를 취할 수밖에 없다고 발표하였다. 이후 정부는 1987년 4월 13일 호헌 조치를 발표하면서 제5공화국의 앞날을 예고하였고, 교원들은 8월 13일 서울 강남 YMCA회관에서 '전교협준비위원회'를 결성한 뒤 9월 25일에 '민주교육추진 전국교사협의회'(전교협)를 창립하였다. 이에 대하여 정부는 강경 대응을 밝혔고, 전교협은 계속 지역별 창립대회를 추진하였다.

제 5 절 제6공화국(노태우 정부): 1988~1992년

1 공무원의 노동기본권에 대한 노동정책

1987년 10월 29일 제9차 개정에 따라 등장된 제6공화국의 헌법 제33조에서는 근로자는 근로 조건의 향상을 위하여 자주적인 단결권, 단체교섭권 및 단체행동권을 가지며, 공무원인 근로자는 법률이 정하는 자에 한하여 노동3권을 가진다고 하였다. 또한 법률이 정하는 주요 방위산업체에 종사하는 근로자의 단체행동권은 법률이 정하는 바에 따라 이를 제한하거나 인정하지 아니할 수 있다고 규정하여 제5공화국 헌법의 규정보다 제한받는 근로자의 범위를 축소한 듯하나, 사실은 1987년에 노동쟁의조정법이 개정되면서 쟁의행위 제한 대상을 특별조치법으로 지정하도록 규정함으로써 제한 정도에는 차이가 없다.

공무원인 근로자의 노동3권은 법률에 위임하고 있는바, 위임된 법률 중 국가공무원법 제66조는 사실상 노무에 종사하는 일부 부처의 공무원에게만 제한적인 노동권을 인정하였다. 허용 범위 중 단결권과 단체교섭권만 인정되고 있고, 허용 대상도 과거에 운수직, 기술직, 기능직 및 고용직으로 규정하던 내용이 1972년 5월 4일 대통령령 제6162호로 공무원복무규정 제28조가 개정되면서 노조 가입 범위를 기능직과 고용직으로 한정함으로써 운수직과 기술직이 제외되었으며, 이 규정은 아직까지도 그 효력을 지속하고 있다. 따라서 철도청, 체신부, 국립의료원에 근무하는 단순 노무자인 기능직과 고용직 공무원만 노동권이 보장되었다.

그러나 이 중에서도 서무, 인사 및 기밀 업무, 경리 및 물품관리 업무, 승용차의 운전 등에 종사하는 공무원은 제외되었다.

단체행동권과 관련하여 국가공무원법 제66조에서 사실상 노무에 종사하는 공무원이 아닌 자는 집단행위를 할 수 없다고 규정하였다. 아울러 노동쟁의조정법 제12조 2항의 "국가 지방자치단체 및 방위산업에 관한 특별조치법에 의해 규정된 근로자는 쟁의행위를 할 수 없다"는 규정을 근거로 정부는 최근까지 공무원의 단체행동을 위법으로 간주하여 공무원의 쟁의행위를 규제하여 왔으며, 1988년 7월에 철도청 소속의 기관사들이 3일간의 파업을 실시하였을 때 정부는 이를 위법으로 처리하여 파업 공무원들을 구속하였다.

그런데, 이 사건에 대한 법원의 1심 판결에서 징역 1년, 집행유예 2년을 선고받은 피고인들의 항소심 공판에서 서울형사지법 항소3부(재판장 이효종 부장판사)는 1990년 11월 7일에 원심을 깨고 무죄를 선고한 판결이 나왔다.

제13대 국회는 여소야대의 특징으로 요약된다. 야권 3당(평화민주당, 통일민주당, 신민주공화당)은 1980년 12월 31일 국가보위입법회의에서 개정된 노동관계법이 근로자의 노동3권을 대폭 제한함으로써 노사 대등에 의한 노사 분규의 자율적인 해결이 어렵다고 인식하고, 1988년 7월 초 '노동관계법 개정을 위한 3당 공동위원회'를 구성하여 공청회 등을 거쳐 공동 시안이 마련되었으나 각 당내의 의견 차이로 공동안으로 확정되지 못한 상태에서 각 당은 독자적인 개정안을 국회에 제출하였다. 먼저 1989년 제145회 임시국회에서 통과된 노동관계법 개정안 중 노동조합법과 노동쟁의조정법을 중심으로 살펴보면 다음과 같다(한국노동연구원, 1989: 120-127).

노동조합법안은 제8조 노동조합의 조직과 가입의 제한에서 "6급 이하의 공무원을 포함한 모든 근로자는 자유로이 노동조합을 조직하거나 이에 가입할 수 있고 단체교섭을 할 수 있다. 다만, 현역 군인, 경찰공무원, 교정공무원, 소방공무원은 그러하지 아니하다"고 규정하였다. 또한 당초 제12조의 정치활동 금지 규정인 "노동조합은 공직선거에 있어서 특정 정당을 지지하거나 특정인을 당선시키기 위한 행위를 할 수 없다" 및 "노동조합은 조합원으로부터 정치자금을 징수할 수 없고 노동조합기금을 정치자금에 유용할 수 없다"는 내용을 삭제하였다. 이러한 내용의 개정안은 대통령이 재의를 요구하였으나, 국회는 본회의에서 향후 건전한 노동운동의 발전을 위하여 시간을 두고 충분히 검토한 후에 개정 여부를 결정한다는 검토 의견과 함께 폐기하고 말았다(국회의안과, 1990: 55).

또한 주요 방위산업체에 종사하는 근로자의 단체행동권을 인정하는 노동쟁의조정법 개정안에 대한 대통령 재의 요구에 대하여 국회는 본회의에서 주요 방위산업체의 지정 대상을 71개 업체, 149개 공장에서 67개 업체, 95개 공장으로 축소하는 선에서 이 법안을 폐기하였다(국회의안과, 1990: 56).

2 교원의 노동기본권에 대한 노동정책

한편, 법외단체로 출발한 전국교직원노동조합(전교조)의 결성은 1986년 5월 10일 젊은 교사들이 주체가 되어 '교육민주화선언'을 발표하면서 시작되었다. 이들은 1987년 9월 27일 '민주교육추진 전국교사협의회(전교협)'를 창립하고 곧 교육법 개정운동을 전개하였다. 1988년 7월 3일의 2차 서명운동에서는 4만 6천여 명의 호응을 얻었으며 전국 교사의 10%선인 3만여 명의 회원을 확보하였다(전국교원노동조합, 1990; 이목, 1989; 전국교직원노동조합 외, 1989). 이후 11월 20일 여의도 광장에서 전교협 소속의 교사 1만 5천여 명이 참가한 가운데 '참교육 실천을 위한 민주교육법 쟁취 전국교사대회'를 개최하였다. 이날 대회에서 전교협 측은 교사의 노동3권 보장, 교장의 직선제와 임기제, 교무회의의 의결기구화, 사립교원의 신분 보장, 국정교과서 폐지 및 검인정제의 개선, 학생의 자치활동 보장 등을 촉구하고 야당에 대하여 단일안의 국회 통과를 요청하였다.

교육법 개정이 어렵게 되자 전교협 측은 12월 5~7일 동안 교육법개정촉구대회를 개최하고 결의문에서 대한교련과 사학재단연합, 교장단회의를 비난하였다. 민주화를 위한 전국교수협의회와 사립대학교수협의회연합회도 각각 성명을 발표하여 민주교육법 쟁취를 위하여 전교협과 공동 투쟁해 나갈 것임을 밝혔다.

이후 전교협은 정부의 강력한 반대에도 불구하고 1989년 5월 28일에 기습적으로 전국교직원노동조합을 결성하기에 이르렀다. 이때까지 2만 3천여 명이 가입하였고 3억여 원의 기금이 조성되었다고 전교조는 밝히고 있다.

이러한 결성에 대하여 당시의 정원식 문교부 장관은 실정법을 어기고 교원노조 결성을 강행한 주도 교사들에 대해서는 의법 조치할 것임을 발표하였고, 5월 30일 김기춘 검찰총장은 고발된 교사들을 신속하게 수사하여 사법 처리하겠다고 하였다(한겨레신문, 1989. 6. 1.) 노태우 대통령은 1989년 6월 16일에 교원노조를 허용할 수 없다는 입장을 발표하였으며, 다시 7월 10일에 교원노조의 불용을 거듭 강조하였다.

정부의 전교조 가입 교사에 대한 강력한 대응과 이에 맞서 투쟁을 계속하는 전교조 가입 교사의 활동으로 우리나라의 교육계는 심한 몸부림을 앓아 왔으며, 1990년 5월 전교조에 가입하였던 교사는 전체 교원 30만여 명의 4.1%인 1만 2천 명으로 파면 122명, 해임 963명, 직권면직(사립) 392명 등 모두 1,477명이 해직되었다.[4]

한편, 교원노조와 관련하여 국회는 1988년 3월 8일 교육자치제에 관한 교육법 개정안을 야당 국회의원들이 모두 퇴장한 가운데 민정당안대로 국회 본회의에서 통과시켰고, 6월 17일에는 당정협의회(정부와 민정당)에서 교원노조 설립 불허와 각급 교원단체 설립 허용 및 교원 처우 개선과 교육환경 개선 등을 결정하였으며, 6월 27일에 정부와 민정당은 전교조 확산에 대응하여 교원법 제정 방침을 철회하고 교원 지위 및 교육환경 개선을 위한 특별법을 제정하기로 하였다.

이러한 일련의 조치들은 모두 공무원노동조합을 반대하고 이를 무마하기 위한 대안으로서 교원의 처우를 개선하려는 의도라고 보겠다. 전교조의 결성과 관련하여 1989년 5월 17일 여야는 국회에서 교육관계법 개정안이 처리될 때까지 노조 결성의 자제를 요구하였는데, 민정당과 공화당은 정부의 강경 대응책을 찬성한 반면, 평민당과 민주당은 반대 입장을 표명하였다. 평민당은 교직원노조 대신에 교원조합 설립 등 교육관계법 대안을 마련하기로 하였으며, 6월 27일에 평민당과 민주당은 7월 임시국회에서 전교조 인정과 노동 2권을 보장하는 입법을 추진하기로 합의하였다(한겨레신문, 1989. 6. 28.).

이후 국회와 정부는 1991년 5월 8일 제154회 임시국회에서 '교원 지위

4) 전교조 측은 교육부의 가입 교사 통계는 엉터리라고 말하고 명단 공개를 꺼리는 가입자를 합하면 3만여 명이 된다고 하였다.

향상을 위한 특별법'을 168 대 56으로 통과시켰다. 이 법에는 교원 불체포 특권, 학교 안전관리공제회의 설치, 신분 보장 규정, 교원 징계 재심의위의 설치 등을 규정하고 있다. 또한 한국교원단체총연합회(교총)에만 단결권과 단체교섭권을 부여하였는데, 이들은 노동법에 의한 노동2권과는 달리 '교육법'에 의하여 '단결권'을, '교원지위향상특별법'에 의하여 '교섭권'을 보장하고 있다. 교섭 결렬 사항을 조정하기 위하여 '교원지위향상심의회'를 두도록 하였다.

어려운 상황 속에서도 이러한 법령이 마련되었으나, 복수 노조의 금지, 교총의 전신인 교련의 과거를 기억하는 교원들은 문제점을 제기하기도 한다. 아무튼 이 법률이 많은 교육 현안을 잘 해결하는 데 기여하고 교육의 전문성과 정치적 중립성의 확보, 교원 지위의 향상, 한국 교육의 민주화에 진정 도움이 되기를 기대하게 되었다.5)

이상 공무원과 교원의 노동기본권과 관련한 활동에 대하여 정부가 규정하고 있는 관련 법률의 내용을 정리하면 <표 4-1>과 같다.

〈표 4-1〉 제1~6공화국별 노동관계법의 주요 내용

법령/공화국	제1공화국(이승만)	제2공화국(윤보선)	제3공화국(박정희)
헌법	제18조에 공무원의 노동3권 법률로 유보함.	제1공화국 헌법과 동일	제29조에 공무원은 법률로 인정된 자를 제외하고 노동3권 없음.
국가 공무원법	공무원의 정치운동 금지. 공무 이외의 집단행동 금지(제37조).	제1공화국과 동일. 노동운동과 기타 공무 이외의 집단 행동 금지함.	공무원의 정치활동 금지 규정 광범위하게 명시 사실상 노무종사 공무원 집단행동 인정

5) 특히 정부가 교수재임용권을 각 재단에 일임한 결과 몇 몇 대학에서 교수들이 교수협의회를 결성하거나 가입, 활동하고 있다는 이유로 재임용에서 탈락하는 사례가 늘고 있다(부산대, 동의대, 상지대, 수원대, 세종대 등). 교육부의 통계에 의하면, 1985년부터 1990년 5월까지 학내의 민주화운동과 관련하여 전국 14개 대학 및 전문대에서 교수 35명이 해직된 것으로 밝혀졌다. 시기별로는 1987. 6. 29 이전은 9명(25%), 6·29 이후는 26명(75%)이었고, 대학별로는 호남대, 전북산업대, 성심외국어전문대가 각 5명씩, 동의대, 한성신학대, 영동전문대(각 3명씩), 세종대, 계명전문대(2명씩), 덕성여대, 수원대, 중앙대, 대전전문실업대, 송원전문대(1명씩)에서 해직되었다(경향신문, 1990. 9. 28.).

공무원 복무규정	구체적 규정이 없었음. (고용원 규정으로 단순 노동자 공무원 규정)	구체적 규정이 없었음(고용원 규정으로 단순노무종사자 공무원 규정).	1963년 신규 제정, 제26조에 공무원의 정치적 행위 한계를 명시함. 사실상 노무 종사자의 범위를 운수·기술·기능·고용직으로 확대. 단, 서무·인사·물품출납·경리·기밀·노무 감독자 제외
노동조합법	공무원을 포함 모든 근로자의 노조 결성과 가입은 자유. 단, 현역 군인, 군속, 경찰, 소방 관리는 제외. 정치운동 제한	변경 사항 없음.	제8조에서 근로자는 자유로이 노조 결성, 가입. 단, 공무원은 법률로 규정함.
노동쟁의 조정법	1953년 제정. 공익사업: 운수, 통신, 수도, 전기, 와사, 의료, 공중위생 사업. 쟁의행위는 단순노무 종사자로 한정함.	변경 사항 없음.	운수, 체신, 전매, 조폐, 수도, 수도, 전기, 와사, 유류, 공중 위생, 의료, 증권거래소, 은행 사업. 쟁의행위는 조합원의 과반수 찬성 시에만 가능함(신설).
특징	현역군인, 군속, 경찰, 형무, 소방관리를 제외한 모든 공무원은 단결권과 단체교섭권 보장. 노무 종사자는 집단적 행동 인정.		교통부, 체신부, 전매청, 국립의료원의 단순노무자(운수직 기술직, 기능직, 고용직만)만 노동권 보장. 단, 서무, 인사, 물품 출납, 경리, 기밀, 감독자는 제외됨.

* 국가보위에 관한 특별조치법: 1971년 12월 27일에 제정되어 1981년 12월 17일에 폐지될 때까지 비상사태 하에서의 일정한 근로자의 단체교섭권과 단체행동을 규제함(국가기관, 지방자치단체, 국영기업체, 공익사업, 국민경제에 중요한 업체에 종사하는 근로자임).

법령/공화국	제4공화국(박정희)	제5공화국(전두환)	제6공화국(노태우)
헌법	공무원은 법률로 인정된 자만 노동3권 보장함. 공무원과 국가, 지방자치단체, 국영 및 공익업체, 국민경제에 중대한 영향 미치는 업체의 근로자의 단체행동권 제한 가능	제4공화국과 동일한 규정 국공영, 방위산업체를 추가함.	제5공화국의 내용과 동일(개정): 법률이 정하는 주요 방위산업체 종사 근로자는 단체행동권 제약
국가 공무원법	제3공화국과 거의 동일(단순노무자의 범위에서 운수·기술직이 제외됨)	개정 시 내용에 변경 없음.	개정 시 내용에 변경 없음.

공무원 복무규정	1972년 5월 4일 개정에서 사실상 노무종사자 중 운수, 기술직을 제외한 기능직, 고용직 공무원만 집단행동을 인정하는 것으로 축소함.	1987년 4월 1일 개정에서 전매청의 공사화로 과거 전매청의 기능직과 고용직을 제외함.	제28조에 사실상 노무종사자(철도청, 체신부, 국립의료원)는 변동되지 않았음. 제외 대상도 동일함.
노동조합법	변경 사항 없음.	1980년 12월 31일 개정에서 12조의 2로 제3자 개입 금지 조항 신설함.	변경 사항 없음.
노동쟁의 조정법	공익사업의 범위는 동일하나 국가, 지방자치단체, 국영기업체, 국민경제에 영향을 미치는 업체는 공익사업에 준하도록 하는 규정 신설함.	1980년 개정: 운수, 수도, 전기, 가스, 정유, 공중. 위생, 의료, 은행, 증권사업 제12조: 국가, 지방자치단체, 국공영기업, 방위산업체 근로자는 쟁의행위 금지 1986년 개정: 석탄 및 산업용 연료, 방송, 통신 사업 추가	1987년 개정: 공중운수, 수도, 전기, 가스, 정유, 공중위생, 의료, 은행, 방송, 통신사업으로 함. 제12조의 쟁의행위 금지 대상을 '국가 등 방산특별조치법'에 지정된 업체로 함.
특징	운수직과 기술직은 보장 대상에서 제외됨.	제4공화국과 동일함. 아울러 추가로 국가 등 방위산업체 종사자는 쟁의행위 금지함. '국가 등 방산 특별조치법'의 지정업체는 쟁의행위 금지함.	제5공화국과 동일함. '국가 등 방산 특별조치법'의 지정업체는 쟁의행위 금지함.

자료: 저자가 해당 법령을 분석하여 정리하였음.

제 6 절 문민정부(김영삼 정부): 1993~1997년

1 정치 · 경제 · 사회적 배경

김영삼 정권은 집권 초기에 문민정부를 표방하고 신한국을 창조한다는 비전을 제시하였다. 문민정부는 신한국 창조를 위하여 경제 회생과 한국병

치유를 강조하고, 국민의 자발적인 참여와 능동적인 창의를 유발하여야 한다고 하였다. 집권 초기 '신경제 100일 계획'과 '신경제 5개년 계획'을 제시하면서 고통 분담 및 경제 정의와 경제위기의 회복 및 국가경쟁력 강화를 동시에 제시하였다(최영기 외, 2000).

결국 문민정부는 고통 분담(노동계는 고통 전담이라고 주장)을 통한 국가경쟁력 강화를 정책 기조로 삼으면서 1995년까지 유지되었다. 이는 노동계의 동의를 통한 임금안정정책으로 이어졌고, 1993년과 1994년의 노・경총 임금 합의와 1995년의 노・경총 간 노사 합의선언이 나타났다. 이러한 전략은 경제 회생을 통한 고통 분담 이데올로기, 신정부의 적극적인 의지, 책임있는 노동운동을 구사하려는 한국노총 전략과 맞물려 나타난 결과이다(김준, 1999; 최영기 외, 2000).

2 노동 관련 법안 추진의 과정과 내용

한국노총의 적극적인 정부 노동 관련 정책에의 참여에 비하여 민주노조 진영은 1994년 민주노총준비위원회를 거쳐 1995년 전국민주노동조합연맹을 결성하여 노동계에 큰 파장을 가져온 복수 노조의 문제를 야기시켰다.

이후 노동정책은 1993년 2월 이인제 노동부 장관의 취임으로 파업 기간 중 임금문제(무노동 부분 임금)로 논쟁을 계속하면서 6월 중순부터 시작된 현대 사태는 노동 관련 법령의 개정을 무산시켜 나갔다. 1993년 12월에 취임한 남재희 노동부 장관은 국가경쟁력을 강화하는 방향으로 노동법을 개정하겠다고 말하였다(한국일보, 1994. 1. 17). 정부는 각국의 노동 조건과 무역을 연계하려는 블루라운드(BR)가 주요 현안으로 등장하자 연내 노동관계법의 개정 방침을 밝히면서 교원과 공무원의 단결권 보장문제를 검토하였다. 하지만 제2노총의 설립과 복수 노조 문제로 정치권 등 보수파와 경제 부처의 반대가 거세지면서 정부는 연내 노동관계법의 개정을 연기하였다. 1995년에 등장한 이형구, 진념 노동부 장관 시절에도 노동 관계 법령의 개정은 이루어지지 못하였다.

김영삼 정부는 1996년에 4월 24일 신노사관계 5대 원칙으로 공동선 극대화의 원칙, 참여와 협력의 원칙, 노사 자율과 책임의 원칙, 교육 중시와 인간 존중의 원칙, 제도와 의식의 세계화 원칙을 발표하면서 국가경쟁력 강화와 삶의 질 향상을 실현하겠다고 하였다(노사관계개혁위원회, 1998; 최영기 외, 2000). 이후 5월 9일 노사관계개혁위원회(노개위)가 공식 출범하면서 제3분과에서 공공부문 및 노동행정 쇄신을 논의하였다.

노개위는 부문별 추진 방향에서 공공부문 노사관계와 관련하여 공무원과 교원 등은 근로자로서의 기본 권익을 존중하되 사회적 책무성을 감안하여 합리적인 노사관계를 모색한다고 규정하였다. 이에 대하여 재계는 강하게 반발하였고, 노동계는 환영 의사를 밝혔다.

노개위는 노동관계법개정요강소위원회를 구성하여 공무원의 단결권에 관하여 2개의 안을 제시하였는데, 제1안은 특별법으로 단결권과 단체협의권을 허용하며, 조직 범위는 7급 이하 일반직·기능직·고용직 공무원으로 하되 시행은 유보하는 방안이고, 제2안은 제2차 제도 개혁 과제로 이관하는 방안이었다.

교사의 단결권과 관련하여 특별법으로 단결권과 단체교섭권을 인정하고 직원단체, 조합 등의 명칭을 사용하도록 하는 방안(제1안)과 현행 제도를 유지하고 교총과 교육회의 복수화를 허용하는 방안(제2안)이 제시되었다(노사관계개혁위원회, 1998; 최영기 외, 2000). 이후 토론을 지속하면서 소위원회는 수정 공익안을 발표하였는데, 교사의 단결권과 관련하여 교원에 관한 특별법으로 제정하고 단결권과 제한적인 단체교섭권을 인정하도록 하였다. 반면, 공무원노동기본권의 경우 제2차 제도 개혁으로 이관한다고 하였다.

정부는 관계 부처 장관들로 구성된 노사관계개혁추진위원회(노개추)와 국무총리 행정조정실장을 위원장으로 하는 노사관계개혁추진실무위원회를 구성하였다(노사관계개혁위원회, 1996; 최영기 외, 2000). 노개추는 공무원 및 교원의 단결권 허용 문제와 관련하여 교원 및 공무원 단결권과 관련하여 외교적 압력을 받고 있는 외무부와 기본적인 노동기본권을 인정하여야 한다는 노동부가 찬성하는 반면, 교육부와 총무처는 남북분단 상황과 노동계의 이상 비대 등을 고려할 때 교원과 공무원의 단결권 인정은 시기상조라고 주장하였으며, 교육부는 교원의 노동기본권을 인정하는 경우에도 교원단결권과 협의권을 2000년까지 3년간 유예할 것을 주장하였다(한겨레신문, 1996. 12. 26; 매일노동뉴스, 1996. 11. 28).[6]

여러 차례의 진통을 겪은 후 정부안은 12월 1일 관계 부처 장관회의로 확정되어 12월 3일 노동법 개정안이 확정 발표되었고 국무총리는 대국민 담화문 발표와 함께 입법 예고를 하였다. 하지만 이후 고위 당정회의와 고위 및 확대 당직자회의, 그리고 국무회의를 거치면서 노동법안은 수정되어 10일 국무회의의 개정안 의결과 대통령의 재가를 거쳐 국회로 이송되었다. 이송된 법안에서 공무원의 노동기본권은 규정되지 않았으며, 교사의 단결권의 경우 교원에 관한 특별법을 제정하여 단결권고 제한적인 교섭권을 인정하되 단체행동권은 금지하며 1999년부터 시행한다고 규정하였다(노개추, 1996; 노사관계개혁위원회, 1998; 최영기 외, 2000). 결국 정부안은 노동부안보다는 경제부처안, 노동계안보다는 재계 측 요구 사항이 대폭 반영되었으며, 노개위안의 합의 사항도 변형되면서 수정된 공익안을 상당 부분 후퇴한 것으로 평가되었다(한겨레신문, 1996. 12. 2; 경향신문, 1996. 12. 5).

노동법이 국회에 송부되자 여당인 신한국당은 고위당직자회의 등을 통하여 연내 처리와 야당인 국민회의와 자민련이 응하지 않더라도 단독 처리라도 하겠다고 천명하였다. 여야는 1997년 대선을 앞두고 노동법 개정 시기 및 내용을 정치적 이해타산으로 판단하고 있어 정치권의 대립은 불가피하게 되었고, 제181회 정기국회는 국민회의의 실력 저지로 제1차 법안 처리가 무산되면서 12월 18일 폐회되었다. 하지만 곧 23일 임시국회가 개회되고, 환경노동위원회는 신한국당 의원들만으로 노동법 개정을 위한 공청

6) 교원 노동기본권의 경우 노동부안은 교육법과 교원 지위 향상을 위한 특별법을 제정하여 교섭·협의 사항과 제외 사항을 명시하고 교섭 창구의 단일화를 제시한 반면, 교육부는 교원단체의 복수 노조를 허용하고 교섭·협의권을 인정하되 교섭 창구를 단일화하며 2000년 3월 1일부터 시행하자고 제시하였다. 한편, 공무원의 노동권에 대하여 노동부는 공무원 관계법에서 7급 이하 공무원에게 직원단체를 결성하는 것을 허용하고 단체협의권은 인정하되 단체행동권은 금지하며 2000년 또는 2002년에 시행하도록 제시하였으며, 재경원은 현행 제도를 유지하자고 제안하였고 총무처는 제2차 개혁 과제로 이관하자고 주장하였다 (노동부, 1996. 11).

회를 개최하였으며(12. 24), 12월 26일 새벽 4시 신한국당은 국회 본회의를 단독 개최하여 노동법과 안기부법을 포함한 11개 법안을 변칙 처리하였다.

국회는 국무회의에서 통과된 교육법과 교원의 지위에 관한 특별법 개정안은 아예 상정조차 하지 않았다.

정부와 신한국당은 노동계와 야당 및 국민들의 비판이 거세지자 후속 보안책을 제시하였지만, 노동계의 총파업과 야당의 반발은 거세어졌다. 이에 정부와 여당은 초기의 총파업에 강경 대응하였으나, 점차 국민적 저항이 지속되자 김 대통령은 1월 17일 종교계 인사들을 만나 재개정 의사를 타진하였고 20일 여야 영수회담을 수용하였다.

영수회담 후 정치권은 노동법의 개정안 작업에 착수하였고, 야당인 국민회의는 교원의 단결권과 단체교섭권을 인정하고 민주노총에의 가입을 허용하자고 주장한 반면, 자민련은 노조를 인정할 수 없으며 특별법 형태로 인정하자고 주장하였다. 국회는 3월 10일 변칙처리법에 대한 폐지안과 여·야 합의안을 동시에 제출하여 일괄 처리함으로써 새로운 노동조합 및 노동관계조정법이 마련되었다.

하지만 교원과 공무원의 단결권에 관한 조항은 두 야당의 합의 실패로 야당 단일안이 마련되지 못함으로써 개정 법안에서 제외되었고, 교사의 단결권과 공무원의 단결권은 계속 연구 검토하기로 결정하였다(한국노동조합총연맹, 1997. 2; 노사관계개혁위원회, 1997. 3; 최영기 외, 2000).

제 7 절 국민의 정부(김대중 정부): 1998~2002년

1 정치·경제·사회적 배경

문민정부는 1997년 11월 21일 IMF 구제금융을 공식적으로 발표하면서 제15대 대통령으로 당선된 김대중 정권은 출발 초기부터 정치·경제적으로 정책의 선택 폭이 상당히 제약되는 특징을 갖는다(최영기 외, 2000).

먼저, IMF 구제금융이 발표되면서 등장한 경제 위기는 당선자의 정치적 선택의 폭을 제약하는 구조로 작용하였는데, 대선 기간 동안 제시하였던 IMF 재협상론을 철회하고 이행각서에 합의하였으며, 구조조정과 정리해고 등의 정책을 수용하여야 했다.

둘째, 한국노총과의 어설픈 정책연합과 보수집단인 자민련과의 공동정권을 구성하고 임기 중 내각제 개헌을 약속함으로써 정치적 지지 기반이 취약하여 정치적 선택의 한계를 가지게 되었다.

셋째, 그동안 한국의 노동정치사에서 사회적 합의나 공론화의 경험이 미흡한 상황에서 지속되어 왔던 노사 간의 불신과 대립은 IMF의 요구 사항으로 인하여 더욱 첨예화되면서 김대중 당선자의 정치적 선택을 제약하게 되었다.

2 노동 관련 법안의 추진 과정과 내용

국민의 정부라고 명명한 김대중 정부은 1998년 2월 25일 출범식에서 민주주의와 시장경제의 발전을 제시하였다. 민주적 시장경제의 노동 부문의 경우 참여의 원칙에 기초한 민주적 노사관계, 효율의 원칙에 기초한 생산적 노사관계, 공정의 원칙에 기초한 공생적 노사관계라는 참여·효율·공정의 3대 원칙을 강조하는 신노사문화를 표방하고, 김대중 대통령 당선자는 노사단체에 위기 극복을 위한 노사정 협력체를 구성할 것을 제안하였으며, 1998년 1월 15일 노·사·정 및 정당이 참여하는 제1기 노사정위원회가 발족되었다(노사정위원회, 2000; 2003).

제1기 노사정위원회는 법적 근거가 마련되지 않은 상태에서 정치적 합의기구로의 위상을 지닌 채 수차례의 회의 끝에 2월 6일 사회협약을 체결하고, 2월 9일 '경제위기 극복을 위한 사회협약'을 발표하였다. 사회협약 중 공공부문과 관련한 내용을 살펴보면 다음과 같다(노사정위원회, 2003).

정부는 1999년 1월부터 공무원의 직장협의회 설치를 위한 관련 법안을

〈표 4-2〉 국민의 정부 단계별 노동조합 추진 계획

단계	성격	구성	기능	시기
제1단계	직장협의회	각 부처, 광역시·도, 시·군·구 단위로 설치	고충 사항 등을 처리	1999년부터 시행
제2단계	노동조합	국가공무원은 전국 단위, 지방공무원은 광역시·도 단위로 설립	보수 기타 근무 조건에 관한 단체교섭 허용, 단체협약 체결권 및 단체행동권은 불인정	국민적 여론 수렴 및 관련 법규의 정비 등을 고려하여 시행

1998년 2월 임시국회에 제출하고, 공무원의 노동조합 결성권 보장 방안은 국민적 여론 수렴과 관련 법규의 정비 등을 고려해 추진한다고 명시하였다.

그리고 정부는 1999년 7월부터 교원의 노동조합 결성권이 보장되도록 1998년 정기국회에서 관련 법률의 개정을 추진하고, 정치권은 1998년 상반기 중 선거법과 정치자금법을 개정을 통하여 노동조합의 정치활동을 보장한다는 것이다. 이에 따라 정부는 1999년 1월 29일 법률 제5727호로 '교원의 노동조합 설립 및 운영 등에 관한 법률'을 제정하였다.

한편, 정부는 1998년 2월 24일 법률 제5516호로 '공무원직장협의회의 설립·운영에 관한 법률'을 제정하였다. 이 법은 공무원의 근무환경 개선·업무 능률 향상 및 고충 처리 등을 위한 목적을 담고 있으나, 그 기능과 역할에 대하여 공무원들은 만족하지 못하였다. 그리하여 각급 공무원직장협의회 지도부는 공무원노동조합법 제정을 위한 전국적 연대조직의 필요성을 제기하면서 2000년 2월 19일 100여 개의 공무원직장협의회를 중심으로 '전국공무원직장협의회발전연구회(전공연)'를 결성하였다. 이후 공무원노조의 발전 속도 등과 관련하여 이견을 보이면서 2001년 3월 24일 '전국공무원직장협의회총연합(전공련)'이 결성되었고, 이어 8월 4일에는 '대한민국공무원노조준비위원회(공노준)'가 각각 결성되었다.

정부는 이 단체들의 활동을 규제하였으나, 점차 공무원의 노동기본권 보장 방안을 검토하기 시작하였다. 이후 공노준은 2002년 3월 16일 '대한민국

공무원노동조합총연맹(공노련)'을, 전공련은 3월 23일 '전국공무원노동조합(전공노)'을 각각 출범시켰다.

이러한 와중에서 노사정위원회는 공무원의 노동기본권 보장 방안에 대한 논의를 계속하면서 상당 부분의 법안에 대하여 정부 측과 노동계 측 간에 합의가 이루어졌으나, 노조 명칭 사용 여부(정부는 공무원단체 또는 공무원조합, 노동계는 공무원노동조합), 노동기본권 보장 범위(정부는 단결권과 단체협의권, 노동계는 협약체결권까지), 허용 시기(정부는 법 제정 후 3년의 유예 기간, 노동계는 1년 또는 6개월의 유예 기간으로 2003년 7월부터 허용) 등이 첨예하게 대립되면서 최종적인 합의에 실패하였다.

이후 행정자치부가 주관이 되어 2002년 9월 18일 '공무원조합법(안)'을 입법 예고하고 10월 18일에 국회에 제출하였다. 국회에 제출된 법안의 주요 내용은 다음과 같다.

먼저 단체의 명칭을 '공무원조합'으로 하고, 조직 단위는 국가공무원은 전국 단위, 지방공무원은 특별시·광역시·도 및 시·군·구 단위로 하였다. 교섭 권한은 중앙인사위원회 위원장·특별시장·광역시장·도지사·시장·군수·구청장으로 하였고, 허용 대상은 6급 이하의 일반직 공무원과 이에 준하는 별정직·계약직 공무원 및 기능직·고용직 공무원으로 하며, 노동기본권 보장 범위는 단결권과 단체교섭권(단체협약 체결권 제외)만 인정하고 단체행동권은 금지하는 내용이었다.

한편, 국회에서는 10월 24일 이부영·신계륜 의원이 공동 발의하고 41인이 찬성한 노조법 개정안이 국회에 제출되었고, 12월 4일에는 이호웅 의원을 대표로 의원 22인이 공동 발의한 공무원노조법(안)이 국회에 제출되었다(조용만·문무기, 2002).

하지만 노동계의 강력한 반대와 제16대 대통령선거에서 교원노조 수준의 공무원노동기본권 보장을 공약함에 따라 행정자치부가 제출한 이 법안은 철회되었고, 이들 법안은 국회에서 통과되지 못한 채 국민의 정부는 막을 내리고 말았다.

제 8 절 참여정부(노무현 정부): 2003~2007년

1 정치 · 경제 · 사회적 배경

제16대 대통령 선거에서 집권한 노무현 정권은 참여정부라고 명명하고, 세 가지의 국정 목표인 국민과 함께하는 민주주의, 더불어 사는 균형발전 사회, 평화와 번영의 동북아 시대 구현과 네 가지 국정 원리인 원칙과 신뢰, 공정과 투명, 대화와 타협, 분권과 자유를 제시하였다.

여기에 참여정부는 인사개혁을 매우 중요한 과제로 인식하고 참여정부의 인사개혁은 공정성과 전문성에 기초한 참여형 인사 시스템을 지향한다고 발표하였다. 참여정부가 지향하는 인사개혁 측면에서 참여형의 의미는 개혁의 대상이 되기 쉬운 공무원을 개혁의 주체로 참여시킴으로써 민주적이고 생산적인 정부 공동체를 함께 만들어 나간다는 의미를 담고 있다.

참여정부가 추진한 인사개혁의 비전과 목표는 다음과 같이 크게 네 가지로 요약된다.

첫째, 자율과 책임에 기초한 인사 시스템을 지향한다는 점이다. 이를 위하여 국가 인사 기능의 통합과 자율분권화를 추진하고, 탄력적 인력관리 체제를 구축한다는 것이다.

둘째, 참여정부는 투명하고 공정한 인사 운영을 중시한다는 점이다. 이를 위하여 투명하고 공정한 선발 시스템의 구축, 차별 없는 균형적 인재의 등용, 다양한 평가 시스템의 개발과 활용을 추구한다.

셋째, 전문성과 역량을 강화하는 인사제도의 도입이다. 이를 위하여 공직 경쟁력을 강화하는 임용제도의 다양화, 전문성 강화를 위한 경쟁 개발 체제의 구축, 공공 인적 자원의 핵심 역량 강화를 추구한다.

넷째, 공무원과 함께하는 인사관리이다. 이는 보수합리화와 공무원 삶의 질 향상 추구 및 상생적 공무원 노사관계의 구축을 강조한다. 2003년 4월 참여정부는 능력 있는 공무원이 소신을 갖고 열심히 일하는 깨끗하고 효율적인 정부를 구현하기 위하여 인사개혁 로드맵(road map)을 제시하였다. 이 로드맵에서 공무원의 노사관계를 하나의 과제로 선정하여 추진하는 것으로 제시하였다.

2 노동 관련 법안 추진의 과정과 내용

2003년 2월 출범한 참여정부는 공무원의 노동기본권의 주무 부서를 기존의 행정자치부에서 노동부로 바꾸고 교원노조법의 입법례를 고려해 노동관계법의 특별법으로 노동부는 공무원의 노동조합 설립을 보장하며, 보수·근무환경 기타 근무 조건에 관하여 단체교섭 및 단체협약 체결을 인정하는 내용으로 '공무원의 노동조합 설립 및 운영 등에 관한 법률(안)'을 마련하여 6월 23일 입법 예고하였다. 노동부는 6. 23~7. 12까지 20일간 이 법률안을 입법 예고하여 이해당사자인 공무원단체는 물론 일반 국민으로부터 폭넓게 의견을 수렴하고 관계 부처 협의를 거쳐 정부안을 확정할 계획임을 밝혔다.

이후 입법 예고된 법안에 대하여 노동계와 학계 등의 의견이 제시되었고, 정부는 이러한 의견들을 검토하여 2003년 10월에 국회에 제출하였으나, 노동계의 반대로 입법 추진이 보류되었다.

2004년 들어 정치권과 경제의 혼란으로 공무원 노동 관련 법안이 수면 밑으로 잠기면서 논의가 주춤하였고, 지금까지의 쟁점들을 정리하여 정부는 2004년 10월 28일 국회에 법안을 제출하였다. 제250회 정기국회에서는 법안 소관 위원회인 환경노동위원회로 회부하여 11월 29일 이 위원회에 법안을 상정하고 12월 7일 공청회를 실시하였으며, 8일 심사를 하였다. 그러나 정기회가 폐회되면서 심의를 제251회 임시회로 넘겼다.

환경노동위원회 법안심사소위원회에서는 여섯 차례의 심사를 바탕으로 일부 조항에 대하여 수정 의결하여 12월 31일 국회 본회의에 상정하였다. 국회 본회의는 13월 31일 재적 의원 298명 중 259명이 투표에 참여하여 찬성 193명, 반대 48명, 기권 18명으로 통과됨으로써 2005년 1월 27일 법률 제7380호로 제정되어 2006년 1월 28일부터 시행되기에 이르렀다. 이후 좀 더 구체적인 법령의 내용은 이 책의 해당 부분에서 자세하게 설명한다.

Chapter 05 대한민국의 교원 노동기본권

제 1 절 교원노동조합법의 기본 내용

1 입법 형식

교원의 노동기본권과 관련한 입법 형식은 노동 관계 일반법인 '노동조합 및 노동관계조정법(이하 노동조합법)'의 개정을 통하여 통일적으로 규정하는 방법, 교원의 특수성을 고려하여 교원 관련법의 특별법 또는 교원공무원법으로 제정하는 방안, 교원 업무의 특성상 일반 노동 관계 법률인 노동조합법과는 별도로 특별법으로 제정하는 방안이 있다.

정부는 교원의 노동기본권을 처음으로 합법적으로 보장하는 상황에서 관계 당사자의 의견을 수렴하여 노동조합법의 특별법인 '교원의 노동조합 설립 및 운영 등에 관한 법률'(법률 제5727호)로 제정하였다.

국민의 정부에서 1999년 1월 29일 법률 제5727호로 '교원의 노동조합 설립 및 운영 등에 관한 법률(이하 교원노조법)'이 국회를 통과하고 5월 25일 시행령이 제정되어 7월 1일부터 교원노조가 결성되었다. 이는 1998년 2월 6일 노사정위원회는 정부가 1999년 7월부터 교원의 노동조합결성권을 보장하도록 관련 법률을 마련한다는 합의가 이루어졌고, 10월 31일 노사정위원회 본위원회에서 이에 대한 일괄 합의가 이루어짐으로써 가능한 것이었다.

'교원노조법'은 제1조에서 법률 제정의 목적으로 국가공무원법 제66조 제1항 및 사립학교법 제55조의 규정에 불구하고 '노동조합법' 제5조 단서의 규정에 따라 교원의 노동조합 설립에 관한 사항을 정하고 교원에 적용할 노동조합법에 대한 특례를 규정함을 목적으로 한다고 하여 노동조합법의 특별법으로서의 성격을 나타내고 있다. 따라서 동법에서 달리 규정하지 않은 사항은 일반법인 노동조합법의 적용을 받도록 하였다.

2 보장 범위

여기서 노동기본권의 보장 범위란 근로자의 노동기본권 중 어디까지 보장하느냐의 내용이다. 노동기본권은 일반적으로 근로3권을 의미하며 이는 단결권, 단체교섭권, 단체행동권을 의미한다.

우리나라 헌법은 근로자의 근로3권을 보장하는 규정을 두고 있는데, "근로자는 근로 조건의 향상을 위하여 단결권·단체교섭권 및 단체행동권을 가진다"(헌법 제33조 제1항)고 명시하고 있다.

우리나라 교원노조법은 근로3권 중 근로2권을 보장하고 있다(법 제6조). 즉, 단결권과 단체교섭권을 보장하고 있으며, 단체행동권은 금지하고 있다. 즉, 법 제8조에서 "노동조합과 그 조합원은 파업·태업 기타 업무의 정상적인 운영을 저해하는 일체의 쟁의행위를 하여서는 아니 된다"고 규정하였다. 아울러 제3조에서는 교원의 노동조합은 일체의 정치활동을 해서는 아니 된다고 규정하고 있다.

3 가입 범위

노동조합에 가입할 수 있는 교원의 범위를 제2조에서 다음과 같이 규정하고 있다. 즉, "교원"이라 함은 초·중등교육법 제19조 제1항에서 규정하고 있는 교원을 말한다. 다만, 해고된 자로서 '노동조합법' 제82조 제1항의 규정에 따라 노동위원회에 부당노동행위의 구제신청을 한 자의 경우에는 중앙노동위원회의 재심 판정이 있을 때까지 이를 교원으로 본다. 초·중등교육법 제19조에 규정된 교원은 다음과 같다.

초·중등교육법 제19조
제19조(교직원의 구분) ① 학교에는 다음 각 호의 교원을 둔다. <개정 2012.3.21> 1. 초등학교·중학교·고등학교·공민학교·고등공민학교·고등기술학교 및 특수학교에는 교장·교감·수석교사 및 교사를 둔다.

4 조직 형태

'교원노조법'은 제4조에서 교원은 특별시·광역시·도(이하 시·도) 단위 또는 전국 단위에 하여 노동조합을 설립할 수 있으며, 노동조합을 설립하고자 하는 자는 고용노동부 장관에게 설립신고서를 제출하여야 한다고 규정하고 있다. 교원의 임금과 근무 조건 등이 전국 단위에서 획일적으로 결정되고 교원의 임용권도 특별시·광역시·도의 교육감이 갖고 있기 때문에 광역 단위의 교원노동조합만을 인정할 뿐 단위 학교 차원의 노조 설립은 금지하고 있다. 교원노조는 특별시·광역시·도 또는 전국 단위로 복수 노조의 설립을 인정하고 있다.

5 노동조합 전임자

'교원노조법' 제5조에서는 교원은 임용권자의 허가가 있는 경우에는 노동조합의 업무에만 종사할 수 있도록 하여 노조 전임자를 인정하고 있으며(제①항), 허가를 받아 노동조합의 업무에만 종사하는 자(전임자)는 당해 기간 중 '교육공무원법' 제44조 및 '사립학교법' 제59조의 규정에 의한 휴직명령을 받은 것으로 본다고 규정하였다. 아울러 전임자는 그 전임 기간 중 봉급을 받지 못하며, 전임자는 그 전임 기간 중 전임자임을 이유로 승급 기타 신분상의 불이익을 받지 아니한다고 규정하고 있다.

제 2 절 단체교섭의 구조 · 절차

1 단체교섭의 대상

단체교섭의 대상에 대하여 법 제6조에서 "노동조합의 대표자는 그 노동조합 또는 조합원의 임금·근무 조건·후생복지 등 경제적·사회적 지위 향상에 관한 사항에 대하여 교육과학기술부 장관, 시·도 교육감 또는 사립학교를 설립·경영하는 자와 교섭하고 단체협약을 체결할 권한을 가진다. 이 경우 사립학교의 경우에는 사립학교를 설립·경영하는 자가 전국 또는 시·도 단위로 연합하여 교섭에 응하여야 한다"고 규정함으로써, 단체교섭 대상을 노동조합 또는 조합원의 임금·근무 조건·후생복지 등 경제적·사회적 지위 향상에 관한 사항에 한정하고 있다.

또한 교원노조가 주장하는 교육정책과 교육과정에 대해서는 '교원 지위 향상을 위한 특별법' 제12조에서 '교육기본법'에 의한 교원단체와 정부교섭 당사자 간의 교섭·협의는 교원의 처우 개선, 근무 조건 및 복지후생과 전문성 신장에 관한 사항을 그 대상으로 하며, 다만, 교육 과정과 교육기관 및

〈표 5-1〉 교원노조법상 교원노조의 단체교섭 대상

단체교섭 대상	① 노동조합에 관한 사항 ② 조합원의 임금 ③ 조합원의 근무 조건 ④ 조합원의 후생복지 등 경제적·사회적 지위 향상에 관한 사항

교육행정기관의 관리·운영에 관한 사항은 교섭·협의의 대상이 될 수 없다고 규정하고 있다.

2 단체교섭 당사자

노사 간의 양 당사자는 상대방 측과 일정한 절차에 따라 단체교섭을 진행할 수 있다. 노동조합측의 단체교섭 당사자는 고용노동부에 설립 신고를 한 노동조합 대표자이다.

교원노조의 사용자측 교섭 당사자는 교육과학기술부 장관, 시·도 교육감 또는 사립학교를 설립·경영하는 자의 전국 또는 시·도 단위 연합체이다.

교육과학기술부 장관, 시·도 교육감 및 사립학교 설립·경영자와 교원노조 대표자간의 합의한 사항 중 법령·조례 및 예산에 의하여 규정되는 내용과 법령 또는 조례에 의한 위임을 받아 규정되는 내용은 단체협약의 효력을 인정하지 않고 있다(제7조). 다만, 교원노조의 사용자측은 단체협약으로서의 효력을 가지지 아니하는 내용에 대하여는 그 내용이 이행될 수 있도록 성실하게 노력하여야 한다(제7조 제2항).

〈표 5-2〉 교원노조법상 단체교섭 당사자

구분	사용자 측(정부)	노동조합 측
단체교섭 당사자	① 교육과학기술부 장관 ② 시·도 교육감 ③ 사립학교 연합단체 대표자	① 교원노동조합

3 단체교섭의 요구와 절차

교원노동조합이 정부와 단체교섭을 필요로 하는 경우 노동조합의 교섭위원은 당해 노동조합을 대표하는 자와 그 조합원으로 구성하여야 한다(법 제6조 제2항).

한편, 노동조합의 대표자는 법 제6조 제1항의 규정에 따라 상대방(사립학교를 설립·경영하는 자의 경우 이들을 구성원으로 하는 단체가 있는 때에는 그 단체의 대표자)과 단체교섭을 하고자 하는 때에는 교섭 개시 예정일 30일 전까지 상대방에게 서면으로 통보하여야 한다(시행령 제3조 제1항).

사립학교를 설립·경영하는 자가 제1항의 규정에 의하여 교섭 통보를 받은 때에는 전국 또는 시·도 단위로 교섭단을 구성하여야 한다(시행령 제3조 제2항).

제1항의 규정에 의하여 교섭 통보가 있는 때에는 노동 관계 당사자는 그 소속원 중에서 지명한 자로 하여금 교섭개시 예정일 전까지 교섭 내용·교섭위원 수·교섭 일시 및 장소 기타 교섭에 필요한 사항에 관해 협의를 하도록 한다(시행령 제3조 제3항). 노동 관계 당사자는 교섭개시 예정일 전까지 교섭위원을 선임하여야 한다(시행령 제3조 제4항).

4 단체교섭 창구의 단일화

과거에는 조직 대상을 같이하는 둘 이상의 교원노동조합이 설립되어 있는 경우에는 노동조합은 교섭창구를 단일화하여 단체교섭을 요구하도록 규정하였으나, 2010년 1월 1일부터 이 규정은 효력이 없다(부칙 법률 제5727호). 둘 이상의 노동조합은 합의에 의하여 교섭위원을 선임하되, 합의하지 못하는 때에는 시행령이 개정(2011.12.14)되기 전에는 노동조합의 조합원 수에 비례하여 교섭위원을 선임하도록 규정하였으나, 현재는 이 조항을 삭제하여 창구단일화 방안이 규정되어 있지 않다. 현실적으로 노조측이 임의로 창구를 단일화하지 않고 개별 노조가 단체교섭을 요구한 경우 사용자측은 개별 노조마다 단체교섭을 진행하여야 한다.

조합원 수 비례교섭위원 선임의 제도적 장치는 하나의 노조 단위에 복수 노조가 활동하는 경우 사용자단체가 각 노동조합별로 단체교섭을 병행하면

교섭의 원활한 진행이 어렵고 단체교섭 당사자마다 다른 단체협약을 체결함으로써 형평성 등에 따른 분쟁의 소지를 예방하기 위한 것이다.

비례적 교섭대표제는 복수 노조의 각 조합원 수에 비례하여 교섭위원단을 구성하는 방식이다. 장점은 소수 의견을 존중하는 민주주의 정신에 적합하다는 점이다. 반면, 단점으로는 교섭단 내부 의견의 조정이 어렵고 교섭 타결이 지연된다는 점을 들 수 있다.

5 단체협약의 체결과 효력

'교원노조법'에 의한 노동조합 측과 정부 또는 사립학교 측 대표자가 단체교섭을 통하여 교섭 사항에 대하여 합의가 이루어진 경우 단체협약으로서의 효력을 가진다. 다만, 체결된 단체협약의 내용 중 법령·조례 및 예산에 의하여 규정되는 내용과 법령 또는 조례에 의한 위임을 받아 규정되는 내용은 단체협약으로서의 효력을 가지지 아니한다(법 제7조 제1항). 그러나, 교육과학기술부 장관, 시·도 교육감 및 사립학교를 설립·경영하는 자는 제1항의 규정에 의하여 단체협약으로서의 효력을 가지지 아니하는 내용에 대해서는 그 내용이 이행될 수 있도록 성실히 노력해야 한다고 규정하고 있다(법 제7조 제2항).

또한 시행령에서는 교육과학기술부 장관, 시·도 교육감 및 사립학교를 설립·경영하는 자는 법 제7조 제1항의 규정에 의하여 단체협약으로서의 효력을 가지지 아니하는 단체협약 내용에 대한 이행 결과를 다음 교섭 시까지 상대방에게 서면으로 알려야 한다. 이 경우 사립학교를 설립·경영하는 자를 구성원으로 하는 단체가 있는 경우에는 그 단체의 대표자가 상대방에게 서면으로 알려야 한다고 규정하고 있다(시행령 제5조).

제 3 절 노동쟁의와 조정

1 노동쟁의와 쟁의행위

정부교섭 대표와 노동조합 측은 단체교섭을 통하여 단체협약을 체결하게 되지만, 상호간의 이해 대립 등으로 단체교섭이 원만하게 진행되지 못해 결렬될 수 있다. 이러한 상황에 직면하는 경우를 노동쟁의라고 부른다. 즉, 노동쟁의는 단체교섭이 결렬된 분쟁상태 그 자체를 말하고, 쟁의행위는 정상적 업무를 저해하는 집단적인 실력 행사로서 일반적으로 단체행동 또는 파업이라고 부르고 있다. 하지만 단체행동은 가장 넓은 의미로 사용되어 파업이나 태업과 같은 사용자의 정상적인 업무 운영을 저해하는 쟁의행위와 정상적 업무 운영을 저해하지 않는 준법투쟁 같은 단체행동을 포함한다.

준법투쟁은 파업과 같은 본격적인 쟁의행위를 실시하기 전에 사용자에게 본격적인 경제적 압력의 행사를 경고하거나 단결력을 시위하기 위하여 준법을 명분으로 하는 단체행동이다. 이러한 단체행동에는 유인물의 배포 및 부착, 조합 집회, 평상복 근무, 집단적인 리본패용 등이 대표적이다. 한편, 작업규칙의 엄격한 준수, 휴가의 집단청구, 통상적으로 실시되던 시간외 근로나 휴일근로의 집단 거부 등은 업무의 정상적인 운영을 저해하므로 쟁의행위로 보는 것이 일반적인 경향이라고 한다(김유성, 2004).

2 조정의 신청과 절차

조정(調停, mediation)이란 알선(斡旋, conciliation)의 다음 단계 또는 알선과 동시에 진행될 수 있는데, 제3자인 조정자가 당사자들이 합의에 이르도록 조력하는 차원을 넘어 당사자들에게 적절하다고 생각하는 조정안을 제시하는 절차이다. 그러나 양 당사자들은 조정자가 제시한 조정안에 구속당하지 않는 제도이다.

교원노조법에서는 단체교섭의 결렬로 인한 노동쟁의가 발생하면 이를 해결하기 위하여 조정제도를 마련하고 있다. 법 제9조에서 "단체교섭이 결렬된 경우에는 당사자 일방 또는 쌍방은 중앙노동위원회에 조정을 신청할 수 있다"고 규정하고 있다(제1항). 당사자 일방 또는 쌍방이 조정을 신청한 경우에는 중앙노동위원회는 지체없이 조정을 개시하여야 하며, 당사자 쌍방은 이에 성실히 임하여야 하고(제2항), 조정은 신청이 있는 날부터 30일 이내에 종료하여야 한다(제3항).

3 교원노동관계조정위원회의 구성과 운영

정부는 교원의 노동쟁의를 조정·중재하기 위하여 중앙노동위원회에 교원노동관계조정위원회를 설치하여 운영하고 있다(법 제11조). 위원회는 중앙노동위원회 위원장이 지명하는 조정담당 공익위원 3인으로 구성하되, 관계 당사자의 합의로 중앙노동위원회의 조정담당 공익위원이 아닌 자를 추천하는 경우에는 그 추천된 자를 지명해야 한다. 위원회의 위원장은 위원회의 위원 중에서 호선하도록 규정하고 있다.

중앙노동위원회는 법 제9조 또는 법 제10조의 규정에 따라 노동쟁의 조정 또는 중재를 하게 된 경우에는 지체없이 이를 서면으로 관계 당사자에게 각각 통보하고, 법 제11조의 규정에 의한 교원노동관계조정위원회를 구성하여야 한다(시행령 제6조 제3항).

한편, 중앙노동위원회는 양측으로부터 조정 또는 중재를 신청받은 경우 그 신청 내용이 법 제9조 또는 법 제10조의 규정에 의한 조정 또는 중재의 대상이 아니라고 인정하는 경우에는 신청인에게 그 사유와 조정 또는 중재 외의 다른 해결 방법을 알려 주어야 한다(시행령 제6조 제2항).

제 4 절 노동쟁의와 중재

1 중재의 의의

중재(仲裁, arbitration)는 법원이 아닌 제3자가 중재자로 분쟁에 개입하여 당사자를 구속하는 중재안을 제시하는 절차이다. 알선과 조정과는 달리 중재는 당사자가 아닌 제3자가 그의 의사결정에 의하여 분쟁을 해결하는 노사자치의 원칙에 반하는 제도이다. 따라서 노동쟁의조정제도는 알선과 조정을 원칙으로 하고 중재는 앞의 두 가지 절차가 실패하거나 국민경제에 심각한 영향을 줄 가능성이 높은 쟁의행위에 한하여 예외적으로 적용되고 있다. 중재절차의 개시에서도 당사자 쌍방의 동의 또는 단체협약의 규정에 의한 임의중재가 원칙이며, 법률 또는 행정관청의 직권에 의한 강제중재는 한정되어 운영된다.

2 중재 과정과 효력

교원노조법 제10조에서는 중재의 개시를 규정하고 있는데, 즉 다음 각호의 1에 해당하는 때에 중앙노동위원회는 중재를 행한다.

중재의 개시(교원노조법 제10조)

1. 제6조에 따른 단체교섭이 결렬되어 관계 당사자 양쪽이 함께 중재를 신청한 경우
2. 중앙노동위원회가 제시한 조정안을 당사자의 어느 한쪽이라도 일방 또는 쌍방이 거부한 경우
3. 중앙노동위원회 위원장이 직권으로 또는 고용노동부 장관의 요청에 따라 중재에 회부한다는 결정을 한 경우

중재의 효력에 대하여 교원노조법에서는 다음과 같이 규정하고 있다. 즉, 중재 관계 당사자는 중앙노동위원회의 중재재정이 위법하거나 월권에 의한 것이라고 인정하는 경우에는 행정소송법 제20조의 규정에 불구하고 그 중재재정서의 송달을 받은 날부터 15일 이내에 중앙노동위원회 위원장을 피고로 하여 행정소송을 제기할 수 있다(법 제12조 제1항).

중재재정서의 송달을 받은 날로부터 15일 이내에 행정소송을 제기하지 아니한 때에는 그 중재재정은 확정되고, 확정된 중재재정의 내용은 단체협약과 동일한 효력을 가진다. 중재재정이 확정된 때에는 관계 당사자는 이에 따라야 한다. 중앙노동위원회의 중재재정은 제1항의 규정에 의한 행정소송의 제기에 의하여 그 효력이 정지되지 아니한다.

한편, '노동조합법' 제81조 제1호 및 제5호의 규정에 의한 행위로 인하여 교원이 해고 기타 불이익을 받은 것을 이유로 당해 교원 또는 노동조합이 동법 제82조 제1항의 규정에 의하여 노동위원회에 그 구제를 신청한 경우에는 '교원 지위 향상을 위한 특별법' 제9조의 규정에 불구하고 교원소청심사위원회에 소청심사를 청구할 수 없다(교원노조법 제13조).

제 5 절 부당노동행위

1 부당노동행위의 의의

부당노동행위제도는 1935년 미국의 와그너법(연방노사관계법)에서 최초로 법제화되어 많은 국가에서 이 제도를 도입하여 시행하고 있다. 부당노동행위란 근로자 또는 노동조합의 근로3권 실현 활동에 대한 사용자의 침해 내지 간섭행위를 말한다(김유성, 2004). 우리나라 노동조합법은 사용자의 부당노동행위를 열거하면서 이러한 행위를 금지하고 있다(노동조합법 제81조).

2 부당노동행위의 구제신청

현행 노동조합법상 사용자의 부당노동행위로 인하여 그 권리를 침해당한 교원 근로자 또는 교원노동조합은 노동위원회에 그 구제를 신청할 수 있다. 구제의 신청은 부당노동행위가 있은 날(계속하는 행위는 그 종료일)부터 3월 이내에 이를 행하여야 한다(노동조합법 제82조).

노동위원회는 구제신청을 받은 때에는 지체없이 필요한 조사와 관계 당사자의 심문을 하여야 하며, 심문을 할 때에는 관계 당사자의 신청에 의하거나 그 직권으로 증인을 출석하게 하여 필요한 사항을 질문할 수 있다. 아울러 노동위원회는 심문을 할 때 관계 당사자에 대하여 증거의 제출과 증인에 대한 반대 심문을 할 수 있는 충분한 기회를 주어야 한다(노동조합법 제83조).

3 부당노동행위의 구제명령

노동위원회는 부당노동행위에 대한 심문을 종료하고 부당노동행위가 성립한다고 판정한 때에는 사용자에게 구제명령을 발하여야 하며, 부당노동행위가 성립되지 아니한다고 판정한 때에는 그 구제신청을 기각하는 결정을 하여야 한다. 판정·명령 및 결정은 서면으로 하되, 이를 당해 사용자와 신청인에게 각각 교부하여야 한다. 관계 당사자는 구제명령이 있을 때에는 이에 따라야 한다(노동조합법 제84조).

지방노동위원회 또는 특별노동위원회의 구제명령 또는 기각 결정에 불복이 있는 관계 당사자는 그 명령서 또는 결정서의 송달을 받은 날부터 10일 이내에 중앙노동위원회에 그 재심을 신청할 수 있다. 중앙노동위원회의 재심 판정에 대하여 관계 당사자인 기관의 장 또는 공무원 또는 공무원노동조합은 그 재심판정서의 송달을 받은 날부터 15일 이내에 행정소송법이 정하는 바에 의하여 소를 제기할 수 있다. 15일 이내에 재심을 신청하지 아니하거나 행정소송을 제기하지 아니한 때에는 그 구제명령·기각 결정 또는 재심 판정은 확정되고 관계 당사자는 이에 따라야 한다(노동조합법 제85조).

사용자(기관의 장)가 구제명령에 불복하여 이의 취소소송으로 행정소송을 제기한 경우에 관할 법원은 중앙노동위원회의 신청에 의하여 판결이 확정될 때까지 중앙노동위원회의 구제명령의 전부 또는 일부를 이행하도록 명하는 결정을 내릴 수 있다. 이를 긴급이행명령이라고 한다(노동조합법 제85조; 김유성, 2004). 아울러 관할 법원은 이전에 결정한 긴급이행명령이 유지되기에 부적절한 경우 당사자의 신청에 의하거나 또는 관할 법원이 직권으로 그 결정을 취소할 수 있다.

지방노동위원회 또는 특별노동위원회의 구제명령 또는 기각 결정에 불복이 있는 관계 당사자가 중앙노동위원회에 재심 신청을 하거나 중앙노동위원회의 재심 판정에 불복한 관계 당사자가 행정소송을 제기하더라도 그 효력은 정지되지 아니한다(노동조합법 제86조).

제 6 절 벌칙

교원노조법은 제14조에서 노동조합법의 부당노동행위 금지 규정 위반행위에 대한 벌금 규정을 따르도록 규정하고 있다. 이와 관련하여 노동조합법은 다음의 사항에 대해서는 500만 원 이하의 벌금에 처한다고 규정하고 있다(노동조합법 제93조).

이 밖에도 노동조합법에서는 관계 당사자의 위법행위에 대하여 벌금형 또는 과태료 등을 부과할 수 있는 규정을 두고 있다(노동조합법 제94조 내지 96조).

벌금 사항(노동조합법 제93조)
1. 노동조합법에 의하여 설립되지 아니하면서 노동조합이라는 명칭을 사용하는 경우 (노동조합법 제7조 제3항) 2. 노동조합의 규약이 노동 관계 법령에 위반한 경우 행정관청이 노동위원회의 의결을 얻어 그 시정을 내린 명령에 위반한 자(노동조합법 제21조 제1항) 3. 노동조합의 결의 또는 처분이 노동 관계 법령 또는 규약에 위반된다고 인정할 경우 행정관청이 노동위원회의 의결을 얻어 그 시정을 내린 명령에 위반한 자(노동조합법 제21조 제2항) 4. 단체협약 중 위법한 내용이 있는 경우 행정관청이 노동위원회의 의결을 얻어 그 시정을 내린 명령에 위반한 자(노동조합법 제31조 제3항)

노동조합법 제81조에서는 사용자의 부당노동행위를 구체적으로 규정하고 있으며, 사용자의 부당노동행위로 권리를 침해당한 근로자나 노동조합은 노동위원회에 그 구제를 신청하도록 규정하고 있다. 아울러 제90조에서는 부당노동행위 금지 규정을 위반한 자는 2년 이하의 징역 또는 2천만 원 이하의 벌금에 처한다고 규정하였다.

다음으로 교원노조법은 제15조 제2항에서 중앙노동위원회의 확정된 중재재정에 대하여 이를 따르지 아니한 경우에는 2년 이하의 징역 또는 2천만 원 이하의 벌금에 처하도록 규정하였다.

Chapter 06

대한민국의 공무원직장협의회

제 1 절 공무원직장협의회의 의의

1 설립 과정

공무원직장협의회제도는 본래 민간부문에서 노사협의회가 노동조합과 기능적으로 상호 보완작용을 하면서 근로 조건 개선 등 근로자의 이익을 증진시키는 중요한 단체이듯이 공공부문의 노사관계에서도 공무원직장협의회는 공무원노동조합과 함께 공무원의 이익을 구현하는 기능을 가진다.

1998년 국민의 정부가 들어서면서 2월 제1기 노사정위원회에서는 사회협약을 통하여 국제사회의 여론과 노동계의 끊임없는 요구에 따라 공무원노동기본권 보장과 관련하여 공무원노조는 차후 국민적 여론과 관련하여 법적 장치를 마련하여 단계적으로 허용하기로 하고 1단계로 공무원직장협의회제도를 도입하기로 합의하였다. 이러한 합의 정신에 따라 '공무원직장협의회 설립·운영에 관한 법률'(법률 제5516호, 이하 공직협법)이 1998년 2월 24일 제정·공포되었고, 1998년 12월 31일 '공무원직장협의회의 설립·운영에 관한 시행령'이 제정·공포되어 1999년 1월 1일부터 직장협의회를 설치·운영할 수 있게 되었다.

2007년 현재 공무원직장협의회는 전체 가입 대상기관 2,423개소 가운데 10% 미만인 223개 기관에만 설립되어 있으며, 전체 가입 대상 인원 286,362명 가운데 15% 미만인 40,941명만 가입되어 있어 전체적으로 설립 및 가입 비율이 매우 저조한 상태에 머물러 있다. 이를 기관별로 자세히 살펴보면 다음의 <표 6-1>(이 책 118쪽)과 같다.

공직협법은 제1조에서 공무원의 근무환경 개선·업무 능률 향상 및 고충처리 등을 위한 직장협의회의 설립 및 운영에 관한 기본적인 사항을 규정함을 목적으로 한다고 명시하고 있다. 이 제도가 공무원에게 근무환경 개선, 업무 능률 향상 및 고충처리 등을 집단적으로 요구할 수 있는 기회를 제공한 점에서 큰 의의가 있으나, 제도 자체에 대한 비판뿐만 아니라 제도의 운영 등 여러 측면에서 논란의 대상이 되고 있다. 즉, 노동조합의 전 단계로서 노동관계법상의 노사협의회와 같은 성격의 공무원직장협의회를 설치할 수 있도록 하면서도 다른 한편으로는 협의회의 설치 및 운영의 활성화를 저해하는 여러 가지 규제를 담고 있다(조선일, 2001).

2 제도의 주요 내용

1) 설립 원칙

'공직협법'은 제2조에서 "국가기관·지방자치단체 및 그 하부기관에 근무하는 공무원은 직장협의회를 설립할 수 있다"고 규정하여 직장협의회 설립을 법정 의무화하지 않고 공무원의 임의 재량에 맡기고 있다. 반면 독일의 연방직원대표법에서는 우리나라의 노사협의회와 유사하게 모든 기관에 직원협의회를 설치하도록 의무화하고 있고(직원대표법 제12조), 프랑스도 역시 공무원의 인사관리에의 참여를 위한 행정노사위원회 설치와 경영참가를 위한 공무기술노사위원회 설치를 의무화하고 있다(백종섭 외, 2008: 116).

2) 설립 단위

공직협법은 제2조에서 직장협의회를 설립할 수 있는 기관은 국가기관·지방자치단체 및 그 하부기관으로 규정하고 있다. 설립의 기관단위는 기관장이 4급 이상 공무원(고위공무원단에 속하는 일반직 공무원을 포함) 또는 이에 상당하는 공무원인 기관이 된다. 다만, 기관장이 5급 이하 공무원 또는 이에 상당하는 공무원인 기관의 경우에는 소속 공무원의 수, 지리적 특성 등을 고려하여 중앙행정기관의 장이 정하는 바에 따라 기관장이 5급 이상 공무원(고위공무원단에 속하는 일반직 공무원을 포함한다) 또는 이에 상당하는 공무원인 상급기관에 통합하여 설립하도록 규정하고 있다(시행령 제2조).

또한 공직협법 제2조 제2항에서는 하나의 기관에는 하나의 공무원직장협의회만 설립하도록 명시하여 기관단위에서 복수직장협의회 설립을 금지하였고, 시행령 제2조 제2항에서는 2 이상의 기관단위에 걸쳐 하나의 협의회를 설립하거나 협의회 간 연합협의회를 설립할 수 없도록 규정하여 기관 간 연합협의회 설립을 금지하고 있다. 따라서, 연합협의회를 조직하거나 이를 위하여 활동하는 것은 국가공무원법 제66조(집단행위의 금지) 규정에 저촉된다.

그런데, 독일과 프랑스의 경우 직장협의회 간 연합협의회 설립을 제도적으로 허용하고 있는데, 독일의 연방직원대표법(제53조 제1항)은 다단계의 행정처리를 위하여 기관단위에는 직원협의회를, 중급기관에는 지역직원협의회를, 최상급 기관에는 중앙직원협의회를 설치할 수 있도록 허용하고 있으며, 프랑스의 경우도 공무원의 인사관리에의 참여를 위한 행정노사위원회가 공무원 각 직군별로 설치되어 있고, 인사 이외 기타 경영참가를 위하여 기관별로 공무원기술노사위원회, 전국 차원에서는 최고협의회가 설치 운영되고 있다(백종섭 외, 2008: 117).

3) 가입 대상

공직협법 제3조에서는 공무원직장협의회에 가입할 수 있는 공무원의 범

공직협 가입 가능 공무원 범위(공직협법 제3조)
1. 6급 이하의 일반직 공무원 및 이에 준하는 연구·특수기술직렬의 일반직 공무원 2. 특정직 공무원 중 재직 경력 10년 미만의 외무영사직렬·외교정보기술직렬 외무공무원 3. 기능직 공무원 4. 고용직 공무원 5. 제1호의 일반직 공무원에 상당하는 별정직 공무원

법령	공직협 가입 금지 공무원 범위
법 제3조	• 국가공무원법 제66조 제1항 단서 및 지방공무원법 제58조 제1항 단서의 규정에 의하여 노동운동이 허용되는 공무원과 지휘·감독의 직책이나 인사·예산·경리·물품출납·비서·기밀·보안·경비 또는 자동차 운전 기타 이와 유사한 업무에 종사하는 공무원
시행령 제3조	1. 노동운동이 허용되는 공무원: 국가공무원법 제66조 제1항 단서 및 국가공무원복무규정 제28조의 규정에 의하여 사실상 노무에 종사하는 공무원 2. 지휘·감독의 직책에 종사하는 공무원: 법령·훈령 또는 사무분장에 의하여 다른 공무원에 대하여 지휘·감독권을 행사하는 모든 직책에 종사하는 공무원(직무대리자를 포함한다) 3. 인사 업무에 종사하는 공무원: 공무원임용령 제2조 제1호의 임용 업무를 주된 업무로 수행하는 공무원(자료 정리·타자 등 단순 업무를 보조하는 자를 제외한다) 4. 예산·경리·물품출납 업무에 종사하는 공무원: '국가재정법' 및 물품관리법에 규정된 업무를 주된 업무로 수행하는 공무원(자료 정리·타자 등 단순 업무를 보조하는 자를 제외한다) 5. 비서 업무에 종사하는 공무원: 비서 업무를 실제 수행하는 공무원 6. 기밀 업무에 종사하는 공무원: 외교·군사·감사·조사·수사·검찰사무·출입국관리·유선 교환 업무 등 기밀 업무를 수행하는 공무원 7. 보안·경비 업무에 종사하는 공무원: 청사관리기관 또는 부서, 교정시설, 보호시설 등에서 공공 안전의 목적상 특정인 또는 특정 시설에 대한 보안·경비 업무를 수행하는 공무원 8. 자동차 운전 업무에 종사하는 공무원: 자동차 운전 업무를 실제 수행하는 공무원 9. 기타 이와 유사한 업무에 종사하는 공무원: 협의회에 관한 업무를 수행하는 공무원

위를 명시하고 아울러 가입이 제한되는 대상도 명시하고 있다. 가입 범위에 속하는 공무원의 경우 자유로이 협의회에 가입하거나 탈퇴할 수 있다(법 제4조). 아울러, 공직협법 제3조와 시행령 제3조에서는 직장협의회에 가입할 수 없는 공무원의 범위를 상세하게 규정하고 있다.

우리나라의 경우 공무원노조 가입 대상과 유사하게 공무원직장협의회 가입 대상도 6급 이하로 제한하고 있는 반면, 유사한 직장협의회제도를 도입하고 있는 프랑스와 독일의 경우 종업원이면 누구나 가입할 수 있도록 함으로써, 직장협의회는 전 종업원 대표조직으로서 기능하여 공무원노조와도 확연하게 구분된다(백종섭 외, 2008: 119).

4) 협의 사항

공무원직장협의회는 법이 정한 바에 따라 소속기관의 장과 여러 가지 사항에 대하여 협의할 수 있다(법 제5조).

협의 사항
1. 당해 기관 고유의 근무환경 개선에 관한 사항 2. 업무 능률 향상에 관한 사항 3. 소속 공무원의 공무와 관련된 일반적 고충에 관한 사항 4. 기타 기관의 발전에 관한 사항

한편, 정부의 업무편람에 따르면 다음과 같은 사항은 협의 대상이 아니라고 명시하고 있다.

협의 금지 사항
• 기관장의 고유 권한에 속하는 인사에 관한 사항 • 법령의 개정을 수반하는 사항 • 기관장의 직무 범위를 벗어난 사항 • 사회 상규에 어긋나는 사항 • 명백한 상황 변동이 없는 한, 동일한 사안에 대하여 이미 합의한 사항

자료: 행정자치부(1999. 12.). 공무원직장협의회 업무편람; 백종섭 외(2008).

외국의 경우 직장협의회를 통하여 협의할 수 있는 사항은 인사에 관한 사항을 포함하여 공무원 단체교섭에서 다룰 수 없는 전반적인 사항을 다룰 수 있도록 보장하고 있다. 즉, 단체교섭에서 다룰 수 없는 사항도 직장협의회의 협의에서는 가능하게 함으로써 교섭의 불완전성을 보완하는 기능을 수행하도록 설계되어 있다.

독일의 연방직원대표법 제76조 제1항에서는 협의뿐만 아니라 공동 결정의 대상으로서 공무원의 개별적 이익에 관련된 사항까지도 규정하고 있는 경우가 있다. 예컨대 채용, 임용, 이전, 배치 전환, 장소 변경을 가져오는 동일 기관 내의 이동, 3개월 이상의 전출 등에 대해서는 공동 결정의 대상으로 규정하고 있다. 그러나, 모든 사항을 공동 결정하는 것은 아니며, 공동 결정 사항과 협의 사항을 엄격하게 구분하여 운영한다. 프랑스의 행정노사위원회도 공무원의 교섭에서 다룰 수 없는 인사 전반에 대하여 직장협의회에서 광범위하게 논의할 수 있도록 하고 있다. 예컨대 파견, 휴직, 근무평정, 승진, 전보 이동, 징계, 면직 등에 관하여 행정위원회에서 사전에 의무적으로 협의하도록 하고 있다(백종섭 외, 2008: 120-121).

5) 협의 의무와 합의 사항의 구속력

공무원직장협의회와 기관장은 매년 2회 정기적으로 협의 사항에 대하여 협의하여야 하며, 필요한 경우 수시로 협의할 수 있다(시행령 제8조 제2항). 공직협법 제6조에서는 "협의회와 문서로 합의한 사항에 대하여는 기관장은 최대한 이의 이행에 노력하여야 한다"고 성실 이행 의무를 규정하고 있으나, 합의 사항의 법적 구속력은 인정하지 않는다.

외국의 경우 합의 사항에 대한 법적 구속력 인정 여부는 나라에 따라 또는 협의 내용에 따라 다르게 나타난다. 예컨대, 독일의 연방직원대표법은 제73조에서 기관장과 직원협의회 간 공동 결정하도록 규정한 사항에 대해서는 공무협정으로 인정하여 법적 구속력을 인정한다. 그러나, 협의 사항으로 한 경우에 대해서는 법적 구속력을 인정하지 않고 있다. 프랑스의 경우 직장협의회는 협의 기능이 주요 기능이기 때문에 과반수의 찬성으로 결정하지만, 결정 사항에 대한 법적 구속력까지 인정하지는 않는다(백종섭 외,

2008: 121).

6) 협의회 전임공무원

공직협법 시행령 제12조에서는 협의회에는 협의회의 업무를 전담하는 공무원을 둘 수 없다고 규정하고 있다. 이러한 취지는 공무원의 급료는 국민이 납부한 세금이므로 공무 이외의 직장협의회 업무 수행자에게 공무원의 급료 지급은 타당하지 않다고 보기 때문이다.

독일의 경우 연방직원대표법 제46조 제3항에 “직원협의회 위원들은 기관의 규모와 종류를 고려해서 자신들의 통상적 협의회 업무 수행에 공무 면제가 필수적이라고 할 때에는 공무로부터의 면제가 될 수 있다”고 규정하고, 제4항은 공무로부터 전적으로 면제되는 직원협의회 위원의 수를 정하여 협의회 업무만을 전담하는 전임 공무원을 부분적으로 인정하고 있다고 볼 수 있다. 그러나 프랑스의 경우 협의회 전임 공무원 인정 여부에 대하여 아무런 명문 규정을 두고 있지 않다(백종섭 외, 2008: 122).

제 2 절 공무원직장협의회의 활동 내용

1 공무원직장협의회 조직 현황

1999년 1월부터 활동이 인정된 정부기관에서 직장협의회가 결성되어 활동하고 있는 현황은 매우 저조하다고 할 수 있다. 이는 법령으로 설립자유주의를 명시하고 있기 때문이다. <표 6-1>에서 보듯이 2007년 자료에 의하면, 가입 대상기관의 일부, 가입 공무원의 일부만이 직장협의회가 설립되거나 가입하고 있을 뿐이다.

기관별 가입률을 살펴보면, 중앙부처가 143개소로 12.7%의 가입률을 나타내고 있으며, 다음으로 자치단체가 59개소(6.0%), 교육청이 21개소(6.7%) 설

〈표 6-1〉 공무원직장협의회 현황(2007 현재)

구분	기관별			인원별		
	설립 대상 (개소)	설립기관 (개소)	설립률 (%)	가입 대상 (명)	가입 인원 (명)	가입률 (%)
계	2,423	223	9.2	286,362	40,941	14.3
헌법기관		1			130	
중앙부처	1,124	143	12.7	50,596	12,636	25.0
자치단체	986	59	6.0	194,429	26,140	13.4
교육청	313	21	6.7	41,337	2,165	5.2

※ 사법기관 등 22개 기관 3,771명 가입(상기 통계에 미포함)
자료: 행정자치부, "공무원직장협의회 설립 및 운영 현황"(2007). 백종섭 외(2008: 112)에서 재인용.

립되어 있다. 가입 대상 기관당 설립기관 비율을 살펴보면 중앙부처가 25.0%로 상대적으로 조직률이 높으며 자치단체와 교육청은 13.4%와 5.2%로 낮은 편이다(<표 6-1> 참조).

공무원직장협의회의 조직률이 이렇게 전반적으로 낮은 이유는 협의 대상 및 가입 범위 제한, 협의회 간 연합체 구성 금지, 근무시간 중 활동금지, 전임자 불인정 등 제도상의 제약에 기인한 바 크다. 아울러 공무원노조가 인정되면서 기존의 직장협의회의 상당수가 공무원노조로 전환되었기 때문이기도 하다.

2 공무원직장협의회의 활동 현황

공무원직장협의회 활동 내용과 관련하여 2004년 12월에 발간된 「공무원직장협의회 활동사례집」을 살펴보면, 총 190개의 공무원직장협의회 가운데 90개 기관에서 있었던 활동 사례를 살펴볼 수 있다. 이들은 중앙행정기관 공무원직장협의회 12개, 중앙행정기관 소속기관 공무원직장협의회 17개, 자치단체 공무원직장협의회 55개, 시·도 교육청 공무원직장협의회 6개이다. 이를 기관별·활동 유형별로 구분해 보면 <표 6-2>와 같다(백종섭 외, 2008: 113).

〈표 6-2〉 공무원직장협의회 유형별 활동 현황(2004년도)

유형별	중앙행정기관	중앙행정기관 소속기관	지방자치단체	시 · 도 교육청	합계
근무환경 개선	24	29	91	11	155
업무 능률 향상	16	23	67	9	115
고충 처리	12	11	62	8	93
기타 기관의 발전	24	24	79	7	134
합계	76	87	299	35	497

자료: 김부연(2004: 63).

〈표 6-3〉 공직협의 사항별 활동 분류

분야	내용
인사 관련 사항	• 승진임용 기준 조정, 다면평가제 확대, 승진예정자 사전 공개 • 광역-기초단체 간 인사 교류, 인사 기준 예고제 실시 • 별정직, 기능직 공무원 일반직으로 특채
근무환경 개선 사항	• O/A 사무실 확보, 1인 1 PC 설치, 청사 내 우체국 설치 • 직장 내 고운 말 쓰기 운동 전개 • 여직원 전용 휴게실 설치 및 구내식당 환경 개선 • 청사 내 주차관리제도 개선, 직원체력단련실 확충 등
업무 능률 향상	• 전결권의 대폭 하향 및 실질적인 전결권 부여 • 서류 없는 간부회의, 구두 · 메모 · 전화 등 보고문화 개선 • 각종 불필요한 보고회, 자료 작성 및 요구 지양 • 당직근무자 사무실 보안 점검과 야간 순찰제도 실시 • 구내 방송통신망을 통한 간부회의 내용 생방송 실시
고충 처리 등	• 토요 전일근무제 시험 실시 추진 • 통근버스 운행 및 출퇴근 버스 운행 시간 조정 • 주 1회 가정의 날 실시, 하계 휴양소 운영 • 민원부서 CCTV 설치 • 공무원 능력 개발을 위한 교육 및 해외 연수 확대 • 외국어, PC 활용 능력, W/P자격증 등 학원비 지원 • 시간외 근무수당의 현실화

자료: 백종섭 외(2008: 114).

2004년 공무원직장협의회 활동은 총 497개로, 기관별로는 지방자치단체 직장협의회가 총 299건의 활동 사례를 보여 가장 활발한 활동을 하였고, 가장 많은 활동 내용은 모든 기관이 공통적으로 '근무환경 개선'(총 155개)이었다.

이들 활동을 '공무원직장협의회의 설립·운영에 관한 법률' 제5조 제1항에서 제시된 근무환경 개선, 업무 능률 향상, 일반적 고충 처리, 기타 기관의 발전에 관한 사항으로 분류하여, 그 구체적인 내용들을 살펴보면 <표 6-3>과 같다.

공무원직장협의회 설립은 공무원 사회 내 공무원들의 집단적 목소리를 대표하는 창구로서 공직 내부의 의견을 수렴하여 제도 개선과 조직 민주화를 선도해 온 점은 의의가 크다고 할 수 있으나, 여러 가지 법적 제약으로 다양한 욕구가 충족되지 못하여 공무원들은 직장협의회의 한계를 직접 실감하면서 공무원노동조합의 필요성에 공감대를 형성하는 중요한 계기가 되었다고 평가할 수 있다.

한편, 2012년 3월 현재 기관별로 설립 수 및 가입 인원은 <표 6-4>와 같다.

〈표 6-4〉 공무원직장협의회 설립 현황(2012.3.31 현재)

구분	기관의 직협 설립 수, 가입 인원(개/명)
헌법기관 (1/138)	중앙선거관리위원회(1/138)
중앙부처 (97/8,380)	행정안전부(1/216), 기획재정부(1/198), 교육과학기술부(38/4,194), 보건복지부(2/138), 고용노동부(48/2,710), 여성가족부(1/83), 농림수산식품부(1/36), 관세청(1/163), 조달청(1/225), 식품의약품안전청(1/169), 병무청(1/192), 행정중심복합도시건설청(1/56)
지방자치단체 (32/20,657)	서울특별시(2/1,145; 강남구 215, 강서구 930) 인천광역시(1/207; 강화군 207) 대전광역시(2/447; 의회사무처 46, 서구 401) 경기도(7/6,420) 충청남도(3/2,454) 경상북도(17/9,984)
교육청 (4/44)	대구(10), 대구 동부(18), 대구 남부(3), 전남(13)

자료: 행정안전부 내부자료 재정리(2012).

제 3 절 공무원직장협의회의 한계와 발전 방안

1 공무원직장협의회의 한계

우리나라의 공무원직장협의회는 국민의 정부 시대에 1998년 노사정위원회에서 합의된 2·6 사회협약에 따른 후속 조치로 공무원 노동조합을 허용하기 위한 사전 단계로서 탄생한 결과, 그 자체의 완결성을 지닌 제도라기보다는 공무원 노동조합으로 가기 위한 과도기적인 제도였다. 따라서 공무원직장협의회는 법적 성격과 제도·운영면에서 여러 가지 한계를 지니고 있다.[1)]

첫째, 법적 성격 측면에서 살펴보면 다음과 같은 문제점을 지니고 있다. 현행법상 공무원직장협의회는 '노동조합의 설립과 그 활동에 관한 법률'(노조법)상 노동조합도 아니고, '근로자 참여 및 협력 증진에 관한 법률(근참법)'상의 노사협의회로 보기도 어렵다. 왜냐하면, 본래 노사협의회는 전체 종업원의 대표기구로 법령이 정하는 예외적인 경우가 아닌 한 그 설치가 강제되고 사용자와의 관계에서 정보 공유 및 협의를 목적으로 하기 때문이다. 하지만, 공무원직장협의회는 그 설립 여부는 공무원들에게 위임되어 있고 가입 및 탈퇴의 자유를 개별 공무원에게 보장하고 있다.

따라서 공무원직장협의회는 공무원노동조합이 허용되기 전 단계의 조치로 헌법 제33조 제2항(법률이 정하는 공무원에 대한 노동3권 보장 규정)에 근거한 불완전한 공무원 단결체로서의 성격과 근로자 참여와 협력을 위한 노사협의회적인 성격이 혼재된 어정쩡한 법적 성격을 지니고 있다고 볼 수 있다(조용만·문무기, 2002: 26-27).

둘째, 공무원직장협의회의 설립과 운영 측면에서의 문제점이다.

1) 이하의 내용은 다음 자료를 바탕으로 재정리하였다. 조용만·문무기(2002); 백종섭 외(2008).

① 공무원직장협의회 목적 규정(제1조)과 설립 규정(제2조) 간의 부조화이다. 제1조의 규정에 의한 목적(근무환경 개선, 업무 능률 향상, 고충 처리 등)은 설치 의무를 강제하는 '근로자경영참가법(근참법)'상 노사협의회적 성격을 지닌다. 그러나 공무원직장협의회법은 설치의 임의성으로 공무원직장협의회법의 목적과 부합하지 않는다.

② 공무원직장협의회의 설립 기관 단위와 관련하여 하나의 기관 단위에 하나의 직장협의회만 설립할 수 있고, 둘 이상의 기관 단위에 걸쳐 협의회나 연합체를 설립하지 못함으로써 노사협의회적 성격을 지니기가 어렵다.

③ 공무원직장협의회는 민간부문의 노사협의회와 달리 직장협의회의 가입 범위를 6급 이하의 일반직 공무원이나 기능직·고용직 공무원 등으로 한정되고, 인사·경리 등의 업무에 종사하거나 노동운동이 허용되는 공무원을 배제하고 있어 직장협의회는 공무원의 대표기구로서의 대표성에 한계를 가질 수밖에 없다.

④ 공무원직장협의회는 협의 대상을 근무환경의 개선, 업무 능률 향상 그리고 고충 처리 등 극히 제한적인 사항에 국한하고 있다. 반면, 근참법은 협의 대상 사항을 15가지로 열거하고 있으며(근참법 제19조), 사용자의 보고 사항 4가지를 규정(근참법 제21조)하고 있어 공무원직장협의회의 노사협의회로서 성격을 제약하고 있다.

2 공무원직장협의회의 발전 방안

현실적인 문제는 민간부문의 노조와 노사협의회처럼 한 직장 내에서 단체교섭과 노사 협의 기능으로 제대로 운영되지 못하고, 공무원노조가 결성되어 활동하는 이후에는 양 기능이 일부 중복되어 직장협의회가 정상적으로 가동되지 못한다는 것이다. 아울러 외국의 공무원직장협의회제도와 비교할 때 우리나라의 공무원직장협의회제도는 그 기능과 역할에서 많은 제약으로 교섭과 협의의 역할 분담을 통한 안정된 공무원 노사관계 제도의 실현이 어렵다는 점이다.

공무원직장협의회는 태생적으로 공무원노동조합을 인정하기 위한 전 단계적인 성격을 지닌 불가피한 한계를 지니고 있었으나, 2006년부터 공무원노동조합이 보장되었으므로 이제 공무원직장협의회의 존재 목적과 성격을 명확하게 재정립할 필요가 있다. 무엇보다도 공무원노동조합 기능과 공무원직장협의회 기능 간 상호 공존·보완할 수 있는 제도로 발전시켜 나가야 한다. 공무원노조법 제17조 제1항에서는 "이 법의 규정은 공무원이 공무원직장협의회의 설립·운영에 관한 법률에 의하여 직장협의회를 설립·운영하는 것을 방해하지 아니한다"라고 규정하여 공무원노조와 직장협의회의 병존을 전제로 하고 있다.

공무원노조와 직장협의회는 두 조직 모두 근무 여건의 개선을 통한 공무원의 복무상의 권익 보호를 지향한다는 점에서는 유사성을 가지나 공무원노조는 공무원의 근로자성을 강조하는 단결체로서 근로자로서의 권리와 활동이 법적으로 보장되는 반면, 공무원직장협의회는 기관 내부의 사항에 관해 협의하는 협의기구라는 성격을 지닌다는 점에서 차이가 있다.

따라서, 향후 공무원직장협의회 제도는 몇 가지 사항에서 개선하여야 할 것이다. 이를 위해서는 공무원직장협의회를 노사협의회 기능으로 개선하여야 한다. 공무원노조법의 도입으로 단체교섭을 통하여 공무원의 근로 조건을 형성해 갈 수 있는 기초적 토대를 마련하였으나, 단체교섭 대상의 제한 등으로 노사 갈등의 잠재적 요인이 되고 있다.

외국의 사례를 통하여 볼 때, 직장협의회제도는 공무원의 특수성으로 인하여 공무원의 노동권의 일부를 제한한 것에 대한 대상 조치로서의 성격을 지니며, 단체교섭에서 다룰 수 없는 대부분의 사항을 폭넓게 협의할 수 있는 장으로 기능함으로써 공무원 노사관계의 안정을 조절하는 지렛대로서 기능하고 있다. 공무원의 노동권을 제한하고 있는 나라일수록 노사관계 운영 과정에서 발생할 수 있는 노사 갈등을 예방하기 위하여 교섭의 보완 제도로 직장협의회제도를 잘 운영하여 단체교섭과 노사 협의의 조화를 통하여 노사관계의 안정을 실현하고 있다.

따라서 우리나라도 공무원직장협의회제도를 우리나라 민간부문 및 주요 선진국의 노사협의회제도 및 직장협의회제도에 준하는 제도로 개선하여 공

〈표 6-5〉 공무원노조법과 직장협의회법 간의 비교

구분	공무원노동조합	공무원직장협의회
근거 법령	• 헌법 제33조 제1항 내지 제2항 • 공무원의 노동조합 설립 및 운영 등에 관한 법률	• 공무원직장협의회 설립·운영에 관한 법률
목적·성격	• 공무원의 노동기본권 보장 - 공무원 근로 조건에 관한 단체 협약 체결 목적	• 공무원의 노사협의 보장 - 공무원의 근무환경 개선·고충 처리 목적(근로자경영참가법상 노사협의회와 유사)
설립 단위·설립 신고	• 최소 설립 단위만 제한, 복수노조 가능 - 국가직: 헌법기관 - 지방직: 시·군·구 • 고용노동부 장관에게 설립 신고	• 기관 단위로 하나만 설립 가능 - 협의회 간 연합체 설립 불가 • 소속 기관장에게 설립 사실 통보
가입 범위	• 원칙: 6급 이하 일반직, 기능직 공무원 등 • 금지: 인사·보수 업무 종사 공무원, 지휘·감독 및 다른 공무원의 업무를 총괄하는 공무원 등	• 원칙: 6급 이하 일반직, 기능직 공무원 • 금지: 인사·보수 업무 종사 공무원 등
교섭/협의 구조	• 교섭 사항에 대하여 결정 권한 있는 자와 교섭	• 협의회 대표와 소속 기관장
교섭/협의 대상	• 노동조합의 활동, 보수, 복지, 기타 근무 조건에 관한 사항	• 근무환경 개선, 업무능률 향상, 고충처리
교섭/협의 방법	단체교섭 및 단체·협약 체결	협의
교섭/협의 사항 효력	• 단체협약의 효력 인정 ※ 단, 법령·조례 등 예산에 의하여 규정되는 내용은 효력 부인	• 합의 사항의 구속력 불인정 ※기관장의 성실 이행 노력
전임자	• 전임 인정(무급·휴직 인정)	• 불인정
정치활동	• 정치활동 금지 명문화	• 명문 규정 없음 ※ 국가공무원법·지방공무원법에 의하여 금지
근무 시간 중 활동	• 근무 시간 이외에 수행 원칙 ※ 단, 단체협약에 정하거나 기관장의 사전 허가를 얻은 경우 가능	• 근무 시간 이외에 수행 원칙 ※ 단, 협의회와 기관장 간 협의는 합의에 따라 근무 시간 중 가능
분쟁조정	노동위원회의 공무원노동관계조정위원회	별도 규정 없어 일반적 행정 구제 절차

자료: 백종섭 외(2008: 126-127)를 수정·보완함.

무원노동조합법상 비교섭 사항으로 되어 있는 정책결정에 관한 사항, 임용권의 행사 등 기관의 관리 운영에 관한 사항 등 공무원 관계 상당 부분에 대하여 폭넓게 논의할 수 있는 장으로 활성화시켜 나감으로써 합리적이고 상생적인 공무원 노사관계를 정착시켜 나가야 할 것이다.

Chapter 07

대한민국의 공무원 노동기본권

제 1 절 공무원노동조합법의 기본 내용

1 입법 형식

공무원의 노동기본권과 관련한 입법 형식은 노동 관계 일반법인 '노동조합 및 노동관계조정법(이하 노동조합법)'의 개정을 통하여 공무원의 노동기본권도 통일적으로 규정하는 방법과 공무원의 특수성을 고려하여 공무원법의 특별법 또는 공무원법으로 제정하는 방안 및 공무원 업무의 특성상 일반 노동 관계 법률인 노동조합법과는 별도로 특별법으로 제정하는 방안이 있다.

이번에 정부는 입법 형식은 그 자체가 본질적인 문제가 아니라 근로자인 공무원의 노동기본권을 최대한 보장하는 것이 목적이라는 취지에서 관계 당사자의 의견을 수렴하여 교원노조법과 마찬가지로 노동조합법의 특별법인 '공무원의 노동조합 설립 및 운영 등에 관한 법률'(제정 2005년 1월 27일 법률 제7380호, 시행 2006년 1월 28일, 이하 공무원노조법)로 제정하였다.[1] 따라서, 이 법에서 달리 규정하지 않은 사항은 일반법인 노동조합법의 적용을 받도록 하였다.

2 보장 범위

여기서 노동기본권의 보장 범위란 근로자의 노동기본권 중 어디까지 보장하느냐의 내용이다. 노동기본권은 일반적으로 근로3권을 단결권, 단체교섭권, 단체행동권 등 의미한다.

우리나라 헌법은 근로자의 근로3권을 보장하는 규정을 두고 있는데, "근로자는 근로 조건의 향상을 위하여 단결권 · 단체교섭권 및 단체행동권을 가진다"(헌법 제33조 제1항)고 명시하고 있다.

우리나라 공무원노동조합법은 근로3권 중 근로2권을 보장하고 있다. 즉, 단결권과 단체교섭권을 보장하되 단체행동권은 금지하고 있다. 즉, 법 제11조에서 "노동조합과 그 조합원은 파업 · 태업, 그 밖의 업무의 정상적인 운영을 저해하는 일체의 행위를 하여서는 아니 된다"고 규정하였다.

또한 정치활동과 관련하여 노동조합과 그 조합원은 정치활동을 해서는 아니 된다(법 제4조)고 규정하여 공무원노조와 그 소속 공무원은 정치활동을 할 수 없다.

미국은 헌법에 결사의 자유를 보장하는 규정을 두고 있을 뿐이며, 근로3권은 각 법률에서 규정하고 있다. 독일은 결사의 자유와 별도로 단결권이 보장되어 있는데, 단결권은 사용자를 포함한 모든 국민의 기본권으로 규정하고 있다.[2]

한편, 일반적으로 단체교섭권은 단체교섭 사항을 사용자와 교섭할 수 있는 권한인 단체협의권과 협의한 사항을 문서로 체결하는 단체협약체결권을

---

1) 제1조(목적) 이 법은 헌법 제33조 제2항의 규정에 의한 공무원의 노동 기본권을 보장하기 위하여 노동조합 및 노동관계조정법 제5조 단서의 규정에 따라 공무원의 노동조합 설립 및 운영 등에 관한 사항을 정함을 목적으로 한다.

2) 좀 더 자세한 내용은 이 책 제8, 9, 10장의 주요 선진국의 사례를 참조하기 바란다.

〈표 7-1〉 공무원 노동기본권 보장 범위

구분	노동기본권	보장 여부
공무원 노동기본권의 보장 범위	단결권	보장
	단체교섭권(단체협의권+단체협약체결권)	보장
	단체행동권	금지

포함하는 것으로 이해된다. 우리나라 헌법상 단체교섭권에는 단체협의권과 단체협약체결권을 포함하는 것으로 해석하며, 따라서 단체협약체결권을 금지하는 단체교섭권을 인정하는 법률은 위헌이 될 것이다.[3]

우리나라와 달리 일본은 단체교섭권을 인정하지만 단체협의권만 인정할 뿐 단체협약체결권은 보장하지 않고 있다.

3 가입 범위

노동조합에 가입할 수 있는 공무원의 범위[4]를 6급 이하의 일반직 공무원

3) 헌법재판소는 헌법 제33조 제1항이 근로3권을 보장한 것은 근로 조건의 향상을 위한 근로자 및 그 단체의 본질적인 활동의 자유인 '단체교섭권'에는 '단체협약체결권'이 포함되어 있다고 보아야 한다고 판시하였다(헌재 1998. 2. 27; 94헌바13·26; 95헌바44(병합).

4) 공무원노조법 제2조(정의) ▶이 법에서 "공무원"이라 함은 국가공무원법 제2조 및 지방공무원법 제2조에서 규정하고 있는 공무원을 말한다. 다만, 국가공무원법 제66조 제1항 단서 및 지방공무원법 제58조 제1항 단서의 규정에 따른 사실상 노무에 종사하는 공무원과 교원의 노동조합 설립 및 운영 등에 관한 법률의 적용을 받는 교원인 공무원은 제외한다.

국가공무원법 및 지방공무원법 제2조 (공무원의 구분) ▶ ① 공무원은 이를 경력직 공무원과 특수경력직 공무원으로 구분한다. ② "경력직 공무원"이라 함은 실적과 자격에 의하여 임용되고 그 신분이 보장되며 평생토록 공무원으로 근무할 것이 예정되는 공무원을 말하며 그 종류는 다음 각호(일반직 공무원, 특정직 공무원, 기능직 공무원)와 같다. ③ "특수경력직 공무원"이라 함은 경력직 공무원 외의 공무원을 말하며 그 종류는 다음 각호(정무직 공무원, 별정직 공무원, 계약직 공무원)와 같다.

국가공무원법 제66조 및 지방공무원법 제58조 (집단행위의 금지) ▶ ① 공무원은 노동운동 기타 공무 이외의 일을 위한 집단적 행위를 하여서는 아니 된다. 다만, 사실상 노무에 종사하는 공무원은 예외로 한다.

(연구, 특수기술직렬 포함) 및 이에 상당하는 별정직 · 계약직 공무원, 기능직 그리고 특정직 공무원 중 6급 이하의 일반직 공무원에 상당하는 외무행정 · 외교정보관리직 공무원들로 한정하였다(제6조 제1항).

가입 범위 (공무원노조법 제6조 제1항)
1. 6급 이하의 일반직 공무원 및 이에 상당하는 일반직 공무원 2. 특정직 공무원 중 6급 이하의 일반직 공무원에 상당하는 외무행정 · 외교정보관리직 공무원 3. 기능직 공무원 4. 6급 이하의 일반직 공무원에 상당하는 별정직 공무원 및 계약직 공무원

한편, 법 제6조 제2항에서는 공무원노동조합에 가입할 수 없는 대상자를 규정하고 있다.

공무원 노조 가입 금지 대상(노조법 제6조 제2항)
1. 다른 공무원에 대하여 지휘 · 감독권을 행사하거나 다른 공무원의 업무를 총괄하는 업무에 종사하는 공무원 2. 인사 · 보수에 관한 업무를 수행하는 공무원 등 노동조합과의 관계에서 행정기관의 입장에 서서 업무를 수행하는 공무원 3. 교정 · 수사 그 밖에 이와 유사한 업무에 종사하는 공무원 4. 업무의 주된 내용이 노동 관계의 조정 · 감독 등 노동조합의 조합원으로서의 지위를 가지고 수행하기에 적절하지 아니하다고 인정되는 업무에 종사하는 공무원

국가공무원 복무규정[대통령령 제23015호]
제28조(사실상 노무에 종사하는 공무원) 법 제66조에 따른 사실상 노무에 종사하는 공무원은 지식경제부 소속 현업기관의 작업 현장에서 노무에 종사하는 기능직 공무원(기능직 공무원의 정원을 대체하여 채용된 일반계약직 공무원 및 시간제 일반계약직 공무원을 포함한다)으로서 다음 각 호의 어느 하나에 해당하지 아니하는 공무원으로 한다.<개정 2011.7.4.>

1. 서무 · 인사 및 기밀 업무에 종사하는 공무원
2. 경리 및 물품출납 사무에 종사하는 공무원
3. 노무자 감독 사무에 종사하는 공무원
4. 「보안업무규정」에 따른 보안목표시설의 경비 업무에 종사하는 공무원
5. 승용자동차 및 구급차의 운전에 종사하는 공무원

공무원노조법 시행령 제3조(노동조합 가입이 금지되는 공무원의 범위)에서 규정한 공무원조합법 제6조 제2항 및 제4항의 규정에 따라 노동조합에 가입할 수 없는 공무원의 범위는 다음 각 호와 같다.

공무원노조 가입 금지 대상(공무원노조법 시행령 제3조)

1. 다른 공무원에 대하여 지휘·감독권을 행사하거나 다른 공무원의 업무를 총괄하는 업무에 종사하는 공무원: 다음 각 목의 어느 하나에 해당하는 공무원
   가. 법령·조례 또는 규칙에 따라 다른 공무원을 지휘·감독하며 그 복무를 관리할 권한과 책임을 부여받은 공무원(직무 대리자를 포함한다)
   나. 훈령 또는 사무분장 등에 따라 부서장을 보조하여 부서 내 다른 공무원의 업무 수행을 지휘·감독하거나 총괄하는 업무에 주로 종사하는 공무원

2. 인사·보수에 관한 업무를 수행하는 공무원 등 노동조합과의 관계에서 행정기관의 입장에서 업무를 수행하는 공무원으로서 다음 각 목의 어느 하나에 해당하는 업무에 주로 종사하는 공무원(자료 정리 등 단순히 업무를 보조하는 자를 제외한다)
   가. 공무원의 임용·복무·징계·소청심사·보수·연금 그 밖에 후생복지에 관한 업무
   나. 노동조합 및 '공무원직장협의회의 설립·운영에 관한 법률'에 따른 직장협의회에 관한 업무
   다. 예산·기금의 편성 및 집행(단순 집행을 제외한다)에 관한 업무
   라. 행정기관의 조직과 정원의 관리에 관한 업무
   마. 감사에 관한 업무
   바. 보안 업무, 질서 유지 업무, 청사시설의 관리 및 방호에 관한 업무, 비서·운전 업무

3. 교정·수사 그 밖에 이와 유사한 업무에 종사하는 공무원: 다음 각 목의 어느 하나에 해당하는 공무원
   가. '공무원임용령' 별표 1의 공무원 중 교정·보호·검찰사무·마약 수사·출입국관리 및 철도공안 직렬의 공무원
   나. 조세범처벌절차 법령에 따라 검찰총장 또는 검사장의 지명을 받아 조세에 관한 범칙사건의 조사를 전담하는 공무원
   다. 수사 업무에 주로 종사하는 공무원
   라. 국가정보원에 근무하는 공무원

4. 업무의 주된 내용이 노동 관계의 조정·감독 등 노동조합의 조합원으로서의 지위를 가지고 수행하기에 적절하지 아니하다고 인정되는 업무에 종사하는 공무원: 다음 각 목의 어느 하나에 해당하는 공무원

가. '노동위원회법'에 따른 노동위원회의 사무국에서 조정사건이나 심판사건의 업무를 담당하는 공무원
나. '근로기준법'에 따라 고용노동부 및 그 소속기관에서 '근로기준법', '산업안전보건법' 그 밖의 노동 관계 법령 위반의 죄에 관하여 사법경찰관의 직무를 행하는 근로감독관
다. '선원법'에 따라 '선원법' 및 '근로기준법', 그 밖의 선원 근로 관계 법령 위반의 죄에 관하여 사법경찰관의 직무를 행하는 선원 근로 감독관
라. 지방자치단체에서 '노동조합 및 노동관계조정법'에 따른 노동조합 설립 신고, 단체협약 및 쟁의행위 등에 관한 업무에 주로 종사하는 공무원

문제는 가입 범위를 직급을 기준으로 획일적으로 6급 이하로 규정하고 있다는 점이다. 우리나라는 전통적으로 계급제의 바탕 위에 다양한 직위분류제적 요소를 가미한 형태로 운영되어 몇 가지 문제점을 야기할 수 있다. 즉, 일반직을 기준으로 5급 이상에 해당하는 공무원이 실제로 관리자적 지위에 있는 경우가 많기 때문에 6급 이하로 통일적으로 규정하여 5급 이상의 일반직 공무원과 그에 상당하는 별정직 공무원 및 계약직 공무원의 노조 가입을 금지하고 있으나, 5급 이상에 해당하는 공무원들도 업무 관계에서 중간관리자에 해당할 뿐 하급 공무원에 대한 관리 책임의 위치에 있지 않은 경우가 있다는 점이다.

그와 반대로 지방자치단체 공무원의 경우 6급 이하의 공무원이 기관장 내지 관리직을 맡고 있는 경우도 있어 특정 직급을 기준으로 일률적으로 공무원노조의 가입 범위를 제한하는 것은 문제를 야기할 수 있다.

물론, 공무원노조법 시행령에 노조 가입 금지 대상을 규정하여 문제점을 최소화하고 있지만, 한계는 존재한다.

ILO 제87호 협약 및 권고에 의하면, 모든 공무원의 단결권을 보장하되 군인, 경찰, 중요한 정책결정이나 관리를 담당하는 고위직 공무원, 또는 고도의 기밀 업무를 담당하는 공무원은 제한을 둘 수 있다고 하였다. 대부분의 선진국에서도 공무원의 종류, 직급, 직무 등에 따라 노동조합 가입 자체를 금지하기보다는[5] 단결권은 제한 없이 인정하되 단체교섭권 또는 단체

5) 다만 일본의 경우에는 경찰 직원, 소방 직원, 해상보안청 직원, 교도소 직원, 자위대원, 방

행동권에 대하여 제한을 두고 있다.

장기적으로는 공무원의 경우 현재처럼 일률적으로 가입 범위를 직급에 따라 규정할 것이 아니라, 담당 업무의 성격이 얼마나 공공성이 강하느냐에 따라 규정해야 할 것이다.

한편, 일반 공무원 노동조합과 사실상 노무에 종사하는 공무원이 결성한 현업공무원노동조합(전국공무원노동조합협의회, 공노협)을 비교하면 <표 7-2>와 같다.

〈표 7-2〉 공무원 노조와 현업노조 비교(2010.8.31 현재)

구분	공무원노조	현업노조(공노협)
법률	• 공무원의 노동조합 설립 및 운영 등에 관한 법률(법률 제7380호, 2006.1.28 시행)	• 노동조합 및 노동관계조정법(법률 제5310호, 1999.1.1 시행)
노동기본권 보장	• 단결권, 단체교섭권 보장 • 단체행동권 금지	• 단결권, 단체교섭권, 단체행동권 보장
노조가입 대상	• 6급 이하 일반직, 이에 상당하는 계약직, 별정직, 기능직, 계약직 공무원	• 국가 · 지방공무원법에 의한 사실상 노무에 종사하는 공무원
소속기관 및 가입현황	• 98개 노조, 약 16만여 명	• 1개 노조, 약 2만 6천여 명 • 지식경제부 소속 -우정사업본부(기능직: 집배, 계리, 방호, 난방 등)
사용자 교섭대표	• 행정안전부 장관	• 지식경제부 장관

4 가입 · 탈퇴의 자유

1) 노동조합 보호제도

여기서 노동조합 보호제도(union security)[6]란 조합기금확보제도(check

위청 직원, 판사는 직원단체의 결성을 금지하고 있다.

6) 여기서 노동조합 보호제도란 union security 용어를 저자가 의역한 것이다. 이하에서 사

off system)와 조합원확보제도(shop system)를 포함하는 개념(최종태, 1998)이다. 콜먼(Coleman, 1990: 201)에 의하면, 이 두 제도는 노동조합이 그의 조직을 강화하기 위하여 발전된 제도로서 조합원확보제도는 양적인 측면에서 조합원의 수를 증가시키기 위한 수단인 반면, 조합기금확보제도는 질적인 측면에서 조합 운영을 위한 기금을 많이 확보하는 수단이다.

(1) 조합기금확보제도(check off system)

이 제도는 고용주가 고용원의 임금에서 조합비를 공제하여 이를 노동조합에 인도하는 방식이다. 본래 힘이 약한 근로자들이 그들의 힘을 강화시키기 위하여 노동조합을 조직하였으나, 노동조합은 기금을 중심으로 운영되기 때문에 기금 확보를 위하여 이러한 제도를 도입한 것이다. 원칙적으로 일정한 조합원의 동의(통상 조합원 3분의 2 이상)가 있으면 조합은 조합기금의 확보 수단으로 조합기금확보제도를 도입할 수 있다.

공무원노동조합의 경우도 당해 조합원의 3분의 2 이상이 동의한다면 이 제도의 도입으로 사무 운영에 도움을 기할 수 있고, 좀 더 쉽게 조합비를 징수함으로써 조합 운영에 기여하리라고 본다.

(2) 조합원확보제도(shop system)

노동조합은 조합원의 수를 확보하기 위하여 다양한 활동을 전개하는 것이 일반적이다. 조합원의 수가 곧 노동조합의 힘과 직결되는 경향이 매우 높기 때문이다. 조합원확보제도는 다섯 가지가 대표적이다(Coleman, 1990).

① 조합원유지제도(maintenance of membership): 이 제도는 계약에 의하여 노동조합의 회원이 된 근로자는 계약 기간 동안 조합원으로 머물러 있어야 한다. 노동조합에서 탈퇴한 근로자는 그들의 직장을 상실할지도 모른다.

② 대리조합원확보제도(agency shop): 이는 근로자가 노동조합에 가입

용하는 나머지 check off system(조합기금확보제도), shop system(조합원확보제도), maintenance of membership(조합원유지제도), agency shop(대리조합원확보제도), union shop(조건부조합원확보제도), closed shop(폐쇄형조합원확보제도), open shop(개방형조합원확보제도)도 마찬가지로 저자가 의역하여 사용하였다. 앞으로는 'shop'이라는 용어를 '조합원확보제도'로 의역하여 사용하고자 한다.

하는 것이 강제되지는 않더라도 근로자를 대표하는 노동조합에게 비조합원은 대리수수료(agency fee)를 지불하도록 하는 제도다. 납부하지 않으면 해고 가능성도 있으며, 조합원은 투표권 등의 권리가 있기 때문에 비조합원의 납부금은 조합원보다 통상 적은 편이다.

③ 조건부조합원확보제도(union shop): 근로자가 근무 개시 후 일정 기간(보통 30~90일) 내에 노동조합에 가입하여야 하며 이를 어기면 해고된다. 이 제도는 원칙적으로 법으로 금지되어 있으며(노동조합법 제81조), 다만, 노동조합이 당해 사업장에 종사하는 근로자의 3분의 2 이상을 대표하는 경우 근로자가 그 노동조합의 조합원이 될 것을 고용 조건으로 하는 단체협약을 체결할 수 있다(노동조합법 제81조 제2호 단서 조항).

그러나, 공무원노동조합법은 제17조 제3항에서 노동조합법 제81조 제2호 단서 조항의 적용을 배제하여 공무원노조는 조건부조합원확보제도(유니온 숍) 협정을 체결할 수 없다. 따라서, 공무원노조는 공무원의 노조 가입과 탈퇴를 공무원 개인의 임의에 따라 완전히 자유롭게 결정하도록 하는 개방형조합원확보(오픈 숍)를 채택하여야 한다.

④ 폐쇄형조합원확보제도(closed shop): 근로자가 고용되기 전에 노동조합의 회원이어야 고용되며, 고용된 뒤에도 조합원의 자격을 지녀야 한다.

⑤ 개방형조합원확보제도(open shop): 노동조합의 가입과 탈퇴가 근로자의 자유 의사에 전적으로 맡겨지며, 따라서 노동조합의 가입과 탈퇴로 인한 어떠한 신분상 불이익도 받지 않는 제도이다. 우리나라 공무원노동조합은 개방형조합원확보제도를 전제하고 있다.

이상의 다섯 가지 제도 중 헌법에서 보장하고 있는 직업 선택의 자유, 결사의 자유 등을 고려한다면 조건부조합원확보제도와 폐쇄형조합원확보제도는 바람직하지 않다고 본다. 미국의 경우 연방공무원에게 이를 인정하지 않고 있으며, 집행명령 10988호도 조건부조합원확보제도를 금지하였고, 이러한 입장은 CSRA에도 그대로 반영되어 있다. 주정부의 경우 조합원유지제도와 조건부조합원확보제도는 극히 일부 주에서만 채택하고 있으나, 대리조합원확보제도는 많은 주정부에서 채택하고 있다.

5 조직 형태

공무원이 노동조합을 설립하고자 하는 경우에는 국회・법원・헌법재판소・선거관리위원회・행정부・상급자치단체 및 기초자치단체를 최소 단위로 인정하고 있다.[7] 반면, 교원노조법은 교원노조의 설립 단위를 전국 단위 또는 시・도 단위로 한정하고 있다. 따라서, 공무원들은 각 기관, 즉 행정부의 각 부・처 단위와 읍・면・동을 조직 단위로 하는 공무원의 노동조합 설립은 금지하였다.

이에 따라 각 부처별로 별도의 노동조합을 설립하는 것은 입법 취지상 허용되지 않는다고 할 것이며, 다만 최소 설립단위의 지부나 분회 등 노동조합 내부의 조직을 설치하는 것은 가능하다(시행령 제2조). 아울러 최소 설립단위 이상을 포괄하는 노동조합이나 연합단체의 설립도 가능하다(고용노동부 내부자료, 2004. 10).

그러나 노동조합의 조직 형태는 근로자들의 자유로운 선택 사항이므로 법률로 조직 형태를 제한하는 규정은 단결권 선택을 제한할 소지가 있으며, 주요 선진국들은 노조의 조직 형태에 관한 아무런 법적 제한을 두지 않고 있는 추세이다.[8]

일반적으로 노조의 조직 형태에 대하여 아무런 제한을 두지 않는 현실에서 공무원노동조합법이 최소 설립단위를 규정한 것은 노조설립 자유주의 원칙과 어떠한 관계가 있는지, 이러한 제한을 두지 않는 경우의 실익을 검토하여야 할 것이다. 만약 중앙정부의 경우 각 부처별로 노동조합이 결성되어 각 부처 장관과 독립적인 단체교섭을 실시하는 경우 임금이나 근로

---

7) 공무원노조법 제5조(노동조합의 설립) ▸ 공무원이 노동조합을 설립하고자 하는 경우에는 국회・법원・헌법재판소・선거관리위원회・행정부・특별시・광역시・도・시・군・구(자치구를 말한다) 및 특별시・광역시・도의 교육청을 최소 단위로 한다.

8) 다만, 일본은 국가공무원과 지방공무원은 별개의 직원단체를 결성하도록 규정하고 있다(이 책 제9장 참조).

조건 등을 독자적으로 결정할 수 없는 각 부처 장관의 경우 단체교섭상의 많은 애로를 겪을 것으로 예상된다. 또한 현실적으로 모든 부처 공무원의 근무 조건은 행정안전부와 경제 관련 부처의 협력이 필수적이므로 부처별 단체협약은 실익이 없다고 할 것이다.

고용노동부에서도 최소 단위를 제한하는 이유로 적어도 주요 근무조건이 결정되는 단위에 맞게 노동조합이 조직되는 것이 바람직하기 때문이라고 밝히고 있다(노동부, 2005a). 결국 법령상 보수 등 근무조건을 실질적으로 결정할 수 있는 권한을 가진 자를 노사관계의 상대방으로 함으로써 불필요하고 무용한 단체교섭을 방지하여 국민과 주민에게 미칠 부작용을 최소화하여 안정적인 행정 서비스의 제공과 공무원 노사관계의 안정을 도모함이 바람직하다는 것이다(김재훈, 2005; 행정자치부, 2004).

6 노동조합 전임자

노조 전임 제도란 근로자가 어떤 사용자와 고용 종속관계에 있으면서 사용자에게 근로를 제공하지 아니하고, 상시적으로 노동조합에의 업무에만 전념하도록 하는 제도(김헌수, 2010: 389)이다.

민간부문의 경우에는 사용자의 노조 전임자에 대한 급여 지급을 2009년 12월 31일까지 허용하였으며, 2010년부터는 이를 금지하여 노조 전임자에게 임금을 지급하는 경우 사용자의 부당노동행위로 본다. 노동조합법 제24조에서는 노조전임제도를 규정하고 있다.

노동조합의 전임자(노동조합법 제24조)

① 근로자는 단체협약으로 정하거나 사용자의 동의가 있는 경우에는 근로계약 소정의 근로를 제공하지 아니하고 노동조합의 업무에만 종사할 수 있다. ② 제1항의 규정에 의하여 노동조합의 업무에만 종사하는 자(이하 "전임자"라 한다)는 그 전임 기간 동안 사용자로부터 어떠한 급여도 지급받아서는 아니 된다.

공무원노조법에서도 공무원의 노조전임제도를 도입하고 있으나, 이는 민간부문과 달리 단체협약에 의하여 전임자를 특정하더라도 반드시 임용권자의 동의가 필요하다. 노조 전임자는 국가공무원법 제71조 및 지방공무원법 제63조에 따라 소정의 휴직과 동일하게 취급되므로 단지 공직에만 종사하지 않을 뿐 공무원으로서의 지위를 유지하므로 공무원으로서 각종 의무를 준수하여야 한다.

또한 사용자인 정부로부터의 보수 지급이 금지되며(공무원노조법 제7조 제3항), 공무원의 연가 일수 산정 시 재직 기간은 노조 전임 기간을 포함하지 않는다(공무원복무규정 제15조 제2항).

전임 기간에 대하여 공무원노동조합법에 별도의 규정이 없고 노동조합법의 준용을 금지하고 있기 때문에 임용권자의 동의로 정할 수 있다. 다만, 국가공무원법 제72조와 지방공무원법 64조에서 휴직기간을 그 전임기간으로 한다고 규정하고 있다.

공무원 노동조합 전임자의 지위(공무원노조법 제7조)

① 공무원은 임용권자의 동의를 받아 노동조합의 업무에만 종사할 수 있다.
② 제1항에 따른 동의를 받아 노동조합의 업무에만 종사하는 사람(이하 "전임자(專任者)"라 한다)에 대하여는 그 기간 중 국가공무원법 제71조 또는 지방공무원법 제63조의 규정에 따라 휴직명령을 하여야 한다.
③ 국가와 지방자치단체는 전임자에게 그 전임기간 중 보수를 지급하여서는 아니 된다.
④ 국가와 지방자치단체는 공무원이 전임자임을 이유로 승급이나 그 밖에 신분과 관련하여 불리한 처우를 하여서는 아니 된다.

제 2 절 단체교섭의 구조와 절차

1 단체교섭 당사자와 담당자

단체교섭 당사자란 단체교섭의 주체, 즉 단체교섭을 자신의 이름으로 행하고 그 법적 효과가 귀속되는 주체로 노동조합과 사용자이며, 주체의 지위는 위임할 수 없다. 한편, 단체교섭의 담당자는 단체교섭을 실제로 수행할 수 있는 법적 자격이 있는 자, 즉 단체교섭의 권한을 가지고 있는 자로 담당자의 지위는 상급단체 또는 하급단체 등에 위임이 가능하다(이상윤, 2008: 588-590). 노사 간의 양 당사자는 상대방 측과 일정한 절차에 의하여 단체교섭을 진행할 수 있다. 근로자 측 주체는 노동조합이며, 사용자 측 주체는 사용자 또는 사용자단체이다[9](노동조합법 제30조 제1항).

공무원노동조합의 경우 단체교섭 당사자는 고용노동부에 설립 신고를 하여 공무원노조법상 실질적・형식적 설립 요건을 갖춘 적법한 공무원노동조합이며, 사용자 측은 정부교섭대표이다.

공무원노동조합법에서는 사용자인 정부측 단체교섭 당사자를 '정부교섭대표'라고 규정하고, 정부교섭대표로 국회사무총장・법원행정처장・헌법재판소사무처장・중앙선거관리위원회사무총장・행정안전부장관(행정부를 대표함)・특별시장・광역시장・도지사・특별자치도지사・시장・군수・구청장(자치구의 구청장) 또는 특별시・광역시・도・특별자치도의 교육감으로 하고 있다(공무원노조법 제8조).

국가공무원의 경우 사용자는 헌법기관별로 분리되어 있으나, 실제는 행정부의 공무원노조 사용자 역할을 담당하는 행정안전부가 전체 국가공무원의 사용자 역할을 담당하고 있다.[10]

정부교섭대표(공무원노조법 제8조)

국회사무총장・법원행정처장・헌법재판소사무처장・중앙선거관리위원회사무총장・행정안전부장관(행정부를 대표함)・특별시장・광역시장・도지사・특별자치도지사・시장・군수・구청장(자치구의 구청장) 또는 특별시・광역시・도・특별자치도의 교육감

---

9) 다만, 사용자는 헌법상의 단체교섭권을 갖고 있지 않으므로 단체교섭의 주체라기보다는 단체교섭의 상대방으로 파악하고 있다(이상윤, 2008: 588).

10) 정부는 2006년 정부와 공무원노동조합 간에 단체교섭을 진행하여 2007년 12월 14일 단체협약을 체결하였다. 이 협약서 제1조에는 정부 측의 당사자로 "행정부를 대표하는 행정자치부(현재는 행정안전부) 장관(이하 "정부"라 한다)"이라고 명시하고 있다(www.mopas.go.kr의 정책자료실). 그런데 이 협약서에는 제1조 당사자에서 노동조합의 경우 교섭공무원노동조합으로 교육기관공무원노조 및 일부 자치단체의 공무원노동조합(충남노조, 대구시북구노조, 서울시강서구노조 등)도 위임하여 참여하였다.

2 단체교섭 권한의 위임

노동조합의 연합체와 하부조직인 지부 및 분회는 단체교섭의 당사자가 아니며, 단지 단체교섭의 권한을 위임받아 그 범위 내에서 단체교섭을 수행할 수 있다. 공무원노조법상 요건를 갖추지 않은 단체와 개별 근로자는 단체교섭을 요구할 수 없다.

정부교섭대표는 법령 등에 의하여 스스로 관리하거나 결정할 수 있는 권한을 가진 사항에 대하여 노동조합의 요구가 있을 때에는 정당한 사유가 없는 한 이에 응하여야 하며(공무원노조법 제8조 제2항), 효율적인 교섭을 위하여 필요한 경우 다른 정부교섭대표와 공동교섭하거나 다른 정부교섭대표에게 단체교섭 및 단체협약체결권을 위임할 수 있다(법 제8조 제3항). 다만, 공동 교섭 또는 위임하는 경우에는 정부교섭대표 및 관계 기관의 장 등의 성명과 위임 내용 등을 구체적으로 명시하여 그 사실을 상대방(공무원노동조합 측)에게 알려야 한다(시행령 제5조).

교원노조의 경우 교섭 당사자로 교육과학기술부 장관, 시・도・특별자치도 교육감으로 한정함으로써 예산 확보에 실질적인 권한이 없는 대표자와 합의한 사항이 예산을 확보하지 못하는 경우 단체협약을 이행하지 못하는 상황이 발생할 수 있다. 공무원노조법은 이러한 점을 고려하여 다른 정부교섭대표와 공동으로 교섭하거나 정부교섭대표가 아닌 관계기관의 장으로 하여금 교섭에 참가할 수 있도록 규정하여 단체교섭의 효율성을 증대시켰다는 점이다.

하지만, 여러 부처가 관련되는 임금 교섭의 경우에는 인사・복무・예산・노사관계 관련 부처의 장으로 구성되는 사용자단체(정부 교섭 위원단: 행정안전부(교원은 교육과학기술부)・기획재정부・고용노동부의 장)를 구성하는 것이 교섭의 실효성 확보를 위하여 더 합리적이다. 교원노동조합의 경우 사립학교를 설립・경영하는 자는 전국 또는 시・도 단위로 연합한 단체교섭단을 구성하여 단체교섭에 응하도록 규정하고 있다(교원노동조합법

제6조 제1항 및 동법 시행령 제3조 제2항).

또한 지방자치단체에서 자치단체장이 단체교섭을 하는 경우 자치단체의 재정 격차에 따라 근무 조건 등 단체교섭 사항이 자치단체마다 차이가 발생하는 경우 이를 조정할 수 있는 제도적인 장치가 마련되어야 한다. 특히 동일한 광역자치단체 지역에서 기초자치단체마다 상이한 근로 조건 등이 협약 체결되는 경우 노동조합 간에 선명성 또는 유리한 단체협약을 체결하기 위한 경쟁심리가 작용하여 자칫 빈번한 단체교섭 결렬로 인한 노사 간의 갈등이 심화될 가능성이 있다. 이는 지역 주민들에게 양질의 행정 서비스를 제공하는 데 장애 요인으로 작용할 수 있으므로 이를 예방할 수 있는 제도적 장치가 마련되어야 할 것이다. 이를 위하여 광역단체교섭단, 지역별 기초단체교섭단, 전국광역단체교섭단 또는 전국기초단체교섭단 등을 운영할 필요가 있다.

3 단체교섭의 대상

단체교섭의 대상은 노동조합에 관한 사항, 조합원의 보수·복지, 그 밖의 근무 조건에 관한 사항이며, 법령 등에 의하여 국가 또는 지방자치단체가 그 권한으로 행하는 정책결정에 관한 사항, 임용권의 행사 등 그 기관의 관

〈표 7-3〉 단체교섭 대상과 제외 대상

구분	내용
단체교섭 대상 (공무원 노조법 제8조)	① 노동조합에 관한 사항 ② 조합원의 보수 ③ 조합원의 복지 ④ 그 밖의 근무 조건에 관한 사항
단체교섭 제외 대상 (공무원 노조법 시행령 제4조)	① 정책의 기획 또는 계획의 입안 등 정책결정에 관한 사항 ② 공무원의 채용·승진 및 전보 등 임용권의 행사에 관한 사항 ③ 기관의 조직 및 정원에 관한 사항 ④ 예산·기금의 편성 및 집행에 관한 사항 ⑤ 행정기관이 당사자인 쟁송(불복 신청을 포함한다)에 관한 사항 ⑥ 기관의 관리·운영에 관한 그 밖의 사항

리·운영에 관한 사항으로서 근무 조건과 직접 관련되지 아니하는 사항은 단체교섭의 대상이 될 수 없다고 규정하였다(제8조 제1항). 시행령(제4조)에서는 단체교섭의 대상이 되지 않는 사항을 구체적으로 여섯 가지를 명시하고 있는데, 이를 살펴보면 <표 7-3>과 같다.

4 단체교섭의 요구와 절차

노동조합은 단체교섭을 위하여 노동조합의 대표자와 조합원으로 교섭위원을 구성하여 교섭하려는 사항에 대하여 권한을 가진 정부교섭대표에게 서면으로 교섭을 요구하여야 한다. 단체교섭 요구 시기는 단체협약의 유효기간 만료일 3개월 전부터 교섭 시작 예정일 30일 전까지 가능하다.

정부교섭대표는 노동조합으로부터 교섭을 요구받은 때에는 요구받은 사실을 지체없이 공고하여 관련된 노동조합이 단체교섭에 참여할 수 있도록 하여야 한다. 단체교섭에 참여하고자 하는 노동조합은 공고일로부터 7일 이내에 정부교섭대표에게 단체교섭을 요구할 수 있다. 정부교섭대표는 단체협약에 따른 단체교섭 요구시기 및 단체교섭 공고일 이후 단체교섭 요구기간 안(7일 이내)에 교섭요구를 하지 아니한 노동조합의 교섭요구는 거부할 수 있다(시행령 제7조 제4항).

〈표 7-4〉 단체교섭의 요구시기와 기간

구분	내용
단체교섭 요구시기	유효 기간 만료일 3개월 전 ~ 교섭 시작 예정일 30일 전
단체교섭 요구기간	공고일로부터 7일 이내

5 단체교섭 창구의 단일화

정부교섭대표는 법 규정에 따라 단체교섭을 요구하는 노동조합이 둘 이상일 때에는 해당 노동조합에 대하여 교섭창구를 단일화하도록 요청할 수 있으며, 교섭창구가 단일화될 때까지 단체교섭을 거부할 수 있다(법 제9조 제4항). 이 제도적 장치는 하나의 노조 단위에 복수노조가 활동하는 경우 사용자단체가 각 노동조합별로 단체교섭을 병행하면 교섭의 원활한 진행이 어렵고 단체교섭 당사자마다 다른 단체협약을 체결함으로써 형평성 등에 따른 분쟁의 소지를 예방하기 위한 것이다.

교섭창구의 단일화 방안은 배타적 교섭대표제(미국), 비례적 교섭대표제(과거 한국교원노조), 교섭단일화 의무제, 단순다수대표제로 구분할 수 있다(김재훈, 2005).

배타적 교섭대표제는 사업장 내 다수 근로자의 지지를 받는 노조에게만 단체교섭권을 부여하는 방안이다. 이 제도의 장점은 선정 절차가 민주적이고 교섭 창구가 완전히 단일화되며, 사용자 측의 교섭 비용이 절감된다는 점이다. 단점은 선거 또는 선출 과정에 공적 기관의 관여, 비용 부담 문제의 발생, 교섭 대표 선출 기간의 과다 및 부당노동행위가 빈발하며 공정 대표의 공정성 문제가 야기된다는 점이다.

비례적 교섭대표제는 복수노조의 각 조합원 수에 비례하여 교섭위원단을 구성하는 방식이다. 장점은 소수 의견을 존중하는 민주주의 정신에 적합하다는 점이다. 반면, 단점으로는 교섭단 내부 의견의 조정이 어렵고 교섭 타결이 지연된다는 점을 들 수 있다. 그동안 한국의 교원노조는 전국교직원노동조합(전교조)과 한국교원노동조합(한교조)이 일정한 비율(대략 7명 : 3명 정도)로 단체교섭위원을 구성하여 단체교섭을 진행하여 왔으나, 현재는 법령 개정으로 비례적 교섭대표제가 강제되지 않는다.

교섭단일화 의무제는 노동조합이 자율적으로 교섭위원단을 구성하도록 하고 단일화가 된 경우에만 사용자에게 단체교섭에 응할 의무를 부과하는 방식이다. 장점은 노동조합의 자율성이 보장된다는 측면이 있지만, 소수 노동조합이 단일화를 방해할 우려가 있으며 부당노동행위가 발생할 우려가 있다는 단점이 있다.

마지막으로 단순다수대표제는 사업장 내 노동조합 회원 근로자의 과반수에 상관하지 않고 최대 조합원을 가진 노동조합에 배타적 교섭권을 부여하는 방식이다. 장점은 제도 운영이 간편하다는 점이 있는 반면, 교섭노조의 대표성이 약화되고 소수노조가 난립할 우려가 있으며 대표의 공정성 문제가 제기될 수 있는 단점이 있다(행정자치부, 2004; 이철수 외, 2004).

단체교섭 창구의 단일화제도를 도입한 대표적인 국가인 미국은 1962년 케네디(J. F. Kennedy) 대통령이 공표한 대통령령 10998호에서 하나의 단위 내에서 공무원의 다수를 대표하는 조합에 대해서는 유일한 교섭단체(배타적 대표단체)로 승인하고, 광범한 조직을 갖지 않은 조합에 대해서도 연방정부의 각 부 또는 기관 내의 약간의 피용자를 대표하면 '비공식 승인(informal recognition)'을, 10% 이상 50% 이하를 대표하면 '공식적 승인(formal recognition)', 과반수를 대표하면 '배타적 승인(exclusive recognition)'을 하도록 규정하여 협상 단위의 모든 구성원에게 영향을 미치는 근로 조건, 노동정책 등에 대해 해당 관리자와 협의할 수 있다(Kearney & Carnevale, 2001)고 규정하였다.

또한, 공무원제도개혁법(CSRA, 1978)은 연방공무원에게 공무원이 뽑은 대표자를 통하여 고용 조건에 대하여 단체교섭에 참가할 권리를 보장하고, 각 단위조직의 과반수를 대표하는 단체에는 배타적 승인을 인정하며, 이 공무원단체와 단체교섭을 실시하여 협약을 체결할 수 있다고 하였다(Stahl, 1983).

6 단체교섭위원의 선임

단체교섭을 진행할 교섭노동조합은 단체교섭 요구 공고일로부터 20일 이내에 조직의 규모 등을 고려하여 10인 이내의 교섭위원을 선임하여 교섭노동조합의 대표자가 각각 서명 또는 날인한 서면으로 정부교섭대표에게 알려야 한다(공무원노조법시행령 제8조 제1항).

교섭위원을 선임하는 경우 교섭노동조합이 둘 이상일 때에는 교섭노동조합 간의 합의에 따라 교섭위원을 선임한다. 다만, 교섭노동조합 간에 합의의 실패로 교섭위원을 20일 이내에 합의하지 못하였을 때에는 교섭노동조합의 조합원 수에 비례하여 교섭위원을 선임하도록 규정하고 있다(공무원노조법시행령 제8조 제2항).

〈표 7-5〉 단체교섭위원의 선임

① 교섭요구 사실공고→② 공고 7일 이내 교섭 요구→③ 공고일 20일 이내 10명 이내의 교섭위원 통보(복수노조의 경우 조합간 합의론 위원 선임) (20일 내 미합의→조합원 수 비례 교섭위원 선임)

7 단체교섭의 개시

정부교섭대표와 공무원노동조합 당사자는 단체교섭위원의 선임 통보가 이루어지면 지체없이 교섭 내용·교섭 일시·교섭 장소 그 밖의 교섭에 필요한 사항을 협의하고 교섭을 시작한다(공무원노조법시행령 제9조).

8 단체협약의 체결과 효력

단체협약 체결 당사자는 노조측은 공무원노조법에 따라 설립된 노동조합이며, 사용자측은 법 제8조에 따라 규정된 정부교섭대표이다. 단체교섭이 성공적으로 이루어지면 양 당사자는 단체협약을 체결하게 된다. 다만, 체결된 단체협약의 내용 중 법령·조례 또는 예산에 의하여 규정되는 내용과 법령 또는 조례에 의한 위임을 받아 규정되는 내용은 단체협약으로서의 효력을 가지지 아니한다(공무원노조법 제10조 제1항). 여기에서 법령은 법률, 대통령령, 시행규칙을 포함하는 것으로 이해되며, 아울러 조례에 의한 위임을 받아 규정한 규칙도 포함되는 것으로 해석된다(김재훈, 2005).

다만, 정부교섭대표는 단체협약으로서의 효력을 가지지 아니하는 내용에 대해서는 그 내용이 이행될 수 있도록 성실히 노력할 의무가 있으므로(공무원노조법 제10조 제2항), 법률 또는 조례 등의 개정을 위하여 국회나 지방의회에 관련 법안을 제출하는 노력과 관련 시행령을 개정하려는 노력이 신의성실의 원칙상 일정한 책임이 부과된다고 할 것이다.

아울러 정부교섭대표는 단체협약으로서의 효력을 가지지 아니하는 단체협약의 내용에 대해서는 그 이행 결과를 당해 단체협약의 유효기간 만료일 3개월 전까지 상대방에게 서면으로 통보하여야 한다(공무원노조법 시행령 제10조). 이는 정부의 이행 노력을 촉구함은 물론 노조측에도 다음 단체교섭을 진행할 때 이행되지 못한 사안에 대하여 재협상을 진행할 수 있는 기회를 제공하는 측면을 가지고 있다.

한편, 합법적으로 체결된 단체협약의 유효기간 중에는 당해 단체협약의 체결에 참여하지 아니한 노동조합이 단체교섭을 요구하더라도 정부교섭대표는 이를 거부할 수 있다(공무원노조법 제9조 제5항).

9 단체협약의 작성과 유효기간

단체협약은 서면으로 작성하여 당사자 쌍방이 서명 날인하고, 단체협약의 체결일로부터 15일 이내에 이를 행정관청에게 신고하여야 한다(노동조합법 제31조). 이 신고는 당사자 쌍방이 연명으로 하여야 한다. 행정관청은 단체협약 중 위법한 내용이 있는 경우에는 노동위원회의 의결을 얻어 그 시정을 명할 수 있다.

단체협약의 유효기간은 당사자 간에 결정하는 문제이지만, 지나치게 짧으면 빈번한 단체교섭의 문제가 발생하고, 지나치게 길면 제반 상황 변화에 합리적으로 대응하지 못하는 측면이 있다. 따라서 정부는 단체협약의 유효 기간이 2년을 초과할 수 없도록 규정하고(노동조합법 제32조 제1항), 그 유효기간을 정하지 아니한 경우 또는 2년을 초과하여 정한 경우에는 그 유효 기간을 2년으로 규정하였다(노동조합법 제32조 제2항).

한편, 단체협약의 유효기간이 만료되는 때를 전후하여 당사자 쌍방이 단체교섭을 계속 진행했음에도 불구하고 새로운 단체협약이 체결되지 못하는 경우가 있다. 이때는 당사자 간 별도의 약정이 있으면 그에 따르지만, 그러한 약정이 없는 경우에는 종전의 단체협약이 그 효력만료일로부터 3개월까지 계속하여 그 효력을 유지한다(노동조합법 제32조 제3항).

그리고, 새로운 단체협약이 체결될 때까지 종전의 단체협약 효력의 존속을 인정하는 별도의 약정이 있으면 이를 따르며, 당사자 일방은 종전의 단체협약의 효력을 해지하고자 하는 경우 6개월 전까지 상대방에게 그 의사를 통보함으로써 종전의 단체협약을 해지할 수 있다(노동조합법 제32조 제3항 단서).

〈표 7-6〉 단체협약의 작성과 유효기간

◎ 단체협약의 신고 ➡ 체결일로부터 15일 이내
◎ 단체협약의 일반적 효력기간 ➡ 2년
◎ 종전 단체협약의 효력 ➡ 효력만료일로부터 3개월까지
◎ 종전 단체협약 해지 통보 ➡ 6개월 전까지

10 단체협약의 해석

노사 당사자 간에 단체협약을 체결하고 이를 이행하는 과정에서 단체협약의 해석 또는 이행 방법에 관하여 관계 당사자 간에 의견의 불일치가 발생할 수 있다. 이 경우 당사자 쌍방 또는 단체협약에 정하는 바에 의하여 어느 일방이 당해 단체협약의 내용과 당사자의 의견을 기재하여 서면으로 노동위원회에 그 해석 또는 이행 방법에 관한 견해의 제시를 요청할 수 있다(노동조합법 제34조 제1항 및 동법 시행령 제16조).

노동위원회는 요청을 받은 때에는 그 날로부터 30일 이내에 명확한 견해를 제시하여야 하며, 노동위원회가 제시한 해석 또는 이행 방법에 관한 견해는 중재재정과 동일한 효력을 가진다(노동조합법 제34조 제2항 제3항).

11 단체협약의 구속력

단체협약은 협약 당사자 및 그 조합원만을 구속하므로 비조합원과 제3자

의 지위에 있는 사용자에게는 효력이 미치지 않는 것이 원칙이다. 이 경우 소수의 비조합원 공무원에게 단체협약이 적용되지 않는 것은 조합공무원과 전반적인 노사관계에 바람직하지 않는 결과를 가져올 수 있다.

그래서 노동조합법은 단체협약이 일정한 요건을 갖춘 경우에는 당해 단체협약과 직접 관련이 없는 근로자나 사용자에게도 그 효력이 확장될 수 있는 제도를 마련하였는데, 단체협약의 효력확장제도 또는 일반적 구속력 제도라고 한다. 이는 당해 사업장에서의 '동일 근로 · 동일 근로 조건'을 실현하고 비조합원 근로자를 보호하기 위한 공익적 배려에서 설정된 제도이다(김유성, 2004).

이 제도와 관련하여 공무원노동조합의 경우 노동조합법 제35조 규정에 따라 하나의 사업 또는 사업장에 상시 사용되는 동종의 근로자(공무원) 반수 이상이 하나의 단체협약의 적용을 받게 되면 당해 사업 또는 사업장에 사용되는 다른 동종의 근로자(공무원)에 대해서도 당해 단체협약이 적용된다.

제 3 절 공무원노동조합의 분쟁과 조정제도

1 노동쟁의와 쟁의행위

정부교섭대표와 공무원노동조합 측은 단체교섭을 통하여 단체협약을 체결하게 되지만, 상호간의 이해대립 등으로 단체교섭이 원만하게 진행되지 못하여 결렬될 수 있다. 이러한 상황에 직면하는 경우를 노동쟁의라고 부른다. 즉, 노동조합법의 규정에 의하면 노동쟁의란 "노동조합과 사용자 또는 사용자단체 간에 임금 · 근로시간 · 복지 · 해고 기타 대우 등 근로조건의 결정에 관한 주장의 불일치로 인하여 발생한 분쟁상태로서 당사자 간에 합의를 위한 노력을 계속하여도 더 이상 자주적 교섭에 의한 합의의 여지가 없는 경우"를 말한다(노동조합법 제2조 제5호).

이에 반하여 노동조합법 규정상 쟁의행위란 "파업 · 태업 · 직장폐쇄 기타 노동 관계 당사자가 그 주장을 관철할 목적으로 행하는 행위와 이에 대항하는 행위로서 업무의 정상적인 운영을 저해하는 행위"를 말한다(노동조합법 제2조 제6호).

즉, 노동쟁의는 단체교섭이 결렬된 분쟁상태 그 자체를 말하고, 쟁의행위는 정상적 업무를 저해하는 집단적인 실력행사로서 일반적으로 노동조합측의 단체행동 또는 파업이라고 부르며, 사용자측의 직장폐쇄도 포함한다. 하지만 단체행동은 가장 넓은 의미로 사용되어 파업이나 태업과 같은 사용자의 정상적인 업무 운영을 저해하는 쟁의행위와 정상적 업무운영을 저해하지 않는 준법투쟁 같은 단체행동을 포함한다.

준법투쟁은 파업과 같은 본격적인 쟁의행위를 실시하기 전에 사용자에게 본격적인 경제적 압력의 행사를 경고하거나 단결력을 시위하기 위하여 준법을 명분으로 하는 단체행동이다. 이러한 단체행동에는 유인물의 배포 및 부착, 조합집회, 평상복 근무, 집단적인 리본패용 등이 대표적이다.

그러나 작업규칙의 엄격한 준수, 휴가의 집단청구, 통상적으로 실시되던 시간외 근로나 휴일근로의 집단거부 등은 업무의 정상적인 운영을 저해하므로 쟁의행위로 보는 것이 일반적인 경향이라고 한다(김유성, 2004).

공무원노동조합 및 그 조합원은 파업 · 태업 그 밖의 업무의 정상적인 운영을 저해하는 일체의 행위를 할 수 없다(공무원노동조합법 제11조). 이를 위반하여 파업 · 태업 그 밖의 업무의 정상적인 운영을 저해하는 행위를 한

〈표 7-7〉 노동쟁의와 쟁의행위

구분	의미	예
노동쟁의	주장의 불일치, 단체교섭이 결렬된 분쟁상태 그 자체	—
쟁의행위	정상적 업무를 저해하는 집단적인 실력행사	파업, 태업, 단체행동, 직장폐쇄 등
넓은 의미의 단체행동	쟁의행위	파업, 태업, 직장폐쇄 등
	좁은 의미의 단체행동(준법 투쟁)	유인물의 배포 및 부착, 조합집회, 평상복 근무, 집단적인 리본패용 등

자는 5년 이하의 징역 또는 5천만원 이하의 벌금에 처하도록 규정하였다(공무원노동조합법 제18조).

2 분쟁의 조정과 알선제도

(1) 조정의 신청과 절차

조정(調停, mediation)이란 알선(斡旋, conciliation)의 다음 단계 또는 알선과 동시에 진행될 수 있는데, 제3자인 조정자가 당사자들이 합의에 이르도록 조력하는 차원을 넘어 당사자들에게 적절하다고 생각하는 조정안을 제시하는 절차이다. 그러나 양 당사자들은 조정자가 제시한 조정안에 구속당하지 않는 제도이다.

공무원노동조합법에서는 단체교섭의 결렬로 인한 노동쟁의가 발생하면 이를 해결하기 위하여 조정제도를 마련하고 있으며, 제12조에서 "단체교섭이 결렬된 경우에는 당사자 일방 또는 쌍방은 중앙노동위원회에 조정(調停)을 신청할 수 있다"고 규정하고 있다.

중앙노동위원회는 조정 또는 중재를 하게 된 경우 지체없이 이를 서면으로 관계 당사자에게 서면으로 통보하여야 한다. 아울러 그 신청 내용이 조정 또는 중재의 대상이 아니라고 인정하는 경우 신청인에게 그 사유와 조정 또는 중재 외의 다른 해결방법을 알려 주어야 한다(공무원노조법 시행령 제11조 제1항 내지 제2항).

(2) 공무원노동관계조정위원회의 구성과 운영

중앙노동위원회는 단체교섭이 결렬된 경우 이를 조정·중재하기 위하여 중앙노동위원회에 조정·중재를 전담하는 7명 이내의 공익위원으로 구성되는 공무원노동관계조정(調整)위원회[11](이하 공무원조정위원회)를 둔다

11) 조정(調整)과 조정(調停)은 다르다. 조정(調整)은 알선(斡旋, conciliation), 조정(調停, mediation), 중재(仲裁, arbitration)를 대표하는 개념이며, 조정(調停, mediation)은 당사자간의 갈등을 해결하기 위해 구속력이 없는 조정안을 제시하는 것이다.

(공무원노조법 제14조 제1항 내지 제2항). 공무원조정위원회의 공익위원 중 1인은 상근으로 한다(시행령 제12조 제1항).

위원회의 공익위원은 공무원문제 또는 노동문제에 관한 지식과 경험을 갖춘 자 또는 사회적 덕망이 있는 자 중에서 중앙노동위원회 위원장의 추천과 고용노동부 장관의 제청으로 대통령이 위촉한다(공무원노조법 제14조 제3항).

공무원조정위원회는 전원회의와 소위원회를 두며, 전원회의는 공익위원 전원으로 구성하며, 다음 각 호의 사항을 담당한다(공무원노조법 제15조 제1항 내지 제2항).

공무원조정위원회의 담당 업무(공무원노조법 제15조 제1항, 제2항)
1. 전국에 걸친 노동쟁의의 조정사건 2. 중재 회부의 결정 3. 중재재정(仲裁裁定)

한편, 소위원회는 공무원조정위원회의 위원장이 중앙노동위원회 위원장과 협의하여 지명하는 3인으로 구성하며, 전원회의에서 담당하지 아니하는 조정사건을 담당한다(공무원노조법 제15조 제3항).

(3) 공무원노동관계조정위원회의 조정(調停, mediation)

중앙노동위원회는 당사자 일방 또는 쌍방이 조정을 신청한 경우에는 지체없이 조정을 개시하여야 하며, 이 경우 당사자 쌍방은 이에 성실히 임하여야 한다(공무원노조법 제12조 제2항).

공무원조정위원회 위원장(조정위원회의 위원장 또는 단독조정인)은 기일을 정하여 관계 당사자 쌍방을 출석하게 하여 주장의 요점을 확인하여야 한다(노동조합법 제58조).

중앙노동위원회는 조정안을 작성하여 이를 관계 당사자에게 제시하고 그 수락을 권고하는 동시에 그 조정안에 이유를 붙여 공표할 수 있다. 이 경우 필요한 때에는 신문 또는 방송에 보도 등 협조를 요청할 수 있다. 조정은 조정신청이 있는 날부터 30일 이내에 종료하여야 한다. 다만, 당사자 간의 합의가 있는 때에는 30일 이내의 범위에서 연장할 수 있다(공무원노조법 제12조 제3항 내지 제4항).

조정안이 관계 당사자에 의하여 수락된 때에는 공무원조정위원회(조정위원 전원 또는 단독조정인)는 조정서를 작성하고 관계 당사자와 함께 서명 날인하며, 이는 단체협약과 동일한 효력을 가진다(노동조합법 제61조 제1항 내지 제2항).

조정안이 관계 당사자의 쌍방에 의하여 수락된 후 그 해석 또는 이행방법에 관하여 관계 당사자 간에 의견의 불일치가 있는 때에는 관계 당사자는 당해 공무원조정위원회에 그 해석 또는 이행방법에 관한 명확한 견해의 제시를 서면으로 요청할 수 있으며, 공무원조정위원회는 그 요청을 받은 날로부터 7일 이내에 명확한 견해를 제시하여야 한다(노동조합법 제60조 제3항 내지 제4항). 공무원조정위원회가 제시한 해석 또는 이행 방법에 관한 견해는 중재재정(仲裁裁定)과 동일한 효력을 가진다(노동조합법 제61조 제3항).

공무원조정위원회(조정위원회의 또는 단독조정인)는 관계 당사자가 조정위원회가 제시한 조정안에 대하여 수락을 거부하여 더 이상 조정이 이루어질 여지가 없다고 판단되는 경우에는 조정의 종료를 결정하고, 이를 관계 당사자 쌍방에게 통보하여야 한다(노동조합법 제60조 제2항).

3 노동쟁의와 중재

(1) 중재의 의의

중재(仲裁, arbitration)는 법원이 아닌 제3자가 중재자로 분쟁에 개입하여 당사자를 구속하는 중재안을 제시하는 절차이다. 알선 및 조정과는 달리 중재는 당사자가 아닌 제3자가 그의 의사결정에 의하여 분쟁을 해결하는 노사자치의 원칙에 반하는 제도이다. 따라서 노동쟁의 조정제도는 알선과 조정을 원칙으로 하고, 중재는 앞의 두 가지 절차가 실패하거나 국민경제에 심각한 영향을 줄 가능성이 높은 쟁의행위에 한하여 예외적으로 적용한다.

(2) 중재 과정

중앙노동위원회는 다음 각 호의 1에 해당하는 경우에는 지체없이 중재를 행한다(공무원노조법 제13조).

중재의 결정(공무원노조법 제13조)

1. 제8조의 규정에 의한 단체교섭이 결렬되어 관계 당사자 양쪽이 함께 중재를 신청한 경우
2. 제12조에 따른 조정이 이루어지지 아니하여 제14조에 따른 공무원노동관계조정위원회(公務員勞動關係調整委員會) 전원회의에서 중재 회부를 결정한 경우

공무원조정(調整)위원회(중재위원회)는 기일을 정하여 관계 당사자 쌍방을 출석하게 하여 주장의 요점을 확인하여야 한다(노동조합법 제66조 제1항). 중재재정(仲裁裁定)은 효력 발생 기일을 명시한 서면으로 행하며(노동조합법 제68조 제1항), 중앙노동위원회는 중재를 한 때에는 지체없이 그 중재재정서((仲裁裁定書)를 관계 당사자에게 각각 송달하여야 한다(노동조합법 시행령 제29조).

중재재정의 해석 또는 이행방법에 관하여 관계 당사자 간에 의견 불일치가 있는 때에는 당해 중재위원회의 해석에 따르며, 그 해석은 중재재정과 동일한 효력을 가진다(노동조합법 제68조 제2항).

(3) 중재재정의 확정과 행정소송

당사자는 중앙노동위원회의 중재재정이 위법(違法)하거나 월권(越權)에 의한 것이라고 인정하는 경우에는 행정소송법 제20조의 규정에 불구하고 그 중재재정서의 송달을 받은 날부터 15일 이내에 중앙노동위원회 위원장을 피고로 하여 행정소송을 제기할 수 있다. 중앙노동위원회의 중재재정은 행정소송의 제기에 의하여 그 효력이 정지되지 아니한다(공무원노조법 제16조 제1항).

15일 이내에 행정소송을 제기하지 아니한 때에는 그 중재재정은 확정되며, 관계 당사자는 이에 따라야 한다. 확정된 중재재정의 내용은 단체협약과 동일한 효력을 가진다. 중앙노동위원회는 필요한 경우 확정된 중재재정의 내용을 국회, 지방의회, 지방자치단체의 장 등에게 통보할 수 있다(공무원노조법 제16조 제5항 내지 제6항).

이상 공무원 노조의 노동쟁의에 대한 조정과 중재과정을 알기 쉽게 제시하면 [그림 7-1]과 같다.

[그림 7-1] 공무원노조의 노동쟁의 조정과 중재과정

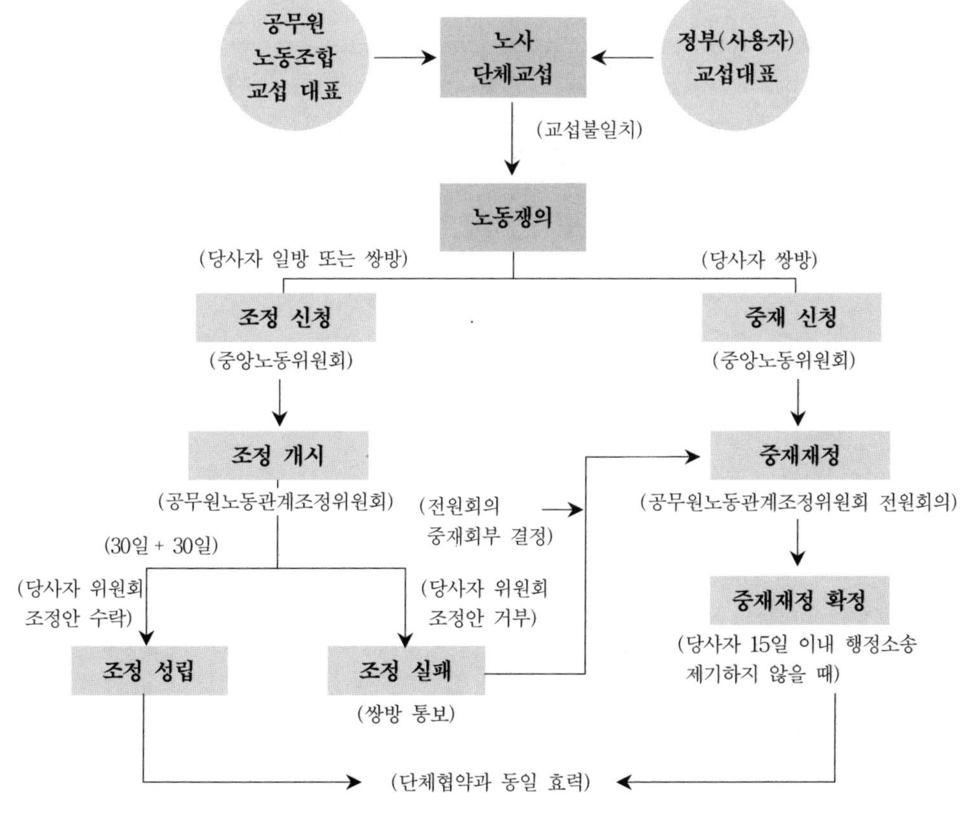

자료: 해당 법령을 바탕으로 저자가 작성함.

제 4 절 부당노동행위제도

(1) 부당노동행위의 의의

부당노동행위제도는 1935년 미국의 와그너법(연방노사관계법)에서 최초로 법제화되어 많은 국가에서 이 제도를 도입하여 시행하고 있다. 부당노동행위란 근로자 또는 노동조합의 근로3권 실현 활동에 대한 사용자의 침해 내지 간섭행위를 말한다(김유성, 2004).

우리나라 노동조합법은 사용자의 부당노동행위를 열거하면서 이러한 행

사용자의 부당노동행위 유형(노동조합법 제81조)

1. 근로자가 노동조합에 가입 또는 가입하려고 하였거나 노동조합을 조직하려고 하였거나 기타 노동조합의 업무를 위한 정당한 행위를 한 것을 이유로 그 근로자를 해고하거나 그 근로자에게 불이익을 주는 행위
2. 근로자가 어느 노동조합에 가입하지 아니할 것 또는 탈퇴할 것을 고용 조건으로 하거나 특정한 노동조합의 조합원이 될 것을 고용 조건으로 하는 행위. 다만, 노동조합이 당해 사업장에 종사하는 근로자의 3분의 2 이상을 대표하고 있을 때에는 근로자가 그 노동조합의 조합원이 될 것을 고용 조건으로 하는 단체협약의 체결은 예외로 하며, 이 경우 사용자는 근로자가 당해 노동조합에서 제명된 것을 이유로 신분상 불이익한 행위를 할 수 없다.
3. 노동조합의 대표자 또는 노동조합으로부터 위임을 받은 자와의 단체협약 체결 기타의 단체교섭을 정당한 이유 없이 거부하거나 해태(懈怠)하는 행위
4. 근로자가 노동조합을 조직 또는 운영하는 것을 지배하거나 이에 개입하는 행위와 노동조합의 전임자에게 급여를 지원하거나 노동조합의 운영비를 원조하는 행위. 다만, 근로자가 근로시간 중에 제24조 제4항에 따른 활동을 하는 것을 사용자가 허용함은 무방하며, 또한 근로자의 후생자금 또는 경제상의 불행 기타 재액의 방지와 구제 등을 위한 기금의 기부와 최소한의 규모의 노동조합사무소의 제공은 예외로 한다.
5. 근로자가 정당한 단체행위에 참가한 것을 이유로 하거나 또는 노동위원회에 대하여 사용자가 이 조의 규정에 위반한 것을 신고하거나 그에 관한 증언을 하거나 기타 행정관청에 증거를 제출한 것을 이유로 그 근로자를 해고하거나 그 근로자에게 불이익을 주는 행위

위를 금지하고 있다(노동조합법 제81조).

(2) 부당노동행위의 구제신청

현행 노동조합법상 사용자의 부당노동행위로 인하여 그 권리를 침해당한 공무원 근로자 또는 공무원노동조합은 노동위원회에 그 구제를 신청할 수 있다. 구제의 신청은 부당노동행위가 있은 날(계속하는 행위는 그 종료일)부터 3월 이내에 이를 행하여야 한다(노동조합법 제82조).

노동위원회는 노동조합법 제82조의 규정에 따라 사용자의 부당노동행위에 대하여 공무원 또는 노동조합으로부터 구제신청을 받은 때에는 지체없이 그 사실을 상대방인 행정관청과 소관 소청심사위원회에 통보하여야 한다(공무원노조법 시행령 제13조).

노동위원회는 구제신청을 받은 때에는 지체없이 필요한 조사와 관계 당사자의 심문을 하여야 하며, 심문을 할 때에는 관계 당사자의 신청에 의하거나 그 직권으로 증인을 출석하게 하여 필요한 사항을 질문할 수 있다. 아울러 노동위원회는 심문을 할 때 관계 당사자에 대하여 증거의 제출과 증인에 대한 반대 심문을 할 수 있는 충분한 기회를 주어야 한다(노동조합법 제83조 제1항 내지 제3항).

(3) 부당노동행위의 구제명령

노동위원회는 부당노동행위에 대한 심문을 종료하고 부당노동행위가 성립한다고 판정한 때에는 사용자에게 구제명령을 발하여야 하며, 부당노동행위가 성립되지 아니한다고 판정한 때에는 그 구제신청을 기각하는 결정을 하여야 한다. 판정·명령 및 결정은 서면으로 하되, 이를 당해 사용자와 신청인에게 각각 교부하여야 한다. 관계 당사자는 구제명령이 있을 때에는 이에 따라야 한다(노동조합법 제84조).

지방노동위원회 또는 특별노동위원회의 구제명령 또는 기각 결정에 불복이 있는 관계 당사자는 그 명령서 또는 결정서의 송달을 받은 날부터 10일 이내에 중앙노동위원회에 그 재심을 신청할 수 있다. 중앙노동위원회의 재심 판정에 대하여 관계 당사자인 기관의 장 또는 공무원 또는 공무원노동조합은 그 재심판정서의 송달을 받은 날부터 15일 이내에 행정소송법이 정하는 바에 의하여 소를 제기할 수 있다. 15일 이내에 재심을 신청하지 아니하거나 행정소송을 제기하지 아니한 때에는 그 구제명령·기각 결정 또는 재심판정은 확정되고 관계 당사자는 이에 따라야 한다(노동조합법 제85조).

사용자(기관의 장)가 구제명령에 불복하여 이의 취소소송으로 행정소송을 제기한 경우에 관할법원은 중앙노동위원회의 신청에 의하여 판결이 확정될 때까지 중앙노동위원회의 구제명령의 전부 또는 일부를 이행하도록 명하는 결정을 내릴 수 있다. 이를 긴급이행명령이라고 한다(노동조합법 제85조; 김유성, 2004). 아울러 관할법원은 이전에 결정한 긴급이행명령이 유지되기에 부적절한 경우 당사자의 신청에 의하거나 또는 관할법원이 직권으로 그 결정을 취소할 수 있다.

[그림 7-2] 부당노동행위 구제과정

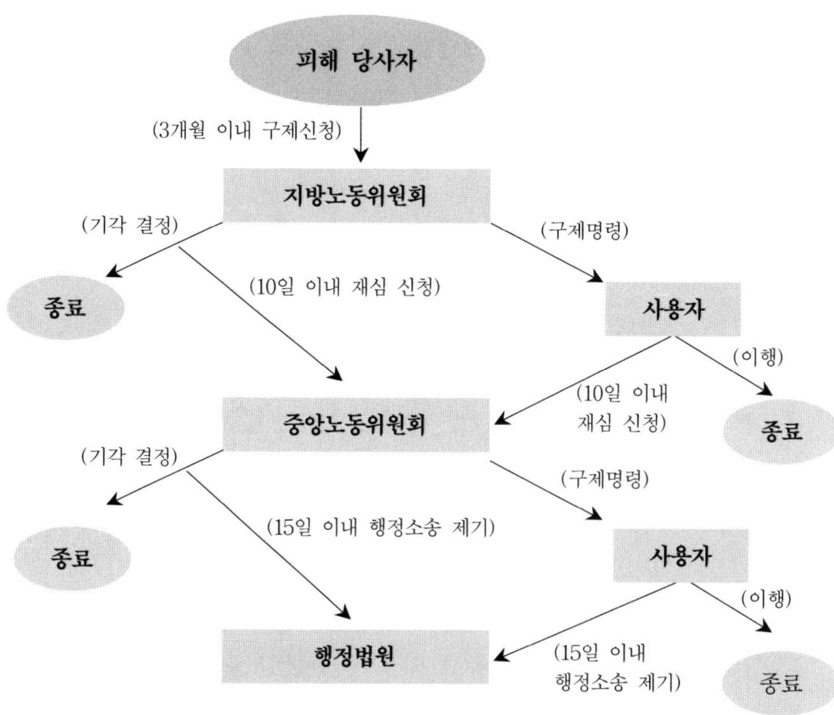

자료: 해당 법령을 바탕으로 저자가 작성함.

지방노동위원회 또는 특별노동위원회의 구제명령 또는 기각결정에 불복이 있는 관계 당사자가 중앙노동위원회에 재심신청을 하거나, 중앙노동위원회의 재심판정에 불복한 관계 당사자가 행정소송을 제기하더라도 그 효력은 정지되지 아니한다(노동조합법 제86조). 부당노동행위의 구제과정은 [그림 7-2]와 같다.

제5절 벌칙 제도

공무원노동조합 또는 그 조합원인 공무원이 쟁의행위를 금지한 법 규정을 위반하여 파업·태업 그 밖에 업무의 정상적인 운영을 저해하는 행위를 한 자는 5년 이하의 징역 또는 5천만원 이하의 벌금에 처할 수 있다(공무원노조법 제18조).

또한 노동조합법에서는 다음의 사항에 대하여는 500만원 이하의 벌금에 처하도록 규정하고 있으며(노동조합법 제93조), 이외에도 노동조합법에서는 관계 당사자의 위법행위에 대하여 벌금형 또는 과태료 등을 부과할 수 있는 규정을 두고 있다(노동조합법 제94조 내지 96조).

벌칙 규정(노동조합법 제93조)

1. 노동조합법에 의하여 설립되지 아니하면서 노동조합이라는 명칭을 사용하는 경우(제7조 제3항)
2. 노동조합의 규약이 노동 관계 법령에 위반한 경우 행정관청이 노동위원회의 의결을 얻어 그 시정을 내린 명령에 위반한 자(제21조 제1항)
3. 노동조합의 결의 또는 처분이 노동 관계 법령 또는 규약에 위반된다고 인정할 경우 행정관청이 노동위원회의 의결을 얻어 그 시정을 내린 명령에 위반한 자. 다만, 규약 위반 시의 시정명령은 이해관계인의 신청이 있는 경우에 한한다(제21조 제2항).
4. 단체협약 중 위법한 내용이 있는 경우 행정관청이 노동위원회의 의결을 얻어 그 시정을 내린 명령에 위반한 자(제31조 제3항)

한편, 공무원노동조합법은 제17조 제2항에서 동법에서 정하지 아니한 사항에 대해서는 제3항에서 정하는 경우를 제외하고는 노동조합법이 정하는 바에 따른다고 규정하고 있다. 이와 관련하여 주요 쟁점 사항은 부당노동행위제도와 중재재정의 효력과 관련한 벌칙 규정이다.

노동조합법에서는 사용자의 부당노동행위를 구체적으로 규정하고 있으며, 사용자의 부당노동행위로 권리를 침해당한 근로자나 노동조합은 노동위원회에 그 구제를 신청하도록 규정하고 있다. 아울러 제90조에서는 부당노동행위 금지규정을 위반한 자는 2년 이하의 징역 또는 2천만원 이하의 벌금에 처한다고 규정하였다.

교원노동조합법은 제14조에서 노동조합법의 부당노동행위 금지규정 위반행위에 대한 벌금규정을 따르도록 규정하고 있으나, 공무원노동조합법은 이 조항(노동조합법 제89조부터 제90조 벌칙규정)의 적용을 배제하여(공무원노조법 제17조 제3항) 정부가 부당노동행위를 하는 경우 이를 규제하거나 처벌할 근거가 없어 교원노조와 공무원노조의 형평성 문제가 나타난다.

현실적으로 교원노조의 경우 국공립학교와 사립학교가 존재하여 부당노

〈표 7-8〉 부당노동행위와 중재재정의 규정 비교

구분	부당노동행위		중재재정 효력
	규정	처벌	
노동조합법	사용자의 부당노동행위 금지규정(제18조)	위반한 자는 2년 이하 징역 또는 2천만원 이하 벌금 부과(제90조)	확정된 중재재정(제69조 제4항)을 따르지 않을 경우 2년 이하 징역 또는 2천만원 이하 벌금 부과(제90조)
교원 노동조합법	노동조합법(제90조) 적용하여 2년 이하 징역 또는 2천만원 이하 벌금부과(교원노조법 제14조 제1항)		확정된 중재재정을 따르지 않을 경우 2년 이하 징역 또는 2천만원 이하 벌금 부과(제15조)
공무원 노동조합법	별도의 규정이 없어 노동조합법 제81조의 부당노동행위 조항이 적용되고 부당노동행위구제신청(법 제82조)은 가능하지만, 공무원노조법 제17조 제3항에서 노동조합법 제90조의 처벌 규정 적용을 배제하여 실효성이 문제됨.		노동조합법 벌금 규정(제90조) 적용 배제(공무원노조법 제17조 제3항) 다만, 중재재정이 확정된 때에는 관계 당사자는 이에 따라야 한다(제16조 제3항)를 규정함.

자료: 각 해당 법률에서 저자가 재작성함.

동행위가 발생할 가능성이 매우 높은 현실을 고려할 때, 부당노동행위의 처벌규정은 합당하다고 본다. 공무원노조의 경우 중앙정부나 자치단체에서 부당노동행위가 발생할 가능성은 매우 낮아서 또는 다른 이유로 인하여 규정의 적용을 배제하였는지는 알 수 없지만, 정부도 부당노동행위를 야기할 가능성은 존재하는 만큼 이에 대한 규정이 검토되어야 할 것이다.

다음으로 교원노동조합법은 제15조 제2항에서 중앙노동위원회의 확정된 중재재정에 대하여 이를 따르지 아니한 경우에는 2년 이하의 징역 또는 2천만원 이하의 벌금에 처하도록 규정하였다. 그런데, 공무원노동조합법은 이러한 벌금규정을 두지 않아 두 법률상 형평의 문제와 함께 노동위원회의 중재재정에 대한 실효성 확보장치가 없다는 점에서 문제점을 제기할 수 있다.

제 6 절 공무원노동조합의 현황

1 공무원노조 형성과정

대한민국 공무원이 노동조합 관련 법률은 2005년 1월 27일 법률 제7380호로 제정되어 2006년 1월 28일부터 시행되었다. 공무원노동조합은 이전 공무원직장협의회 관련 법령이 제정(1999년 1월 1일부터 설립 허용)되면서부터 출발하였는데, 당시 산업자원부(1월 12일)를 시발로 직장협의회가 설립되었다.

이후 직장협의회에 대한 관심이 증대되면서 직장협의회 대표를 중심으로 간담회 활동이 이루어지고 점차 발전연구회로 활동하면서 2000년 2월 19일 '전국공무원직장협의회 발전연구회(이하 전공연)'를 조직하였다. 전공연은 2000년 3월 18일 제8차 간담회에서 공식적으로 '공무원노조 허용'을 주장하였다.

전공연의 활동에 한계를 느낀 일부는 2001년 2월 3일 임시총회를 거쳐

'전국공무원직장협의회총연합(이하 전공련)'을 결성하고 노동권 회복을 통한 공무원의 복리증진을 주장하면서 형식적으로 전국단위의 공무원노조 모습을 갖추기 시작하였다.

전공련은 공무원노조의 합법화와 정기국회에서 공무원노조 법안 통과를 주장하면서 2001년 6월 30일 법외노조 추진기획단을 구성하여 활동하였다. 이후 정부의 반대에도 불구하고 2002년 3월 23일 '전국공무원노동조합(이하 전공노)'을 출범시켰다.

전공노는 공무원노동조합법에 제정된 이후에 2009년 9월 (구)전국공무원노조·전국민주공무원노조·법원공무원노조가 전국공무원노동조합으로 합병할 것을 결의하였다. 2009년 12월 1일 고용노동부에 (가칭)전국공무원노동조합(<가칭>전공노) 설립신고서를 제출하였으나, 해직자 문제 소명 및 규약 제정 절차상 하자 등에 대한 보완요구로 반려된 후 일부를 보완하여 2010년 2월 25일 다시 설립신고서를 제출하였으나 (구)전공노 해직자(82명)가 배제되지 않았고, 산하 지부장 중 8명이 노조가입이 금지된 소위 '업무총괄자'라는 이유로 반려되자, 서울행정법원에 소송을 제기하였다. 이에 서울행정법원은 고용노동부의 반려처분이 적법하다는 판결을 하였으며(고용노동부 홈페이지, www.molab.go.kr), 2012년 현재 '전국공무원노동조합(전공노, www.kgeu.org)'은 법외노조인 상태이다.

한편, 전공연에 잔류한 직장협의회들은 2001년 8월 4일 '대한민국 공무원노동조합 준비위원회(공노준)'를 결성하여 본격적으로 공무원노동조합 준비에 착수하기 시작하였다. 공무원과 한국노총 관계자들이 참석하여 공노준은 2002년 3월 16일 '대한민국 공무원노동조합 총연맹(대공련)'을 출범시켰다.

전국목민노동조합총연맹(2004년 4월 21일 결성)과 대공련, 그리고 서울특별시공무원노동조합연맹(2002년 12월 3일 결성)은 2004년 7월 23일 '공무원노동조합총연맹(공무원노총, www.gnch.or.kr)을 결성하고, 2006년 9월 4일로 합법노조로 전환하였다.

공무원노총은 수차례의 단체교섭을 통하여 2007년 12월 14일 최초로 대정부교섭 협약을 체결하였다. 공무원노총은 2010년 11월 약칭을 '공무원노총'에서 '공노총'으로 변경하였다.

2 공무원노총의 출범

공노총은 2012년 6월 20일 4개 연맹인 행정부공무원노동조합(행공노, www. clunion. org), 전국시 · 도교육청공무원노동조합(교육청노조, www.edu-gnch.or.kr), 전국광역자치단체공무원노동조합연맹(광역연맹, www.hi16.co.kr), 기초연맹으로 구성되는 '대한민국공무원노동조합총연맹(공무원노총, www.gnch.or.kr)을 출범시켰다.

공무원노총의 설립신고일은 2012년 7월 17일자로 고용노동부로부터 설립신고증을 받았다. 공무원노총은 중앙부처 18개 노조, 시 · 도교육청 14개 노조, 광역시 · 도청 12개 노조, 기초자치단체 27개 노조로 구성되었으며 노조원은 약 11만여 명이다.

공무원노총은 홈페이지를 통하여 향후 통합의 시너지 효과를 극대화하여 대정부교섭 추진, 공무원노동조합법 개정, 공무원 보수 교섭 실시, 완전한 근속승진 쟁취, 교육청 소속 지방공무원의 차별 개선 등 조합원들의 근무여건 개선과 공직사회 내부의 부정부패를 척결하고 잘못된 제도와 관행 철폐에 앞장서 국민에 신뢰받는 노조가 되겠다고 선언하였다. 아울러 통합 이후의 내부 조직 정비를 하면서 2012년 11월 말까지 선거를 통하여 단일 체제로 전환하여 공무원 최대 조직의 위상을 갖추겠다는 입장을 밝혔다.

이상의 공무원노동조합과 관련한 형성 과정을 간략하게 제시하면 [그림 7-3]과 같다.[12)]

---

12) 나머지 공무원노동조합의 현황 자료는 해당 조합의 홈페이지를 통하여 확인하는 것이 적합하다고 본다. 그 이유는 그동안 공무원노동조합의 형성 과정에서 살펴보았듯이, 조직과 명칭 등의 변경이 빈번하고, 조만간에 또 다른 변화가 예상되는 상황에서 모든 노동조합의 현황을 설명하는 것은 현 시점에서 그 실익이 적다고 보기 때문이다. 앞으로 우리나라에서 공무원노동조합이 어느 정도 정착되어 안정되는 경우 구체적으로 분석하고 설명하는 것은 충분한 가치가 있으며, 이의 작업은 차후 개정작업으로 미루고자 하며 독자의 양해를 구한다.

[그림 7-3] 공무원노동조합 결성 과정

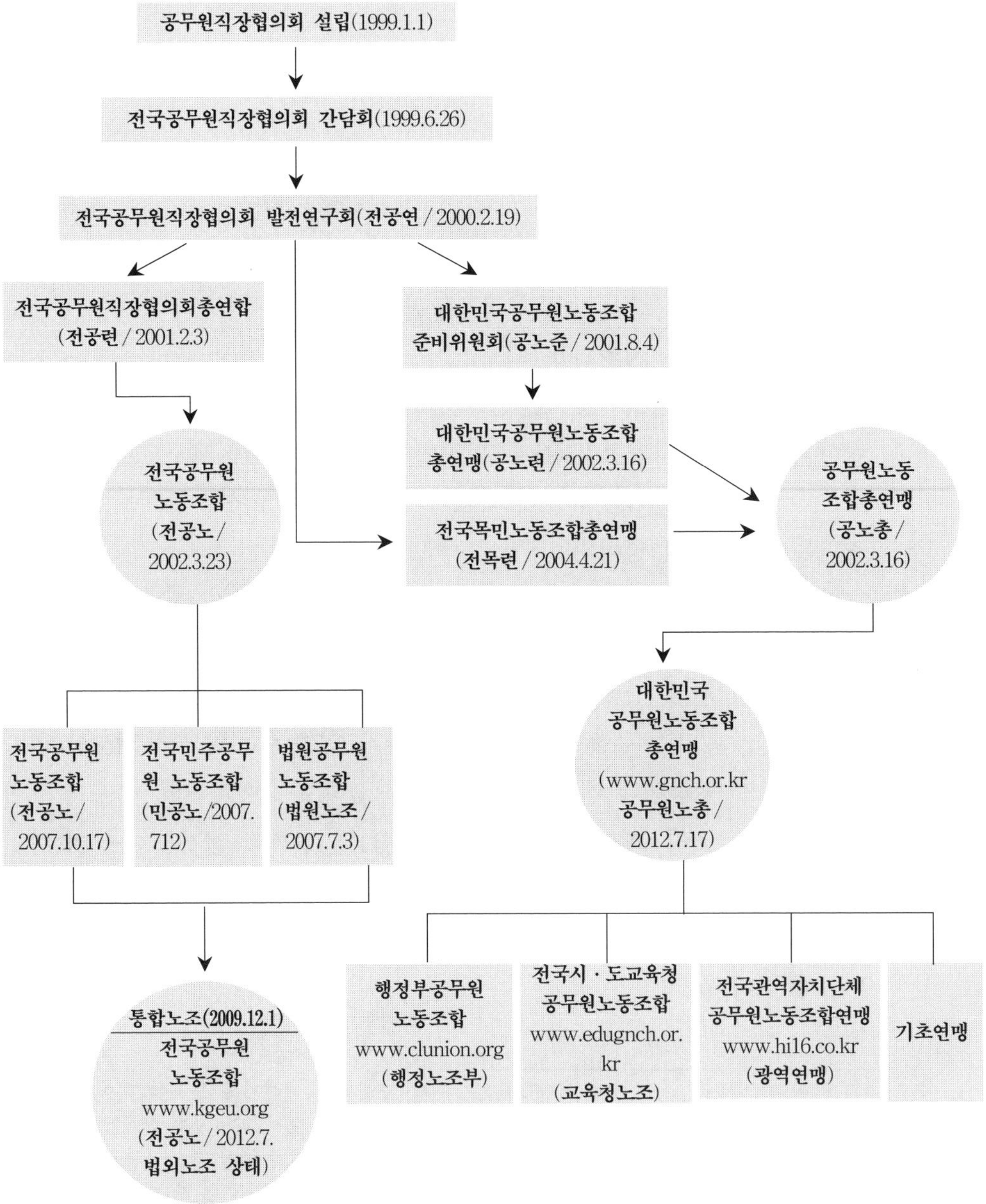

자료: 관련 자료를 바탕으로 저자가 작성함.

3 공무원노동조합 현황

대한민국의 공무원노동조합 현황은 2012년 8월 현재 국내외적 상황으로 인하여 많은 변화를 예고하고 있다. 2010년 8월의 공무원단체 기본 현황은 <표 7-9>와 같이 공무원노조는 98개 단체에 약 16만여 명이 가입하여 54.1%의 가입률은 나타내고 있다. 행정부에는 행정부공무원노동조합(행공노), 중앙행정기관공무원노동조합(중행노)이 있으며, 헌법기관에는 법원공무원노동조합이 있다.

지방자치단체에는 62개, 교육청은 21개의 노동조합이 있으며, 전국단위는 전국민주공무원노동조합(민공노), 전국통합기능직공무원노동조합(기공노), 한국공무원노동조합(한공노), 연합단체는 9개가 있다.

구체적인 현황은 다음 <표 7-9, 10, 11>과 같다.

〈표 7-9〉 공무원노조 기본 현황

(2010.8.31. 현재)

구분	단체 수(개)	가입 인원(명)	가입비률(%)	비고
합계	241	191,481	64.0	• 공무원 수: 96만여 명 • 가입 대상: 30만여 명
공무원노조	98	161,738	54.1	
직장협의회	143	29,743	9.9	

자료: 고용노동부 내부자료(2010).

〈표 7-10〉 공무원노조 조직 형태별 현황

(2010.8.31. 현재)

합계		연합(A)		전국(B)		법원(C)		행정부(D)		지자체(E)						교육청(F)	
										소계		시·도		시·군·구			
조합 수	조합 원 수	조합 수	조합 원 수	조합 수	조합 원 수	조합 수	조합 원 수	조합 수	조합 원 수	조합 수	조합 원수	조합 수	조합원 수	조합 수	조합원 수	조합 수	조합원 수
98	161,738	9		3	59,735	1	7,500	2	22,951	62	43,786	18	23,564	44	20,222	21	27,756

※ 노동조합 가입 대상 공무원 29만 9천여 명 중, 54.1%인 98개 노조 161,738명 가입.
자료: 고용노동부 내부자료(2010).

〈표 7-11〉 공무원노조 단위 및 기관별 현황

(2010.8.31. 현재)

<table>
<tr><th>구분</th><th>명칭(약칭)</th><th>설립일</th><th>조합원 수(명)</th><th>소속 노조(지부)</th></tr>
<tr><td rowspan="9">연합단체(9개)</td><td>공무원노동조합총연맹(공노총)</td><td>2006.9.4</td><td>41,722</td><td>38개
행공노, 전북연맹(9개), 전남연맹(7개), 서울연맹(4개), 대전연맹(4개), 충남교육청, 대구시, 인천시, 인천남동구, 대전시, 광주시, 광주남구, 보은군, 아산시</td></tr>
<tr><td>전국시도교육청공무원노동조합(교육청노조)</td><td>2006.5.16</td><td>23,457</td><td>12개
부산시, 인천시, 광주시, 대전시, 울산시, 경기도, 충북도, 전북도, 전남도, 경북도, 경남도, 제주시</td></tr>
<tr><td>전라북도공무원노동조합연맹(전북연맹)</td><td>2006.9.1</td><td>6,423</td><td>9개
전북도, 군산시, 김제시, 완주군, 진안군, 임실군, 고창군, 정읍시, 익산시</td></tr>
<tr><td>서울특별시공무원노동조합연맹(서공련)</td><td>2006.11.21</td><td>852</td><td>2개
서울시, 강서구</td></tr>
<tr><td>공무원노동조합전남연맹(전남연맹)</td><td>2007.8.6</td><td>2,355</td><td>7개
전남도, 담양군, 보성군, 영광군, 완도군, 함평군, 화순군</td></tr>
<tr><td>한국공무원노동조합연맹(한공연)</td><td>2007.11.16</td><td>3,898</td><td>4개
서울・충남교육기관, 부산교육청민주, 인천교육청기능직</td></tr>
<tr><td>대전공무원노동조합연맹(대전연맹)</td><td>2008.1.14</td><td>1,897</td><td>4개
대전시 동구・대덕구・중구・유성구</td></tr>
<tr><td>서울지역공무원노동조합연맹(서울연맹)</td><td>2009.8.5</td><td>1,791</td><td>4개
서울특별시, 동대문구, 강서구, 송파구</td></tr>
<tr><td>전국광역자치단체공무원노동조합연맹(전광연)</td><td>2009.11.20</td><td>10,670</td><td>7개
부산시, 울산시, 경기도, 강원도, 충북도, 충남도, 제주도</td></tr>
<tr><td>전국단위(3개)</td><td>전국통합기능직공무원노동조합(기공노)</td><td>2006.2.2</td><td>4,560</td><td>11개
서울시・인천시・대구시・경기도・전북・전남・경남・충북・강원도교육청, 부경대, 방송대, 기타</td></tr>
</table>

	한국공무원노동조합 (한공노)	2006.4.27	791	7개 서울 중구·동작구·종로구·강서구·서대문구·마포구·인천중구지부
	전국민주공무원노동조합 (민공노)	2007.7.10	54,394	11개 본부, 85개 지부
법원 (1개)	법원공무원노동조합	2007.7.3	7,500	5개 본부, 27개지부
행정부 (2개)	행정부공무원노동조합 (행공노)	2006.9.6	20,225	16개 통일부, 외통부, 문체부, 지경부, 국해부, 복지부, 보훈처, 통계청, 경찰청, 소방청, 특허청, 중기청, 문화재청, 산림청, 방통위, 국립대
	중앙행정기관공무원노동조합 (중행노)	2010.6.14	2,726	3개 환경부, 통계청, 농림수산식품부(국립종자원, 식물검역원, 품질관리원)

※ 법외노조: 전공노(통합공무원노조) = 민공노 + 전공노 + 법원노조
자료: 고용노동부 내부자료(2010).

Chapter 08 미국의 공무원 노동기본권

제1절 미국 공무원의 단결권

1 연방공무원의 단결권

미국 정부에서 공무원의 조직화는 민간부문보다 매우 늦게 등장하였는데, 연방공무원들을 대표하는 최초의 노동조합은 1830년대에 나타났다. 이 조합은 정부공무원에 국한되지 않았다. 지방노동조합들은 공무원과 민간부문의 근로자들로 조직화되었고, 전국교육협회(National Education Association)의 전신인 미국교육협회(American Institute of Instruction)는 이미 1830년에 설립되었다(Coleman, 1990: 35; 백종섭, 1991a).

19세기에 정부인쇄국(Government Printing Office), 해군조선소(Navy Yards), 무기공장(Arsenals)과 다른 군대조직에서 육체노동의 임금노동자들이 유일하게 실질적인 노동조직을 만들었다. 이 조직은 노동조합을 반대하는 관리자들이 해고 등의 압력을 가해 매우 느리게 성장하였다.

그러나, 1904년에 공작기계 숙련공들의 국제협회(International Association of Machinists)가 44개 지역에 설립되어 활동할 수 있게 되었으며, 1890~1911년 사이에 4개의 우편배달부노조가 탄생하였다.

1830년대부터 연방 고용 부문에 노동조직들이 존재하였으나, 1960년까지는 몇몇 조직(Tennessee Valley Authority, Bonneville Power Administration)을 제외한 모든 조직이 노동조합으로 인정되지 않았다.

1883년 연방의 실적제도를 규정한 펜들턴법(Pendleton Act)이 제정되었고, 연방근로자의 근로조건, 근로시간, 임금은 의회에 부여하였으며 근로자들의 단체교섭은 허용하지 않았다. 근로자들은 조직화를 위하여 다방면으로 광범위하게 노력하였지만, 루스벨트(T. Roosevelt, 1902년) 대통령과 태프트(W. H. Taft, 1906년) 대통령은 근로자단체들이 임금과 근로조건 등을 개선하기 위하여 의회에 로비하는 것을 금지하는 명령을 발하였다. 이러한 '금지규정(gag rules)'은 1912년까지 연방노동조합을 억압하였다.

1912년 로이드-라폴레트법(Lloyd-LaFollette Act)은 연방근로자들에게 의회청원권과 연방정부에 파업하지 않는 노동조직에의 가입권을 보장하였다. 그러나 노사관계는 계속 관리자에 의하여 일방적으로 결정되었다(Kearney & Carnevale, 2001: 48-49).

즉, 1912년에 로이드-라폴레트법은 공무원의 단체구성권을 인정하되, 그 단체가 미국 정부에 대하여 파업에의 참가를 의무화하거나 파업을 원조하는 것을 제안하는 단체에는 가입을 금지하고 있다(Siegel & Myrtle, 1985: 32). 이 법률은 또한 공무원이 이 법률에서 인정하는 단체의 회원이거나 의회나 국회의원에게 개인이나 집단으로 청원, 정보제공 등으로 인하여 불이익을 받거나 간섭받지 않는다고 규정하고 있다. 이 조항은 체신부 직원에 대한 단결권의 승인을 규정하고 있지만, 사실상 기득권으로 되어 왔던 다른 연방공무원의 단결권을 법문상 재확인하게 되었고, 그동안 공무원이 그들의 근로조건을 개선하기 위하여 사용하였던 의회에 대한 로비활동을 금지한 루스벨트 대통령과 태프트 대통령의 '금지규정'을 폐지하는 목적도 가지고 있었다(Coleman, 1990: 62; Godine, 1967: 64-66).

그러나 이 법률은 단체교섭은 인정하지 않았으며, 1924년의 카이스법(Keiss Act)은 정부인쇄국 공무원에게만 단체교섭을 인정하였고, 1939년의 해치법(Hatch Act)은 연방공무원의 정치활동에 제약을 가하는 규정을 두었다(Coleman, 1990: 62-63; Stahl, 1983: 423).

이와 달리 민간부문에서의 노동관계 및 단체교섭은 1926년의 철도노동자법(Railway Labor Act of 1926)과 1935년의 국가노사관계법(National Labor Relations Act of 1935: NLRA, 일명 와그너법, Wagner Act), 1947년의 노사관계법(Labor Management Relations Act of 1947, 일명 태프트-하틀리법, Taft-Hartley Act)에 의하여 지배되었다.

NLRA는 민간부문 근로자들의 단결권, 단체교섭권 및 단체행동권(파업권)을 인정하였으나, 공무원들은 적용을 배제하였다. NLRA는 국가노사관계위원회(National Labor Relation Board : NLRB)를 설립하여 노동자들의 권익을 보호하기 위하여 활동하고 있다. 1947년 태프트-하틀리법은 노사간 힘의 균형을 유지하기 위하여 사용자의 단체교섭력 강화를 지원하였다. 이 법에 의하여 설립된 연방조정알선청(Federal Mediation and Conciliation Service : FMCS)은 건전한 노사관계를 확립하기 위하여 민간부문은 물론 공공부문의 분쟁해결을 주도하고 있다.

그런데, 노동자조직의 강력한 지지로 1961년 선거에서 당선한 제35대 케네디(J. F. Kennedy) 대통령은 연방공무원의 노사관계 프로그램을 위한 태스크포스에 노동부장관인 골드버그(Arthur Goldberg)를 임명하였다. 그 팀이 제안한 연방공무원의 노사관계에 관한 안으로 1962년 1월 17일에 노사협력에 관한 대통령령 제10998호에서 연방정부의 공무원은 노동조합을 결성하고, 이에 가입할 권리와 단체교섭을 보장한다고 공표하였다. 이 명령은 FBI, CIA 그리고 안보에 관련된 자를 제외한 거의 모든 연방공무원을 포괄하고 있다(Kearney & Carnevale, 2001: 49).

아울러 대통령령 제10998호는 노동조직에 대하여 세 가지 형태의 승인을 인정하였다. 먼저 비공식적 승인(informal recognition)은 근로자의 최소한을 대표하는 모든 조직이며, 공식적 승인(formal recognition)은 최소한 10% 이상의 근로자를 대표하는 조직이고, 배타적 승인(exclusive recognition)은 단위 근로자의 과반수 지지를 얻은 조직으로 노조에 의하여 대표되는 협상단위의 모든 구성원에게 영향을 미치는 근로조건, 노동정책 등에 대하여 해당 관리자와 협의할 수 있다(Kearney & Carnevale, 2001: 49).

이 명령의 기본적인 정책 방향은 이후 세 대통령－제36대 존슨(L. B.

Johnson, 1963-1969), 제37대 닉슨(R. M. Nixon, 1969-1974), 제38대 포드(G. R. Ford, 1974-1977)-에 의하여 확장되었다.

이어 제39대 카터(J. Carter) 대통령 때 제정된 1978년의 공무원제도개혁법(CSRA : Civil Service Reform Act, 1978. 일명 연방노사관계법, the Federal Service Labor Management Relations Statute)에 잘 나타나 있다. 즉, 연방공무원은 노동단체를 결성하고 가입할 권리를 보장하며, 각 부 또는 기관은 단위조직에 속하는 공무원의 과반수가 비밀투표로 선택한 단체에 대하여 배타적 승인을 인정하도록 하였다(Coleman, 1990: 64-68). 연방공무원의 단결권, 단체교섭권을 처음으로 법으로 인정한 것이다. 다만, 단체행동권은 인정하지 않았다. 이 법률에 의하여 공무원의 노사관계를 다루는 연방노사관계위원회(Federal Labor Relations Authority : FLRA)가 설립되었다.

연방공무원의 단결권과 단체교섭권을 인정한 CSRA 제7장은 노동기본권이 보장되지 않는 근로자를 규정하고 있다(행정자치부, 2004 : 100; CSRA, Chapter 71).

노동기본권이 보장되지 않는 연방공무원(CSRA Chapter 71)

① 미합중국 이외의 곳에서 근무하는 미합중국 시민이 아닌 자 또는 외국인
② 제복을 입고 근무하는 직종의 구성원[1)]
③ 중간관리자(supervisor)[2)] 또는 고위관리자(management official)[3)]
④ 국무부, 국제통신국(International Communication Agency), 국제개발국(Agency for International Development), 농림부 또는 상무부에 소속되어 있으며 미합중국의 해외 업무를 담당하는 공무원 또는 근로자
⑤ CSRA Section 7311에 위배되는 파업에 참여한 자

1) 사회안정보장법(Social Security Act)의 정의에 의하면, 육·해·공군, 해병대, 해안경비대, 예비군, 주 방위군 등을 포함한다.

2) 중간관리자를 다음과 같이 정의하고 있다. 기관에 고용된 자로서 기관의 이익을 위하여 근로자의 고용, 지도, 책임 부여, 승진, 보상, 전보, 휴직, 일시 해고, 정직, 징계 또는 면직에 대한 권한과 근로자의 민원을 조정할 권한, 또는 그러한 조치를 효과적으로 권고할 권한을 가진 자를 의미하며, 이때 상기의 권한 행사는 본질적으로 단순히 일상적인 업무에 해당되지 않지만 일관되고 독립된 판단이 요구된다. 다만, 소방관이나 간호사를 포함하는

한편, 노조 설립이 금지되는 기관은 회계검사원, 연방수사국 등 9개 기관으로 구체적인 기관은 <표 8-1>과 같다(행정자치부, 2004: 100-101).

〈표 8-1〉 공무원노조 설립금지 연방정부기관

① 회계검사원(General Accounting Office)
② 연방수사국(Federal Bureau of Investigation)
③ 중앙정보국(Central Intelligence Agency)
④ 국가안전보장청(National Security Agency)
⑤ 테네시계곡개발공사(Tennesse Valley Authority)
⑥ 연방노사관계위원회(Federal Labor Relations Authority)
⑦ 연방중재위원회(Federal Service Impasses Panel)
⑧ USSS(United States Secret Service)
⑨ USSSUD(United States Secret Service Uniformed Division)

2 주(State)공무원의 단결권

주(State)의 공공부문 근로자에 대한 노동기본권의 보장 여부는 각 주의회의 입법권에 의하여 규정된다. 1950년대 이후 공공부문 노동조합들이 단체교섭권을 인정하라는 요구에 따라 일부 주에서는 단결권과 단체교섭권을 인정하는 주 법률을 제정하기도 하였으나, 일부 주에서는 단결권까지 금지하는 법률을 제정하기도 하였다.

이와 관련하여 1969년 애트킨스 대(對) 샬럿 시(市)(Atkins v. City of Charlotte) 사건에서 미국 지방법원(U.S. District Court)은 행정공무원 및 소방공무원들이 노동조직의 구성원이 되거나 가입하는 것을 금지한 북캐롤라이나(North Carolina) 주 법률은 결사의 자유와 수정헌법 제14조의 평등한 보호조항을 위반하여 효력이 없다고 결정하였다(Kearney & Car-

조직의 경우에 중간관리자에는 근로 시간의 상당 부분을 상기 권한의 행사에 우선적으로 할당하는 자를 포함한다(행정자치부, 2004: 102).

3) 고위관리자란 기관에 고용된 자로서 기관정책을 구성 또는 결정하거나 정책에 영향을 주는 업무를 수행할 의무와 책임을 지닌 직위에 있는 자를 의미한다(행정자치부, 2004: 102).

nevale, 2001: 47).

이후 각 주에서는 공공부문 근로자에 대하여 단체교섭권을 인정하는 법률을 제정하고 있다. 주 또는 지방공무원의 조직화는 1930년대를 중심으로 AFL-CIO 산하에 AFSCME(American Federation of State, County and Municipal Employees)와 SCME(State, County and Municipal Employees) 2개의 전국적인 지방공무원조합이 탄생하였고, 이후 1957년에는 AFSCME로 통합되었다(Coleman, 1990: 44-47).

1962년 케네디 대통령의 대통령령 제10988호가 발표된 지 3주 후에 위스콘신(Wisconsin) 주가 최초로 주법으로 공무원의 단결권과 단체교섭권을 인정하였다. 이 위스콘신 주의 법은 곧 다른 주의 모델이 되어 1962년까지 여러 개의 주와 몇몇의 시가 뒤를 따랐다(Coleman, 1990: 68-69).

제 2 절 미국 공무원의 단체교섭권

1 연방공무원의 단체교섭권

1960년 전까지는 어떠한 공무원에게도 단체교섭을 인정한 법률은 없었으며, 몇몇 법원의 판결도 사실상 이를 금지하였다. 그러나, 많은 지방자치단체와 학교 당국은 단결과 교섭을 인정하였으며, 이를 통하여 체결된 협약은 승인되었다. 대표적으로 1939년에 필라델피아(Philadelphia) 주에서 비조직 공무원들이 파업하였을 때 시와 파업자들 간에는 상호 교섭을 위한 지도자들이 없자 미국지방공무원협회(AFSCME)에 중재를 의뢰하여 최초로 협약을 만들어냈고, 곧 이것은 모든 시의 임금 및 사무직 노동자들의 단체교섭에 기여하게 되었다(Coleman, 1990: 46).

1930년대에 제32대 루스벨트(F. D. Roosevelt, 1933-1945) 대통령은 뉴딜정책(New Deal policy)의 성공을 위하여 친근로자정책을 선택하여 1935

년에 유명한 와그너법(Wagner Act, NLRA: National Labor Relations Act, 국가노사관계법)을 통과시키고, 여기에서 민간 노동자의 단체교섭권을 보장하되 근로자의 과반수에 의하여 선출된 노동조합을 사용자가 인정하고 이들과 교섭하도록 규정하였다(Coleman, 1990: 41-42).

그러나, 공무원에게는 이러한 단체교섭권을 부정하였는데, 1937년 9월 26일 루스벨트 대통령은 전국연방공무원조합에 보낸 성명서에서 공무원의 단체교섭권을 부인하면서 그 이유로 "정부의 목적과 본질상 관리층 공무원들이 사용주로 구속되거나 대표되어 정부 공무원조직과 교섭하는 것을 불가능하게 하고 있다. 사용주는 전체 국민이며 국민은 그들의 대표자인 국회가 제정한 법률을 통하여 그들의 의사를 표현한다. 따라서 관리층 및 피관리층 공무원 모두는 법률 등에 의하여 제약되고 지도되기 때문"이라고 하였다(White, 1963: 423).

뉴딜정책 하에서 민간 노동운동의 활성화는 공무원의 노동조합운동에도 커다란 영향을 주어 정부당국과 공식 또는 비공식으로 사실상의 협약 또는 협정이 체결되었고, 미합중국 최고재판소도 1945년에 이러한 사실상의 협약이나 협정의 적법성을 인정하였다(한국지방행정연구원, 1986: 212).

1962년 케네디 대통령이 공표한 대통령령 제10998호는 하나의 단위 내에서 공무원의 다수를 대표하는 조합에 대해서는 유일한 교섭단체(배타적 대표단체)로 승인하였다. 또한 광범위한 조직을 갖지 않은 조합에 대해서도 연방정부의 각 부 또는 기관 내의 약간의 피용자를 대표하면 '비공식 승인'을, 10% 이상 50% 이하를 대표하면 '공식적 승인', 과반수를 대표하면 '배타적 승인(exclusive recognition)'을 하도록 규정하여 협상단위의 모든 구성원에게 영향을 미치는 근로 조건, 노동정책 등에 대하여 해당 관리자와 협의할 수 있도록 하였다(Kearney & Carnevale, 2001: 49; 한국지방행정연구원, 1986: 209-210; Stahl, 1983: 423; Siegel & Myrtle. 1985: 33).

연방공무원제도개혁법(CSRA, 1978)은 연방공무원에게 공무원이 뽑은 대표자를 통하여 고용조건에 대하여 단체교섭에 참가할 권리를 보장하고, 각 단위 조직의 과반수를 대표하는 단체에는 배타적 승인을 인정하며, 이 공무원단체와 단체교섭을 실시·협약을 체결하되 관리권에 속하는 사항에 대해서는 단체교섭은 영향을 줄 수 없도록 규정하였다(한국지방행정연구원, 1986: 212; Stahl, 1983: 423).

단체교섭을 할 수 있는 고용조건이란 근로조건에 영향을 미치는 각종 규정에 의하여 제정된 개개 근로자와 관련된 정책, 업무, 사건(personnel policies, practices, matters)으로 규정하고, 임금(wages), 편익(benefits), 금지된 정치적 활동, 노동조합 보장제도(union security arrangements), 직위분류(position classification)에 대해서는 협상할 수 없도록 배제하였다(Kearney & Carnevale, 2001: 53).

고용조건의 결정방법은 공무원들의 대표와 사전에 상의없이 고용주에 의하여 일방적으로 결정되는 방법, 사실상 또는 법적 규정에 의하여, 단체교섭에 의하여 결정되는 방법 및 제3자의 개입(중재 등)에 의한 방법이 있다. 이 중 대표적인 방법은 일방적 또는 단체교섭에 의한 것이다(Tyler, 1987: 260). 단체교섭 사항과 단체교섭이 불가능한 사항은 <표 8-2>와 같다(행정자치부, 2004: 89).

〈표 8-2〉 단체교섭 관련 사항

구분	내용
단체교섭 사항	• 근로조건에 영향을 미치는 사항 • 교섭사항(negotiability)에 대하여 노사 간 다툼이 있을 때에는 FLRA의 판단에 따르며, 여기에 불만이 있으면 소송을 제기하고, 각 주는 각 주의 PERB(Public Employment Relations Board)에 제소
단체교섭 불가 사항	• 기관의 임무와 예산, 조직, 고용인 수와 내부 안전 사항 • 고용, 배치, 지휘, 일시해고 등 관리자의 권리에 관한 사항 • 업무 분담, 계약에 의한 결정, 임무 수행에 필요한 인원의 선발에 관한 사항 • 긴급 시 필요한 임무 수행에 관한 사항

단체교섭의 범위와 관련하여 제42대 클린턴(Bill Clinton, 1993-2000) 대통령은 1993년 대통령령 제12871호를 발하여 업무성취의 기술, 방법, 수단뿐만 아니라 근로자의 수, 형태, 등급과 직위에 대해 단체교섭을 할 수 있도록 그 범위를 확장하였다. 특히 이전에는 고충처리에 대한 중재가 선택사항이었으나, 이제는 고충처리도 협상사항으로 확장되면서 중재를 최종적

인 의무사항으로 규정하고 연방의 노동협약에는 반드시 고충처리 절차를 포함하도록 하였다.

연방공무원제도개혁법 제7장의 다른 절에서는 연방공무원들은 비공식적인 피케팅에 참가할 수 있는 권리를 인정하였고, 강제적으로 그리고 직위분류 조치에 따라 감축된 공무원은 2년 동안 등급을 유지하도록 하였으며, 노조를 대표하는 노조전임을 인정하였고, 노조회비를 사전에 징수하는 것(checkoff)을 허용하였다(Kearney & Carnevale, 2001: 53).

2 주(State)공무원의 단체교섭권

연방헌법 수정 제1조에서는 개인들에게 자유롭게 단체를 조직하는 권리를 보장하고 있으며 이는 공공부문 근로자에게도 마찬가지이다. 그러나 이 내용은 공공부문 근로자에게 단체교섭권까지 헌법상 보장하고 있지는 않기 때문에 주 차원에서 공공부문 근로자에게 별도로 단체교섭권을 인정하는 주 법률을 제정하여야 한다. 1962년 케네디 대통령의 대통령령 제10988호가 공공부문 근로자의 단체교섭권을 인정하였지만, 이 명령은 단지 연방 공공부문 근로자에게만 적용되는 것이었다. 따라서 각 주들은 별도의 법률을 제정하여야 한다.

주와 지방정부의 경우 1962년 케네디 대통령의 대통령령 제10988호 이후 곧바로 위스콘신 주가 공공부문 근로자에게 단체교섭에 관한 법률을 통과시킨 이래로 많은 주와 시정부에서 이를 따르고 있으나, 그 내용과 방식은 각 지방정부마다 다르게 규정하고 있다. 1962년 이래로 39개의 주와 몇몇 시 등에서 100개 이상의 공무원들의 단체교섭에 관한 법률이 제정되었다(Coleman, 1990: 68-69).

그러나 1958년에 뉴욕 시의 와그너(R. F. Wagner) 시장은 제한된 범위 내에서의 단체교섭권을 허용하는 명령을 내렸다(Siegel & Myrtle, 1985: 33). 결국 단체교섭권의 내용(단체협의권만 주거나 단체협약체결권까지 인정하는 경우)과 인정하는 대상 근로자의 범위는 각 주마다 다양하여 일률적으로 규정하기가 어렵다.

이 책에서는 공공부문 근로자에게 단체교섭권을 인정하지 않는 주를 10개로 규정한다. 즉 애리조나, 아칸소, 콜로라도, 루이지애나, 미시시피, 노스캐롤라이나, 사우스캐롤라이나, 유타, 버지니아, 웨스트버지니아주를 의미한다.[4]

제 3 절 미국 공무원의 단체행동권

1 연방공무원의 단체행동권

미국 연방헌법에는 단체행동권을 보장하는 명문의 규정이 없으며, 연방공공 부문 근로자에게 파업권을 인정하는 문제는 전적으로 연방의 입법정책에 의존한다. 공공부문과 민간부문 모두 19세기 후반부터 파업이나 피케팅 등의 단체행동은 불법을 공모하는 것이며, 법원의 금지명령의 대상이 되어 왔다(이철수 · 강성태, 1997: 88-89).

연방공무원 및 대부분의 주와 지방공무원의 단체행동권은 금지된다. 그 이유는 주권의 대표자인 국가에 대한 파업은 그 자체가 위법이며, 국가는

---

4) 자료에 따라 단체교섭권이 인정되지 않거나 노사관계 법률이 없는 주는 다음과 같다. 행정자치부(2004: 159-165)는 노사관계 법률이 없는 11개 주로 애리조나(Arizona), 아칸소(Arkansas), 콜로라도(Colorado), 루이지애나(Louisiana), 자료에서 누락되어 필자가 첨가함), 미시시피(Mississippi), 뉴멕시코(New Mexico), 노스캐롤라이나(North Carolina), 사우스캐롤라이나(South Carolina), 유타(Utah), 버지니아(virginia), 웨스트버지니아(West Virginia)를 제시하고 있다.

한편 행정안전부(연도 미상)와 이철수 · 강성태((1997: 97-98)는 공공부문 근로자에게 단체교섭권을 인정하지 않는 주를 10개로 제시하고 있다(애리조나, 아칸소, 콜로라도, 루이지애나, 미시시피, 노스캐롤라이나, 사우스캐롤라이나, 유타, 버지니아, 웨스트버지니아).

반면, Kearney & Carnevale(2001: 62-63)은 8개 주를 설명하고 있는데, 애리조나, 아칸소, 콜로라도, 루이지애나, 미시시피, 노스캐롤라이나, 사우스캐롤라이나, 버지니아로 행정자치부 자료와 달리 뉴멕시코, 웨스트버지니아, 유타를 제외하고 있다.

전 국민의 이익을 대표하고 이에 봉사하므로 일부 공무원의 요구에 굴복할 수 없고, 공무원의 쟁의행위는 공무원의 근로조건을 정하는 의회에 영향을 미치지만, 의회의 자유로운 판단을 방해해서는 안 되며, 공무원의 쟁의행위가 일반에게 미치는 위험과 손해가 대단히 클 것으로 예상되기 때문이라고 한다(한국지방행정연구원, 1986: 213-214).

연방공무원의 경우 처음에는 파업권을 부정하는 법률이 없어 여러 수단을 통하여 이를 규제해 오다가, 1890년 반독점법(Anti-Trust Act; Sherman Act)에서 근로자들의 단결활동과 단체행동은 자유경쟁을 저해하는 독점행위로 규정하여 법원은 파업이나 피케팅에 대하여 금지명령(injunction)을 내렸다. 이후 1912년 로이드-라폴레트법(Lloyd-LaFollette Act)으로 연방근로자들이 의회청원권과 연방정부에 파업하지 않는 노동조직에의 가입권을 보장(단결권 인정)하지만 단체교섭권은 인정하지 않았다.

다행스럽게도 1914년 클레이튼법(Clayton Act)은 1890년의 반독점법(셔먼법, Sherman Act)을 수정한 것으로 노동쟁의에 관련된 노사 간의 사건에는 파업이나 피케팅 등 금지명령은 원칙적으로 허용되지 않는다고 규정하여(이철수·강성태 1997: 89) 단체행동에 대하여 완화하는 정책으로 전환되기 시작하였다.

이후 보수집단이 노동분쟁의 범위를 좁게 해석하고 법원의 금지명령이 넓게 적용되자, 1932년 반금지명령법(Anti-Injunction Act; the Norris-LaGuardia Act)을 제정하여 노동쟁의를 근로자들의 단체나 대표 또는 근로조건과 관련된 일체 분쟁으로 넓게 해석하여 단체행동의 범위를 넓혔다. 다만, 위협이나 폭력을 배제하기 위한 금지명령은 인정했으나, 반드시 청문회를 열어야 하는 등 엄격한 절차적인 제한이 가하여졌다(이철수·강성태, 1997: 89). 더 나아가 1935년 와그너법(Wagner Act; the National Labor Relations Act)을 제정하여 민간부문의 노동조합이 단체교섭을 위하여 단체행동을 할 수 있음을 인정하였다.

하지만 이 모든 정책의 변화는 연방공무원들에게는 혜택이 적용되지 않고 계속 예외로 단체행동을 규제하였다.

1939년 해치법(Hatch Act)에서는 연방공무원의 정치활동에 제약을 가하는 규정을 두었으며, 1946년 예산법에 공무원의 파업을 금지하는 조항이 부가되고, 1947년 태프트-하틀리법(Taft-Hartley Act; the National Management Relations Act)에서는 연방정부 또는 연방정부 소유 회사 근로자에 대한 파업을 금지하고 파업하면 즉시 해고하며 3년간 재취업을 금지하는 규정을 두었다(제305조; 이철수 · 강성태, 1997: 90).

근로자의 지지에 힘입어 당선한 케네디 대통령은 1962년 케네디 대통령령 제10988호를 공표하여 연방공무원의 단결권 및 단체교섭권을 인정하였으나, 여전히 단체행동권은 인정하지 않았다.

1969년 닉슨 대통령은 대통령령 제11491호로 대통령령 제10988호를 개정하여 연방 공공부문 근로자의 파업은 부당노동행위로 규정하여 금지하였다. 이후 카터 대통령은 1978년 공무원제도개혁법(the Civil Service Reform Act)을 제정하여 연방공무개혁법 적용 공무원의 단체교섭권은 인정하되, 역시 단체행동권은 부정하였다.

이상의 내용을 바탕으로 미국 연방 공공부문의 근로자에 대한 단체행동권과 관련한 연방공무원개혁법은 다음과 같이 규정하고 있다.

첫째, 연방정부에 대하여 행하는 파업에 참가하는 자이거나 그러한 파업을 주장하는 자 또는 그러한 파업권을 주장하는 노동조합임을 알고 있는 그 노동조합의 조합원인 자는 공공부문 근로자로서의 지위를 가질 수 없다(5 U.S.C. §7311). 그리고 위에 해당되는 근로자는 CSRA에서 규정하는 근로자의 개념에서 제외된다(5 U.S.C. §7103(a)(2)(B)(v)). 아울러 위에 해당되는 자는 벌금(1,000달러) 또는 금고(1년 이하)의 형벌에 처해지며 병과가 가능하다(18 U.S.C. §1918; 이철수 · 강성태, 1997: 91).

둘째, 정부 또는 기관에 반대하여 파업행위에 참여하거나 그러한 파업행위의 실시, 지원 또는 참여에 대한 의무를 부과하는 단체는 CSRA에서 규정하는 노동단체의 개념에서 제외된다(5 U.S.C. §7103(a)(4)(D)).

셋째, 노동단체가 노사분쟁 시에 파업, 업무 중단, 태업 또는 피케팅을 요구하거나 이에 참여하며, 이러한 피케팅이 기관의 업무를 방해하는 경우와 위의 행위를 예방 또는 중지를 위한 조치를 취하지 않아 기관의 업무가 방해되도록 묵인하는 경우에는 노동단체의 부당노동행위로 인정되고(5 U.S.C.

§7116(b)(7)(A((B)), 부당노동행위에 대해서는 FLRA에 의한 금지명령이 취해진다. 다만, 기관의 업무를 방해하지 않는 평화적인 권유나 선전을 위한 정보제공의 피케팅(information picketing)은 수정헌법 제1조(표현의 자유)와 제14조(기본권 보장, 적법 절차, 평등권)에 의하여 보호되기 때문에 부당노동행위에 해당되지 않는다(5 U.S.C. §7116(b)(7) 단서).

2 주(State)공무원의 단체행동권

미국은 연방 헌법상 단체행동권을 보장하는 명문의 규정이 존재하지 않는다. 연방 수정헌법 제1조(표현의 자유), 제13조(강제노동 금지) 및 제14조(기본권 보장, 적법 절차, 평등권)의 규정은 공공부문과 민간부문 모든 근로자들에게 평화적인 정보제공의 피케팅만 보장하는 규정일 뿐이다. 아울러 연방공무원제도개혁법(CSRA) 등 연방공무원에게 적용되는 연방 관련 법령들은 주공무원에게는 적용되지 않으며 오로지 주 헌법과 주 법률의 규정에 의존할 뿐이다.

따라서 주 공무원들에게 단체행동권을 인정하느냐 문제는 단지 해당 주 입법정책에 따라 다양하게 나타날 따름이다. 1960년대 이후 공공부문의 노동운동이 성장하면서 단체교섭권을 획득하고 이어 단체행동권을 보장받기 위한 노력을 시도하고 있지만, 주정부의 경우 몇몇 주에서 예외적으로 제한된 범위 내에서 파업을 인정할 뿐 대부분의 주에서는 파업을 위법으로 규정하고 있다.

버몬트(Vermont) 주가 최초로 1967년에 파업을 인정하였으며, 이후로 10개 주가 파업권을 인정하고 있다.[5] 대법원에 의하여 주 공무원의 파업권

5) 행정자치부(2004: 95, 168-170) 자료에 의하면 파업권을 인정하는 주는 11개로 다음과 같다. 알래스카, 캘리포니아, 하와이, 일리노이, 미네소타, 몬태나, 오하이오, 오리건, 펜실베이니아, 버몬트, 위스콘신 주이다. 반면, Kearney & Carnevale(2001: 236-237)은 캘리포니아를 제외한 10개 주를 설명한다. 이철수·강성태(1997)는 주 법률로 인정한 10개 주(알래스카, 캘리포니아, 하와이, 일리노이, 미네소타, 몬태나, 오하이오, 오리건, 펜실베이니아, 버몬트, 위스콘신), 행정안전부(연도 미상)는 11개 주(알래스카, 캘리포니아, 아이다호, 일리노이, 미네소타, 몬태나, 오하이오, 오리건, 펜실베이니아, 버몬트, 위스콘신)를 설

을 인정하는 캘리포니아 주는 1985년 캘리포니아 주 대법원에서 다음과 같이 결정하였다. 즉, 파업을 금지하는 것은 실익(merit)이 없고 시대에 뒤떨어진 것(outdated)이며, 파업권은 단결권의 당연한 결과로 헌법상 보호된다는 것이다(Kearney & Carnevale, 2001: 235).

〈표 8-3〉 미국 민간부문 및 공공부문 노사관계 주요 법령

연도	법률	주요 내용
1890	반독점법(the Anti-Trust Act; Sherman Act)	근로자들의 단결활동과 단체행동은 자유경쟁을 저해하는 독점행위로 규정
1912	로이드-라폴레트법 (Lloyd-LaFollette Act)	연방 근로자들이 의회청원권과 연방정부에 파업하지 않는 노동조직에의 가입권을 보장, 즉 단결권을 인정하고 단체교섭권은 불인정
1914	클레이튼법(Clayton Act)	셔먼법(Sherman Act)을 수정한 것으로 노동쟁의에 관련된 노사 간의 사건에는 파업이나 피케팅 등 금지명령(injunction)은 원칙적으로 허용되지 않는다고 규정
1932	반금지명령법 (the Anti-Injunction Act; Norris-LaGuardia Act)	보수집단이 노동분쟁의 범위를 좁게 해석하고 법원의 금지명령이 넓게 적용되자, 노동쟁의를 근로자들의 단체나 대표 또는 근로조건과 관련된 일체 분쟁으로 넓게 해석
1935	와그너법(Wagner Act; the National Labor Relations Act)	노동조합이 단체교섭을 위하여 단체행동을 할 수 있음을 인정(연방공무원은 예외)
1939	해치법(Hatch Act)	연방공무원의 정치활동에 제약을 가하는 규정을 둠.
1947	태프트-하틀리법(Taft-Hartley Act; the National Management Relations Act)	연방정부 또는 연방정부 소유 회사 근로자의 파업을 금지하고 파업하면 즉시 해고하며 3년간 재취업 금지 규정
1962	케네디 대통령령 제10988호	연방공무원의 단결권 및 단체교섭권 인정
1969	닉슨 대통령령 제11491호	대통령령 제10988호를 개정하여 연방 공공부문 근로자의 파업은 부당노동행위에 해당되어 금지
1978	연방공무원제도개혁법(Civil Service Reform Act)	연방공무원제도개혁법 적용 공무원의 단체교섭권을 인정하되, 단체행동권은 부정

출처: 제반 자료를 바탕으로 저자가 작성함.

명하고 있다. 캘리포니아는 주 법률이 아닌 주 대법원 결정으로 인정하고 있으므로, 이 책에서는 Kearney & Carnevale(2001)과 같이 캘리포니아를 제외한 10개 주로 설명한다.

파업권을 인정하는 주정부라고 하더라도 공공부문 근로자들 모두에게 파업권을 인정하는 것은 아니다. 특히 필수적인 업무를 수행하는 공공부문 근로자에게는 파업권을 인정하지 않는다. 예로 알래스카 주에서는 공공부문 근로자를 세 가지 범주로 구분하여 필수적인(essential) 업무를 담당하는 근로자인 경찰, 소방, 교도, 병원에서 근무하는 자는 파업이 금지된다. 유사 필수적인(semi-essential) 업무를 담당하는 공공부문 근로자, 즉 공공사용, 제설, 공중위생, 교육업무에 종사하는 근로자는 공공의 보건 및 안전 또는 복지 등을 고려하여 결정된 기간 동안에만 파업이 허용된다(이철수·강성태, 1997: 108-109; Alaska Stat. §23. 40. 200(b), (c), (d), 1990). 어떠한 업무가 필수적이므로 파업을 금지하느냐의 여부는 각 주마다 규정하는 내용과 방식이 다르므로 일률적으로 단정할 수 없는 특징을 지닌다.[6]

제 4 절 미국의 분쟁조정 및 부당노동행위

1 분쟁조정기구

연방공무원은 파업이 금지되므로 파업을 통하여 단체교섭의 교착상태를 해결할 수 없다. 따라서 연방공무원제도개혁법(CSRA)은 이를 해결하기 위한 쟁의조정제도를 마련하고 있다.

(1) 연방조정알선청

민간부문의 교착상태 분쟁조정을 위하여 설립된 해결기관은 연방조정알선청(Federal Mediation and Conciliation Service: FMCS)이다. FMCS는 기관과 배타적 수권 대표자에게 분쟁해결을 위한 지원과 서비스를 제공한

6) 좀 더 자세한 내용은 다음을 참조하기 바란다. 이철수 외(1997). 공공부문의 노사관계법. 한국노동연구원.

다. FMCS는 교착상태의 성격과 FMCS가 제공할 서비스와 지원의 종류에 대하여 결정한다(5 U.S.C. §7119(a))(행정자치부, 2004).[7]

FMCS는 1947년 노사관계법(Labor Management Relations Act)에 의해 독립기관의 형태로 설립되었다. 일차적인 업무는 노사간의 단체협약 체결과 관련하여 분쟁이 발생하는 경우 쟁의조정을 제공하여 건전하고 안정적인 노사관계를 증진하는 것이다. 이후 업무영역이 확대되어 왔는데, 1978년 노사협력법(Labor-Management Cooperation Act)은 사업장의 노사관계 개선을 위한 다양한 교육 및 훈련 프로그램을 제공하도록 하였다. 1990년 행정분쟁해결법(Administrative Disputes Resolution Act)에 근거를 두고 FMCS는 대안적 분쟁해결(Alternative Dispute Resolution: ADR) 서비스를 제공하여 FMCS가 행정기관 내에 대안적 분쟁 해결 기구와 절차 수립에 조력하여 시간과 비용이 많이 소용되는 법적 소송절차는 피할 수 있도록 하고 있다(하재룡, 2006: 8).

〈표 8-4〉 FMCS의 주요 내용

구분	FMCS 주요 내용
설립 근거	1947년 노사관계법(Labor Management Relations Act)
주요 기능	민간부문의 교착상태의 분쟁조정(1947년 노사관계법) 연방정부 분쟁조정의 협조(1969년 대통령령 제11491호) 노사관계 교육·훈련 프로그램(1978년 노사협력법) 대안적 분쟁 해결 서비스(1990년 행정분쟁해결법)
구성	청장은 상원의 동의로 대통령 임명, 임기 없음 부청장 2명 직원은 행정직원과 조정관으로 구성
주요 업무	-분쟁조정 -예방적 프로그램 -중재 -대안적 분쟁해결 서비스

주: 이 자료는 저자가 다음 문헌을 요약하여 정리함(전명숙. 2003; 행정자치부, 2004; 배귀희·서원석, 2007; 하재룡, 2006; 송수희, 2004; 홍준현·조진래, 1997).

7) CSRA는 연방법률(U.S.C.) 제5권 제72편으로 편철되어 있다.

(2) 연방노사관계위원회

연방노사관계위원회(Federal Labor Relations Authority: FLRA)는 연방공무원 노사관계 법령으로 알려진 1978년의 연방공무원제도개혁법(CSRA)에 의하여 설립되었고, 제7장에 따라 연방에서의 노사관계 및 분쟁해결을 위한 정책수립 및 리더십을 제공하는 역할을 부여받았다. FLRA는 노사관계에 관한 연방정부의 통합된 접근방법을 대표한다(www.flra.gov/).

즉, 3개의 담당기구가 하나로 통합되어 독자적으로 기능하는 세 개의 기구들이 일차적으로 법적인 책임을 수행한다. 세 개의 기구는 노사관계처(the Authority), 법률고문사무소(the Office of the General Counsel), 연방(the Federal Service Impasses Panel)이다. 이들은 다시 2개의 다른 기구에 의하여 지원받는데, 이는 1980년 외무공무원법에 따라 설립된 기구로 외무공무원분쟁위원회(Foreign Service Impasse Disputes Panel), 외무공무원노사관계위원회(Foreign Service Labor Relations Board)이다(www.flra.gov/).

〈표 8-5〉 FLRA의 주요 내용

구분	FLRA 주요 내용	비고
설립 근거	1978년 행정명령 제12107호에 의하여 설립 1978년 공무원제도개혁법(CSRA) 제7장(직무와 권한에 관한 사항)	민간 부문의 NLRB와 유사한 기능 수행
주요 기능	연방정부의 안정적이고 건설적인 노사관계 확립	
조직	7개의 지역사무소	
구성	상원의 동의로 대통령이 3명 임명, 이 중 1명을 처장 지명 임기 5년	
주요 업무	- 교섭단위 결정 - 노동조합 선거 관리 - 부당노동행위 해결 - 중재사안의 예외 결정(resolving exceptions to arbitrators' award) - 단체교섭 대상의 기준 결정	

주: 이 자료는 필자가 다음 문헌을 요약하여 정리(전명숙, 2003; 행정자치부, 2004; 배귀희·서원석, 2007; 하재룡, 2006; 송수희, 2004; 홍준현·조진래, 1997).

FLRA는 민간부문의 NLRB(National Labor Relation Board)와 유사한 기능을 수행하는데, 교섭단위의 결정, 노동조합 선거의 안내와 감독, 불공정노동행위의 해결, 중재자의 심판(판정)에 대한 예외적 해결(resolving exceptions to arbitrators' awards), 노사 간의 협상 사안에 대한 결정이 그것이다.

조직구성은 초당적으로 구성되는데, 상원의 동의를 얻어 대통령이 3명을 5년의 임기로 임명하며 준사법적 기구이다. 세 명 중에서 한 명을 대통령이 장(Chairman)으로 지명한다. FLRA는 7개의 지역사무소를 운영하고 있다(Atlanta Region, Boston R, Chicago R, Dallas R, Denver R, San Francisco R, and Washington R)(www.flra.gov/).

(3) **연방공무원분쟁조정위원회**

연방공무원분쟁조정위원회(Federal Service Impasses Panel: FSIP)는 연방조정알선청의 서비스 또는 제3자의 중재를 포함한 자발적 조정작업이 실패한 경우 서비스를 제공하기 위하여 연방노사관계위원회(FLRA)의 부속기구로 설치되었다.

FISP의 조정 서비스는 교착상태의 노사 쌍방 중 어느 한 당사자가 FSIP에 사안의 검토를 요구하거나, 당사자들이 협상 교착상태에 구속력 있는 다른 중재를 위한 절차의 채택에 동의하는 경우에 가능하며, 이때 채택되는 절차는 FSIP의 승인을 받아야 한다(5 U.S.C. §7119(b)).

FSIP 또는 그의 지정인은 FSIP에 제기된 교착상태를 즉시 검토·조사하고, 관련 당사자에게 교착상태의 해결을 위한 절차를 권고하거나 사실조사(fact find)와 권고를 포함하여 교착상태를 해결하는 데 적정하다고 생각되는 방법과 절차를 통하여 관련 당사자가 교착상태를 해결할 수 있도록 지원한다(5 U.S.C. §7119(c)(5)(A)).

관련 당사자가 FSIP의 지원에도 불구하고 해결되지 못한 경우에는 FSIP는 청문회를 개최하여 진술과 증언을 듣고, 소환장을 발부하며, 교착상태의 해결을 위하여 합당하고 필요한 조치를 취한다. FSIP의 최종 조치는 관련 당사자에게 즉시 통지하고, 그 조치는 관련 당사자가 별도로 합의하지 않는

〈표 8-6〉 FSIP의 주요 내용

구분	FSIP 주요 내용
설립 근거	FLRA 의 독립된 심의기관
주요 기능	연방공무원의 노사분쟁 조정
구성	1명의 위원장과 6명의 위원으로 구성되며, 모두 대통령이 임명과 해임(임면), 임기 5년
주요 업무	- 협상 교착 상태의 성격 결정 - FMCS가 제공할 서비스와 지원의 종류 결정 - 다른 법적 구속력 있는 중재절차(제3 중재자)의 승인 - 협상 재개 여부, 조정, 사실조사, 중재 결정

주: 이 자료는 필자가 다음 문헌을 요약하여 정리함(전명숙, 2003; 행정자치부, 2004; 배귀희 · 서원석, 2007; 하재룡, 2006; 송수희, 2004; 홍준현 · 조진래, 1997).

한 합의 기간 동안 당사자 모두에게 구속력을 갖는다 (5 U.S.C. §7119(c)(5)(B)(C)). 즉, 강제중재 절차가 인정되지 아니하므로, 구속력이 있는 중재는 당사자가 합의하여 FSIP에 신청하고 FSIP가 승인한 경우에만 합의 기간 동안 구속력이 지속된다.

2 부당노동행위

한편, 연방공무원제도개혁법(1978, CSRA)은 부당노동행위에 대하여 상세하게 규정하고 있으며, 크게 기관의 부당노동행위, 노동단체의 부당노동행위, 배타적 수권대표자의 부당노동행위로 분류하고 있다 (5 U.S.C. §7116 (a),(b),(c); 행정자치부, 2004: 117-120).

먼저, 기관의 부당노동행위 대하여 7가지 유형으로 상세하게 다음과 같이 규정하고 있다.

기관의 부당노동행위
① 이 절(연방공무원제도개혁법의 절(sub-chapter)을 말함, 필자 해설, 이하 같음)에 의거한 권리를 근로자가 행사할 때 그 근로자를 방해하거나 권리 행사를 하지 못하도록 하거나 강요하는 경우 ② 고용, 재직, 승진, 기타 고용 조건과 관련한 차별에 의하여 노동단체에의 가입을 강요 또는 방해하는 행위 ③ 기관의 서비스를 요청하는 경우 일반적이고 일상적인 서비스와 시설의 제공 이외에 노동단체를 후원, 통제, 또는 지원하는 경우로서 그러한 서비스 및 시설을 동등한 지위를 갖는 다른 노동단체에도 비차별적으로 제공하는 경우 ④ 이 절에서 요구하는 바에 따라 노동단체와의 협의 또는 협상을 성실하게 수행하지 않고 거절하는 경우 ⑤ 이 절에서 요구하는 바에 따라 교착상태 해결 절차(impasse procedure) 및 그에 따른 결정에 협력을 거절하거나 적극적으로 협력하지 않는 경우 ⑥ 해당 단체협약과 충돌되는 규칙이나 규정(이 법률 섹션 2302의 이행에 관한 규칙이나 규정 이외)을 강제하는 경우로서, 그 협약이 해당 규칙이나 규정의 시행 일자 이전에 이미 발효되어 있는 경우 ⑦ 이 절의 조항을 준수하지 못하거나 준수를 거부하는 경우

두 번째로, 노동단체의 부당노동행위에 해당하는 행위를 8가지로 설명하고 있다.

노동단체의 부당노동행위
① 이 절에 의거한 권리를 근로자가 행사할 때 그 근로자를 방해하거나 행사하지 못하게 하거나 강요하는 경우 ② 이 절에 의거한 권리를 근로자가 행사할 때 그 근로자에 대하여 기관이 차별행위를 하도록 유도하거나 시도하는 경우 ③ 노동단체 회원의 근로자로서의 업무 수행이나 생산성 향상을 방해 또는 훼방하거나 근로자로서 그 회원의 의무 이행을 방해 또는 훼방할 목적으로 또는 징계나 보복으로서 억압행위를 시도하는 경우 ④ 인종, 피부색, 신념, 국적, 성, 나이, 공무 상태에 대한 선호 또는 비선호, 정치적 성향, 결혼 상태, 장애 상태를 근거로 노동단체 회원의 조건과 관련하여 근로자에 대하여 차별을 가하는 경우 ⑤ 이 절에서 요구하는 바에 따라 기관과의 성실한 협의 또는 협상을 거절하는 경우 ⑥ 이 절에서 요구하는 바에 따라 교착 상태 해결 절차(impasse procedure) 및 그에 따른 결정에의 협력을 거절하거나 적극적으로 협력하지 않는 경우 ⑦ (i) 노사 분쟁 시에 파업, 작업 정지, 또는 태업, 또는 피켓 시위 등을 요구하거나 이에 참여하며, 위의 피켓시위가 기관의 업무를 방해하는 경우

> (ii) 상기 행위의 예방 또는 중지를 위한 조치를 취하지 않아 (i)에 기술된 행위를 묵인하는 경우
> ⑧ 이 절의 조항을 준수하지 못하거나 준수를 거부하는 경우

마지막으로, 배타적 수권 대표자가 대표하는 적정 교섭 단위에 속한 근로자의 회원 가입을 배타적 수권 대표자가 거절하는 경우에는 부당노동행위로 간주한다. 다만, 가입을 위해 일괄적으로 요구되는 합리적인 직업적 기준에 부합하지 않은 경우와 회원 신분의 확보와 유지 조건으로 일괄적으로 요구되는 회비를 납부하지 않는 경우에는 예외로 한다(5 U.S.C. §7116(c)).

Chapter

09 일본의 공무원 노동기본권

제 1 절 일본의 공무원 노사관계 개요

1 노사관계의 연혁

일본[1]은 제2차 세계대전에서 패배한 후 1947년 국가공무원법을 제정할 당시에는 공무원의 노동3권이 보장되었으나, 관공노동조합(官公勞働組合)의 총파업 가능성이 거세지자 1948년 7월 연합국사령부는 맥아더(Douglas McArther) 서한에 근거해 정령(政令) 제201호가 제정되어 국가·지방자치단체 공무원에 대하여 단체교섭과 쟁의행위를 금지하였다(鵜飼信成, 1980: 173-183). 12월에는 국가공무원법을 개정하여 비현업 일반직 공무원의 노동조합법 적용을 배제하고 직원단체의 교섭권을 일정한 범위 내에서 인정하면서도 단체협약체결권을 부정하고 쟁의행위를 금지하였다(阿部泰隆 他,

1) 일본의 노동기본권은 주로 다음의 자료를 참조하여 재정리하였으며, 서술의 편의상 출처를 전부 밝히지 못하였으므로 좀 더 구체적인 내용을 위해서는 해당 관련 자료를 참고하기 바란다. 한국행정연구원(2005). 공무원 노사관계 성공사례 연구(이 보고서의 책임연구원은 저자이며, 공동연구원인 김재훈 교수가 집필한 일본의 노동기본권을 참조); 행정자치부(2004). 외국의 공무원 노동기본권.

1983: 113).

일본 정부는 ILO의 수차례 권고를 바탕으로 1965년 5월 17일 ILO 제87호 협약을 비준하고 직원단체의 조직·등록·교섭 등에 관한 사항들에 대하여 수정하면서 공무원노동 관련 법령을 재정비하여 오늘에 이른다(佐藤達夫, 1997: 164-165).

1948년에 국철·전매사업이 공사화되고 그 직원들의 단체교섭의 절차와 쟁의행위를 금지하는 특별한 쟁의조정제도를 정한 공공기업체 노동관계법이 제정되었다.

지방공무원에 대해서는 1950년 12월 공포된 지방공무원법에서 국가공무원법과 같은 노동기본권 제한을 내용으로 하는 제도가 일반직 비현업 공무원에 대하여 설정되었다. 지방공무원 중 경찰직원·소방직원에 대해서는 단결권 자체가 인정되지 아니한다.

공공부문 종사자 중 국가·지방 비현업 공무원은 국가공무원법 내지 지방공무원법에 따라 직원단체 형식으로 단결권이 인정되며, 단체협약체결권이 부인되는 단체교섭권의 허용과 단체행동권을 부인하는 체계가 마련되었다.

그리고 국영기업 등에 근무하는 현업 국가공무원과 지방공영기업에 근무하는 현업 지방공무원에 대해서는 공공기업체 등 노동관계법 내지 지방공영기업 노동관계법에서 오랫동안 노동관계를 규율하여 왔으나, 몇 차례의 개정과 명칭 변경을 거쳐 2003년 4월부터는 우편·국유임야사업·인쇄·조폐사업 4종류의 국영기업 중 국유임야사업만이 남고, 우편 업무(우정 3사업)는 일본우정공사로 개편되었으며, 재무성의 조폐국과 인쇄국은 특정독립행정법인으로 변경되었다. 이를 규율하는 것은 '특정독립행정법인 등의 노동관계에 관한 법률'로 직원의 신분은 국가공무원 신분이 유지된다.

특정독립행정법인이란 독립행정법인 중 "그 업무의 정폐가 국민생활 또는 사회경제의 안정에 직접적이고 현저한 지장을 미친다고 인정되는 것", 또는 "그 목적이나 업무의 성질 등을 종합적으로 감안하여" 직원의 신분을 국가공무원으로 할 필요가 있는 것을 말한다(독립행정법인통칙법 제2조 제2항, 제51조).

한편 독립행정법인이란 국가 행정조직의 감량화·효율화를 목적으로 하여 행정기관에 법인격을 부여하는 제도를 말하는데, 2001년 4월 약 90개의 행정기관으로부터 60개의 독립행정법인이 창설되었으며, 그 중 거의 전부(55개)가 특정 독립행정법인으로 되었다(和田筆, 2003: 70-74).

2 일본의 공무원 범주 및 적용 노동관계법

일본 공무원은 크게 국가공무원과 지방공무원으로 구분하여 각기 국가공무원법과 지방공무원법에 의하여 규율되고 있다. 각 공무원은 직무의 종류에 따라 일반직과 특별직으로 구분하고, 각 공무원법은 일반직 공무원에 대하여 적용되는 것을 원칙으로 한다(한국행정연구원, 2005).

국회 직원과 재판소 직원은 특별직 국가공무원으로 되어 있으나, 국가공무원법의 적용을 받지 않고 각기 국회직원법·재판소직원임시조치법에 의하여 노동조합법 및 노동관계조정법의 적용이 배제된다. 직원은 단결권과 단체교섭권은 허용되지만 단체협약체결권과 단체행동권은 인정되지 않는다. 또한 방위청 직원도 특별직 국가공무원으로 되어 있으나 자위대법에 의하여 조합 기타의 단체를 결성하거나 이에 가입하는 것이 금지되어 있다.

현업 공무원을 제외한 일반직 공무원을 통상적으로 비현업 공무원이라고 부르는데, 비현업 공무원의 노동 관계에 대해서는 국가공무원법과 지방공무원법이 규율한다. 일반직 국가공무원 중 국가가 경영하는 국영기업 또는 특정독립행정법인에 근무하는 직원의 노동 관계에 대해서는 특정독립행정법인 등의 노동관계에 관한 법률이 적용되며, 일반직 지방공무원 중 지방공공단체, 즉 지방자치단체가 경영하는 지방공영기업에 근무하는 직원의 노동관계에 대해서는 지방공영기업 노동관계법이 적용되는데, 이 양자를 통상적으로 현업 공무원이라고 부른다. 우리나라의 경우와 달리 국영기업이나 특정독립행정법인 또는 지방공공단체에 공무원 신분을 지니는 범주가 존재한다는 것이 특징이다(한국행정연구원, 2005).

제 2 절 일본의 공무원 노동기본권

1 단결권

(1) 비현업 일반직 국가 · 지방공무원

일본 공무원의 경우 현업 공무원을 제외한 일반직 공무원을 통상적으로 비현업 공무원이라고 부른다. 비현업 일반직 국가공무원 및 지방공무원의 노동3권에 대해서는 각기 국가공무원법과 지방공무원법이 직원단체의 등록, 단체협약체결권의 부정, 쟁의행위의 금지 등을 골자로 하는 노사관계상의 특별 규제를 하고 있다.

민간 근로자는 노동조합법이 적용되며, 공무원은 국가공무원법 또는 지방공무원법에서 직원단체라는 제도를 통하여 단결권을 인정하고 노동조합법이 적용되지 않는다.

직원단체란 "일반직 비현업 공무원이 주체가 되어 근무 조건의 유지 · 개선 도모를 목적으로 조직하는 단체 또는 그 연합체"를 말하며, 직원들은 직원단체 결성 및 가입의 자유를 가진다. 다만, 국가공무원으로서 경찰 공무원, 해상보안청 공무원 및 형무소 공무원, 지방공무원인 경찰 공무원과 소방직 공무원은 단결권이 인정되지 않는다. 또한 노동관계법이 적용되는 현업 공무원은 직원단체를 결성할 수 없다. 그리고 지방공무원으로 단순 노무직원은 직원단체와 노동조합 어느 쪽에도 결성 · 가입할 수 있으나, 직원단체를 결성하는 경우에는 지방공영기업노동관계법이 적용되지 않는다.

직원단체는 결성 · 가입 · 탈퇴는 자유이며, 직원이 주체가 되는 한 직원이 아닌 자도 가입할 수 있으나 이 경우에는 등록이 되지 않는다.

중요한 행정상의 결정을 하는 직원 · 관리직 또는 감독적 지위에 있는 직원 등 소위 관리직원도 직원단체를 결성할 수 있으나, 관리직원 이외의 직원과 동일한 직원단체를 결성할 수 없다. 관리직원의 범위는 인사원 규칙에 규정되어 있으며, 대체적으로 본성청(本省廳) 과장급 이상, 총괄과장 보좌 및 인사·예산 담당 공무원 등이 해당된다.

(2) 현업 일반직 국가·지방공무원

국가가 경영하는 국영기업(국유임야사업) 또는 특정독립행정법인에 근무하는 일반직 현업 국가공무원 및 일본우정공사의 노동 관계에 대해서는 '특정독립행정법인 등의 노동 관계에 관한 법률'이 적용된다. 그리고 지방공영기업 현업 공무원의 노동 관계에 대해서는 '지방공영기업 등의 노동 관계에 관한 법률'이 적용되고 있는데, 국가공무원의 경우와 거의 같다.

직원의 단결권은 노동조합 형태로 인정되며, 노조 전임자는 원칙적으로 인정되지 않지만 특정독립행정법인 등의 허가를 얻어 전임자가 될 수 있다. 노조 전임자로서 종사하는 기간은 직원으로서의 재직 기간을 통하여 5년을 초과할 수 없으며, 노조 전임 직원은 그 허가 기간 동안 휴직자로 취급되고 어떠한 급여도 지급되지 않는다.

'지방공영기업 등의 노동 관계에 관한 법률'은 지방공영기업[2] 및 특정지방독립행정법인에 근무하는 일반직 현업 지방공무원에 대하여 적용되는데, 단결권 내지 노조 전임자 관련 부분은 거의 유사하다(한국행정연구원, 2005).

2 단체교섭권

(1) 비현업 일반직 국가·지방공무원

직원단체는 근무조건 등에 관하여 관계 당국과 교섭할 수 있으며, 등록 직원단체의 적법한 교섭 요청에 대해서는 당국이 응해야 할 의무가 있다. 다만, 당국이 단체교섭을 거부하더라도 직원단체가 노동법상의 부당노동행

2) 동법 제3조 제1호에서는 이를 철도사업, 궤도사업, 자동차운송사업, 전기사업, 가스사업, 수도사업, 공업용수도사업, 기타 지방공영기업법 제2조 제3항의 규정에 근거하는 조례 또는 규약이 정하는 바에 의하여 동법 제3장의 규정이 적용되는 기업이라고 정의하고 있다.

위 구제 신청 같은 권리를 사용할 수 있는 법적인 수단을 갖고 있지 않다.

직원단체의 교섭사항으로는 직원의 급여, 근무시간 기타 근무조건, 이에 수반되는 사교적 또는 후생적 활동을 포함하는 적법한 활동에 관계되는 사항으로 규정되어 있다. 구체적으로 규정된 사항은 임금 · 급여 · 근로시간 · 휴게 · 휴일 · 휴가에 관한 사항, 승진 · 강임 · 면직 · 징계의 기준에 관한 사항, 노동에 관한 안전 · 위생 및 재해보장에 관한 사항, 기타 복리후생 · 근무환경 등 노동조건에 관한 사항 등으로 <표 9-1>과 같다(행정자치부, 2004).

〈표 9-1〉 일본 공무원노조의 단체교섭 사항

단체교섭 사항
- 임금·급여·근로 시간·휴게·휴일·휴가에 관한 사항 - 승진·강임·면직·징계의 기준에 관한 사항 - 노동에 관한 안전·위생 및 재해 보장에 관한 사항 - 기타 복리후생·근무환경 등 노동 조건에 관한 사항 등

그런데, 단체교섭 사항에 대한 단체협약체결권은 인정되고 있지 아니하며, 국가 내지 지방공공단체 사무의 관리 및 운영에 관한 사항은 교섭 대상으로 할 수 없다. 단체교섭에서 제외하고 있는 관리 운영 사항으로 국가공무원법이 규정한 사항(행정연구원, 2005)과 지방공무원법과 판례를 중심으로 정착된 관리 운영 사항은 <표 9-2>와 같다(행정자치부, 2004).

〈표 9-2〉 일본 공무원노조의 단체교섭 제외 사항

단체교섭 제외 사항	
국가공무원법	- 국가조직에 관한 사항 및 통치권 행사에 관한 사항 - 행정의 기획·입안 및 집행에 관한 사항 - 직원의 정원 수 및 그 배치에 관한 사항 - 인사권의 행사 및 예산 편성에 관한 사항 - 국가기관이 당사자인 불복 신청 및 소송에 관한 사항
지방공무원법 및 판례	- 지방자치단체의 조직에 관한 사항 - 행정의 기획·입안 및 집행에 관한 사항

	- 직원의 정원 및 배치에 관한 사항 - 지방자치단체가 당사자인 소송에 관한 사항 - 지방세, 사용료, 수수료 등 부과 징수에 관한 사항 - 재산의 취득, 관리·처분 또는 공공시설 설치·관리·폐지에 관한 사항 - 예산의 편성에 관한 사항 - 조례의 기획·입안 및 제안에 관한 사항 - 징계처분, 분한처분, 직원의 채용·퇴직·배치전환 등 구체적인 임명권에 관한 사항 - 근무성적평정제도의 기획·입안 및 실시에 관한 사항 - 관리직원 등의 범위에 관한 사항 - 직제의 제정·개폐에 관한 사항 - 직무명령에 관한 사항

다만, 지방공무원의 직원단체는 법령·조례·지방공공단체의 규칙 및 지방공공단체의 기관이 정하는 규정에 저촉되지 않는 한도에서 당해 지방공공단체의 당국과 서면에 의한 협정을 체결할 수 있으며, 이 협정은 쌍방이 성의와 책임을 지니고 이행하여야 하는 정도의 효력이 인정되고 있다.

(2) 현업 일반직 국가·지방공무원

현업 직원 노동조합은 단체교섭을 행하고 이를 문서화하는 단체협약체결권을 가지고 있다. 단체협약을 체결할 수 있는 사항에 대하여 법에서는 <표 9-3>과 같다(한국행정연구원, 2005).

다만, 특정독립행정법인 등의 관리 및 운영에 관한 사항은 단체교섭의

〈표 9-3〉 일본 현업 공무원노조의 단체협약 체결 사항

단체협약 체결 사항
- 임금 기타 급여, 근로 시간, 휴게, 휴일 및 휴가에 관한 사항 - 승직, 강직, 전직, 면직, 휴직, 선임권 및 징계의 기준에 관한 사항 - 근로에 관한 안전, 위생 및 재해 보상에 관한 사항 - 기타 근로 조건에 관한 사항 - 교섭위원의 수, 교섭위원의 임기, 기타 단체교섭의 절차에 관하여 필요한 사항 - 고충처리공동조정회의의 조직, 기타 고충 처리에 관한 사항

대상으로 할 수 없고, 국유임야사업을 행하는 국가가 경영하는 기업의 예산상 불가능한 자금의 지출을 내용으로 하는 어떠한 협정도 정부를 구속할 수 없으며 또한 국회에 의하여 소정의 행위가 행해지기까지는 이와 같은 협정에 근거하여 어떠한 자금도 지출되어서는 아니 된다고 규정하고 있다.

3 단체행동권

(1) 비현업 일반직 국가 · 지방공무원

비현업 일반직 국가공무원 및 지방공무원에 대해서는 복무상의 제약으로서 쟁의행위가 금지되어 있다. 국가공무원법 제98조 제2항에 따르면, 직원은 정부가 대표하는 사용자로서의 공중에 대하여 동맹파업 · 태업 기타의 쟁의행위를 하거나 또는 정부의 활동 능률을 저하시키는 태업적 행위를 해서는 아니 되며, 누구도 이와 같은 위법한 행위를 기획하거나 그 수행을 공모 · 교사 · 선동해서는 아니 된다. 그리고 동조 제3항에 의하면, 직원이면서 동맹파업 기타 전항(前項)의 규정에 위반한 행위를 한 자는 그 행위의 개시와 함께 국가에 대하여 법령에 근거하여 보유하는 임명 또는 고용상의 권리를 가지고 대항할 수 없다고 규정하고 있다.[3)]

이 조항이 국가공무원법상 '직원단체' 부분이 아니라 '복무' 부분에 규정되어 있다는 특징을 갖는데, 이는 근무조건 법정주의 하에서 직원단체와의 협의가 단체교섭에 의한 공동 결정이 아니기 때문에 쟁의행위는 애당초 협의 대상에서 배제되어 있다는 관념을 전제로 한 것이라고 설명된다는 것이다(한국행정연구원, 2005).

일본에서는 쟁의행위 금지 규정에 위반하여 쟁의행위로 참여한 경우 단순 참가자에 대한 벌칙 규정은 없고, 위법한 쟁의행위 수행을 '공모하거나 교사 · 선동 · 기획'한 경우와 같이 주도적 지위에 있는 자에 대해서만 벌칙 규정이 존재한다. 이 규정에 대하여 일본 최고재판소는 위법한 쟁의행위를

3) 지방공무원법 제37조 제1항과 제2항의 규정도 같은 내용을 담고 있다.

선동 등의 행위를 한 자는 사회적 책임이 무겁다는 이유 등에서 합헌이라고 판단하고 있다.

합법성을 가장한 다양한 형태의 쟁의행위가 나타나고 있는데, 판례는 다음과 같은 행위를 불법적인 쟁의행위로 보고 있다(행정자치부, 2004).

〈표 9-4〉 일본 비현업 공무원의 불법적 쟁의행위 유형

불법적 쟁의행위 유형
- 근무 시간 내 직장대회(집회)를 하는 행위 - 전면 또는 부분 휴가투쟁 - 근무 시간 중 머리띠, 리본 또는 완장 등 착용 행위

직원단체의 단체행동권 제한에 대한 공무원노조에 상응하는 보상으로서 인사원의 권고 조치가 특징적이다. 인사원은 직원의 복지・이익의 보호를 도모하여 전문성에 기하여 인사행정의 합리적・과학적인 운영을 확보하는 것을 주된 사명으로 하고 있다. 이를 위하여 인사원은 내각 소관 하에 강한 독립성과 중립성을 부여받고 있으며, 인사원의 급여 권고는 직원에 대하여 사회 일반의 정세에 적응하는 급여를 확보하는 기능을 하고 있다(정세 적응의 원칙). 인사원은 직원의 근무 조건에 관한 권고, 규칙의 제정・개폐 등을 행할 때 직원단체 기타 공무원조합과의 회합을 통하여 직원의 의견과 요청 등을 듣고 업무에 반영하고 있는데, 직원단체와의 회합 횟수는 1990년 이후 매년 400회 정도 이루어지고 있다(한국행정연구원, 2005).

(2) 현업 일반직 국가・지방공무원

현업 국가 및 지방공무원으로 조직된 노동조합 및 직원은 단체행동권이 인정되지 않으며, 특정독립행정법인 등의 직장폐쇄권도 부인되고 있다.

직원 및 노조는 특정독립행정법인 등에 대하여 동맹파업・태업 기타 업무의 정상적인 운영을 저해하는 일체의 행위를 할 수 없으며, 직원과 노조조합원 및 임원은 이와같이 금지된 행위를 공모・교사・선동해서는 아니되며, 국영기업 등은 직장 폐쇄를 해서는 아니 된다. 이 규정에 위반하는 행위를 한 직원은 해고된다.

제 3 절 일본의 부당노동행위와 분쟁조정제도

1 비현업 일반직 국가 · 지방공무원

부당노동행위와 관련하여 단체교섭 거부나 지배 개입의 금지에 해당하는 규정은 따로 두지 않고 있다. 노동조합법과 달리 부당노동행위 구제 절차가 별도로 규정되어 있지 않고, 노동조합법상 부당노동행위 구제 절차가 준용되는 것도 아니다.

다만, 직원단체의 결성이나 활동을 이유로 하는 불이익 취급은 금지되며 불이익 취급을 받은 경우 공무원법상의 일반적인 불복 절차에 따라 구제받을 수 있다. 즉, 직원은 그 의사에 반하여 강등 · 강임 · 휴직 · 면직 기타 이와 동등한 현저히 불이익한 처분을 받았거나 징계처분을 받은 경우에는 인사원(인사위원회, 공평위원회)에 행정불복심사법에 따른 불복 신청(심사청구 또는 이의신청)을 할 수 있으며, 인사원의 재결 또는 결정을 거쳐 소송을 제기하는 소원전치주의를 채택하고 있다(행정자치부, 2004).

비현업 공무원으로 구성되는 직원단체와 당국 간 단체교섭에서 분쟁이 발생하는 경우 이를 조정하는 방법에 대해서는 별다른 규정을 두지 않고 있다(한국행정연구원, 2005: 114).

2 현업 일반직 국가 · 지방공무원

현업 직원의 경우 부당노동행위 관련 규정은 노동조합법상의 규정이 거의 준용되고 있으나, 유니언 숍 관련 규정은 준용되지 아니한다. 해고가 노조활동으로 말미암은 부당노동행위라고 직원이 주장하는 경우 그 신청 기간은 행위 종료 후 일반 근로자의 경우(1년)보다 단축된 2월로 규정되어 있다. 부당노동행위 심판은 중앙노동위원회 위원장 및 중앙노동위원회 공익위원 중 위원장이 미리 지명한 6인의 위원 전원에 의해 구성되는 심사위원회에서 행하여진다. 지방공영기업 현업 공무원의 노동 관계에 대하여 적용되는 부당노동행위 관련 법 규정은 국가공무원의 경우와 거의 동일하다.

〈표 9-5〉 일본의 공무원 노동기본권 요약

<table>
<tr><th colspan="3">구분</th><th>대상</th><th>적용 법률</th><th>형태</th><th>단결권</th><th>단체
교섭권</th><th>협약
체결권</th><th>단체
행동권</th></tr>
<tr><td rowspan="5">국가공무원</td><td rowspan="2">일반직</td><td>비현업</td><td>현업 이외의
공무원</td><td>국가공무원법</td><td>직원단체</td><td>◎
(경찰·해상보안청
·형무소·입국
경비관은 제외)</td><td>◎</td><td>×</td><td>×</td></tr>
<tr><td>현업</td><td>-국영기업 직원
-특정독립행정
법인 직원</td><td>특정독립행정
법인 등의
노동관계법</td><td>노동조합</td><td>◎</td><td>◎</td><td>×</td><td>×</td></tr>
<tr><td rowspan="3">특별직</td><td>재판소</td><td></td><td>재판소 직원
임시조치법</td><td>직원단체</td><td>◎</td><td>◎</td><td>×</td><td>×</td></tr>
<tr><td>국회</td><td></td><td>국회직원법</td><td>직원단체</td><td>◎</td><td>◎</td><td>×</td><td>×</td></tr>
<tr><td>방위청</td><td></td><td>자위대법</td><td>없음</td><td>×</td><td>×</td><td>×</td><td>×</td></tr>
<tr><td rowspan="3">지방공무원</td><td rowspan="3">일반직</td><td>비현업</td><td>현업 이외의
지방공무원</td><td>지방공무원법</td><td>직원단체</td><td>◎
(경찰 및 소방직원
제외)</td><td>◎</td><td>×
△</td><td>×</td></tr>
<tr><td>현업</td><td>지방공영기업
직원</td><td>지방공영기업
노동관계법</td><td>노동조합</td><td>◎</td><td>◎</td><td>◎</td><td>×</td></tr>
<tr><td>단순노무직</td><td></td><td>지방공영기업
노동관계법</td><td>노동조합
또는
직원단체</td><td>◎</td><td>◎</td><td>◎</td><td>×</td></tr>
</table>

주: ◎는 인정, ×는 불인정을 의미한다.
△는 서면 협정 체결 가능을 의미한다.

분쟁조정에 대해서는 중앙노동위원회가 알선·조정·중재를 행하도록 하고 있다. 관련 볍규에 따르면, 중앙노동위원회가 필요하다고 인정하는 경우 중재에 회부할 수 있도록 하고 있으며, 또한 주무대신이 중앙노동위원회에 중재 청구를 할 수 있도록 하여 사실상 강제중재가 가능하다.

지금까지 설명한 일본 공무원의 종류와 그에 따른 노동기본권을 정리하면 앞의 <표 9-5>와 같다.

Chapter

10 유럽 국가의 공무원 노동기본권

제 1 절 독일의 공무원 노동기본권

1 공무원 노사관계의 개요

독일에서 공공부문은 연방정부·주정부·지방정부의 정부기관 및 공기업, 공법상의 영조물과 재단을 포괄하고 있다(이철수·강성태, 1997).[1] 여기에 근무하는 공공부문 근로자는 공무원(Beamte), 근로자(Arbeitnehmer)로 구분되는데, 공무원은 공무원법에 따라 그 신분과 근로조건이 보장된다. 반면, 비공무원인 근로자는 직무의 성격에 따라 다시 사무직 근로자(Angestellte: 화이트 칼라)와 노무직 근로자(Arbeiter: 블루칼라 근로자)로 구분되며, 이들은 모두 공무원법이 아닌 사법상의 고용계약에 의하여 규율되고 근로조건은 단체협약에 의하여 결정된다.

---

1) 이하의 내용은 다음 자료를 참조하였으며, 좀 더 구체적인 내용은 해당 자료를 참고하기 바란다. 이철수·강성태(1997). 「공공부문의 노사관계법」. 한국노동연구원; 조용만 외(2003). 「국제노동 기준과 한국의 노사관계」 한국노동연구원; 중앙인사위원회(2002). 「효율적인 공무원단체 교섭모델 운영 방안에 관한 연구」; 중앙인사위원회(2003). 「공무원노조 관련 분쟁 유형 및 조정 방안에 관한 연구」.

공무원은 독일기본법(우리나라의 헌법)이 직업적 공무원제도의 전통적인 원칙들을 고려하여 공직 근무 법률이 정해져야 한다는 규정에 근거하여 1953년에 제정된 연방공무원법에 따라 근로조건이 결정된다(근로 조건 법정주의). 연방공무원은 연방정부를 임용권자로 하는 직접연방공무원과 공법상의 연방직할단체, 영조물 또는 재단을 임용권자로 하는 간접연방공무원으로 나뉜다.

그리고 주 이하의 자치정부에 소속된 공무원의 노사관계는 주정부가 각기 규율하지만 연방법이 우선하며, 주법률은 1957년 제정된 연방법률인 공무원법규기본법의 입법 기준을 준수하여야 하므로 연방공무원의 근로조건과 주 이하 공무원의 근로조건은 거의 동일하다(이철수 · 강성태, 1997).

2 단결권

(1) 공무원의 단결권

독일 국민의 단결권 보장은 제1차 세계대전 이후 제정된 바이마르헌법에 의하여 헌법상 명시되었다.

현행 독일기본법(헌법)은 제9조 제3항에서 단결의 자유를 보장받고 있다. 즉, "근로 조건 및 경제 조건의 유지 · 개선을 위하여 단결체를 결성할 권리는 누구에게나 그리고 어떠한 직업에도 보장된다. 이 권리를 제한하거나 방해하려는 약정은 무효이며, 이를 목적으로 하는 조치는 위법이다"라고 명시하고 있다. 따라서 일반 근로자는 물론이고, 군인 · 경찰을 포함한 모든 공무원은 단결권을 가진다고 해석되며, 독일의 경우 장관도 조합원인 경우도 있다.

독일에서 민간부문 및 공공부문 노동조합의 조직 형태나 등록 제도에 대한 법적인 제약이 없으며, 주로 산업별 또는 직업별 전국 조직으로 구성되고 다시 전국중앙연맹을 결성하고 있다. 공공부문 근로자들은 그들만의 노동조합을 조직하거나 또는 일정의 산업별 또는 직업별로 민간부문의 근로자들과 함께 노동조합을 조직하고 있다. 공공부문 근로자가 가입되어 있는 노동조합의 대표적인 전국중앙연맹은 DGB(독일노동조합총연맹), DBB(독일공무원연맹)이며, 이외에도 ÖTV(공공서비스 · 운송 · 교통노조), DAG(독일사무직근로자노조), DPG(독일체신노조), GDED(독일철도노조), GEW(교육학술노조), GP(경찰노조) 등이 있다.

독일기본법에 따라 1953년에 제정된 연방공무원법은 제9조에서 다음과 같이 규정하고 있다(조용만 외, 2003).

독일연방공무원(독일기본법 제1항, 제2항)

공무원은 단결의 자유에 의거하여 노동조합 또는 직능단체를 결성하는 권리를 갖는다. 공무원은 법률에서 별도로 정함이 없는 한 소속된 노동조합 또는 직능단체에 대표권을 위임할 수 있다(제1항). 공무원은 누구든지 자신이 가입한 노동조합 또는 직능단체를 위한 활동을 이유로 직무상 처분을 받거나 불이익한 대우를 받지 않는다(제2항).

(2) 비공무원 근로자의 단결권

비공무원 근로자인 사무직 근로자와 노무직 근로자는 공무원법이 적용되지 않으며, 독일기본법상의 조항 이외에 별도의 법 규정이 없어 독일기본법 조항에 따라 단결권이 보장된다고 해석되며, 민간부문의 근로자도 마찬가지이다.

3 단체교섭권

(1) 공무원의 단체교섭권

독일에서는 공공부문의 노사관계는 물론 민간부문의 노사관계에 대해서도 단체교섭권에 관한 헌법상 또는 노동법상 명문의 보장 규정이 없으며, 단체교섭이라는 개념도 독일 노동법상 존재하지도 않는다. 다만 단체협약법에 의하여 노동조합에게 단체협약 체결 능력을 부여하여 단체교섭권을 대신하고 있다(조용만 외, 2003).

문제는 공무원노동조합에 단체협약체결권을 부인하는 명문의 규정이 없으나, 해석론상 공무원에 대해서는 단체협약체결권을 인정하지 않는 것이 통설이며 판례라고 본다(조용만 외, 2003).

다만, 연방공무원법 제94조에서 공무원법상의 모든 관계를 규율하는 규정을 준비할 때 노동조합의 상급단체의 관여[2]를 인정하고 있으나 이 규정이 노동조합의 단체교섭권을 인정하는 것은 아니다. 그리고, 1974년 개정된 직원대표법에 의하여 직원협의회를 조직하며, 직원협의회는 공무원의 인사에 관한 사항 등에 대한 공동결정권 및 징계·면직, 조직적 사항에 대한 관여권이 인정되고 있다(조용만 외, 2003).

(2) 비공무원 근로자의 단체교섭권

한편, 비공무원인 사무직 근로자 및 노무직 근로자는 공무원법이 아닌 단체협약법에 의하여 단체협약체결권이 인정된다. 아울러 직원대표법에 의하여 직원협의회를 구성하여 일정 범위 내에서 관여권이 인정되고 있다.

4 단체행동권

(1) 공무원의 단체행동권

독일 연방공무원의 단체행동권도 마찬가지로 이를 보장하거나 금지하는 명문 규정이 없으며, 해석론상 부정되고 있다. 즉, 독일기본법에서 규정한 단결권 보장 규정은 단체행동권까지 포함하는 것은 아니며, 공무원에 대해서는 쟁의행위가 금지된다고 해석되고 있다. 그 근거로는 공무원의 쟁의행위는 국가에 대한 공법상의 근무관계 및 충성 관계와 양립하지 않는다는 점, 공무원의 근무조건은 법률에 의해 결정된다는 점, 민간부문의 단체행동에 대항하는 직장폐쇄라는 대항 수단이 정부기관에는 불가능하다는 점, 국가기관 업무의 정지나 폐지는 공공복리에 반한다는 점, 공무원의 파업은

---

2) 실질적으로 관여가 인정되는 상급단체는 전국적 조직인 DGB(독일노동조합총연맹), DBB(독일공무원연맹)이다.

국가와 국민에게 압력을 가하게 된다는 점 등이 제시되고 있다.

그런데, 1960년대부터 시작된 공무원의 근무조건 개선을 위한 집단행동의 준법 투쟁이나 1969년 프랑크푸르트 및 한센 주에서 최초의 공무원 파업 등의 예외적인 쟁의행위가 발생한 바 있으나, 정부는 이를 불법적인 행동이라고 경고만 했을 뿐 참가 공무원에 대한 징계 처분 등이 발생하지 않았다고 한다(조용만 외, 2003; 이철수·강성태, 1997).

(2) 비공무원 근로자의 단체행동권

공공부문의 사무직 근로자 및 노무직 근로자는 민간부문의 근로자와 마찬가지로 단체행동권이 인정된다고 해석되고 있다. 독일에서는 공익사업을 이유로 하는 개별적인 법률에 의하여 쟁의행위를 제한하는 법률이 존재하지 않는다. 다만, 일부 견해에 따라 쟁의행위를 제한하는 것이 정당하다는 주장이 제기되고 있다. 즉, 생존 배려에 필요한 최소한의 급부를 확보해야 한다는 관점에서 일반 국민의 생존에 필요한 일정한 분야(에너지, 수도, 우편, 방송, 치안, 국방 등)에서는 쟁의행위를 제한하거나 강제 조정도 예외적으로 허용하여야 한다는 것이다(이철수·강성태, 1997).

한편, 독일의 법률은 단체교섭이 진행중인 경우 파업을 금지하고 있으며(평화 의무 조항), 중재협약 제9조는 분쟁의 스케줄을 명시하고 있다. 이에 따르면, 쟁의행위는 두 가지 조건이 충족되는 경우에 가능한데, 첫째, 단체교섭이 실패할 것, 둘째, 단체교섭의 실패 사실이 노사에 의하여 공식적으로 선언될 것이다.

5 분쟁조정제도

민간부문과 마찬가지로 공공부문 노사관계에서 노동쟁의의 조정 절차는 주로 노사 간의 조정 협정에 의하여 인정된다.

공무원의 근로조건은 법률에 의하여 결정되는 입법주의 모델이므로 이익 분쟁이 발생한 경우 이를 해결하는 절차가 법적으로 존재하지는 않는다. 대신 공무원들은 공식적·비공식적 방법들을 동원하여 분쟁을 예방하거나 또는 입법 과정에서 영향력을 행사하는 수단을 갖는다.

비공무원 근로자인 사무직 및 노무직 근로자는 단체협약에 의하여 근로조건이 결정되므로 단체협약이 원활하게 이루어지지 못하는 경우 분쟁을 해결하기 위하여 중재 절차를 거치며, 최후의 수단으로 파업을 선택할 수 있다. 중재는 중재위원회에서 중재가 진행되며, 중재위원회는 사용자 대표 6인, 근로자 대표 6인, 투표권을 가진 1명의 독립적인 의장으로 구성되어 다수결로 결정된다. 원칙적으로 협상이 결렬되었다는 공식적 발표 후에 중재가 가능하지만, 노동법에 의하여 모든 평화적 수단이 한계에 도달할 때까지 중재는 유보된다. 중재 기간에는 파업이 허용되지 않으며 평화 유지 의무가 노사 양측에 부과된다(서원석, 1995).

중재협약 제2조에서는 단체교섭의 실패를 공식적으로 선언한 후 각 당사자는 6일 이내에 중재 절차를 신청할 권리를 가지며, 중재가 신청되면 6일 동안 추가적으로 쟁의가 금지되는 냉각 기간을 가져야 한다(강수돌, 1997).[3] 중재위원회는 중재권고안을 8일 이내에 제출하여야 한다.

독일은 1974년 3일간의 파업 이래 18년간 파업이 없었으며, 1990년 10월 독일의 재통일 후 동독의 자본주의화 과정을 위한 재원 마련을 위한 근로자의 실질임금 인하와 사회보장 후퇴정책에 반대하여 1992년 6월에 11일간의 파업을 단행하였다. 독일은 노사 간에 대화와 협상의 동반자를 인정하는 문화를 통하여 참여적이고 협력적인 노사관계를 형성하면서 파업을 자제해 오고 있다.

일반적으로 공공부문의 노동쟁의는 [그림 10-1]과 같은 절차를 요구하고 있다.

---

3) 다른 해석이 존재하는데, 중재협약 제9조의 평화 의무 조항은 중재 절차를 신청한 이후에 유효하다는 규정을 지적하면서, 단체교섭이 실패했다는 선언과 중재절차를 신청하는 사이에는 평화 의무가 없다는 해석이다(강수돌, 1997: 55).

[그림 10-1] 독일 공공부문의 노사 협상과 중재 과정

① 단체교섭(협상)	→② 결렬	→ ③ (6일 이내 중재신청) (평화의무기간)	→④ 중재	→ ⑤ (6일간 추가 냉각기간)

→ ⑥ 중재 결렬	→ ⑦ 파업 찬반 투표	▶⑧ 75% 이상 찬성	→ ⑨ 파업	→ ⑩ 재협상
		▶⑧ 75% 미만 찬성		

→ ⑪ 합의	→ ⑫ 찬반 투표	▶ ⑬ 50% 이상 찬성	→ ⑭ 협상 종료(파업 종료)	
		▶ ⑬ 50% 미만 찬성	→ ⑭ 파업 계속	→ ⑮ 재협상

자료: 강수돌(1997)의 내용을 기초로 저자가 작성함.

제 2 절 영국의 공무원 노동기본권

1 공무원 노사관계의 개요

영국은 법령상 공무원의 정의가 존재하지 않으나, 가장 일반적으로 인용되는 공무원(civil servants) 개념은 "정치적·사법적 직위에 해당되지 아니하고, 민간 분야에 고용되어 그 봉급이 전적으로 의회에서 결정된 예산에 의하여 직접 지급되는 국왕의 신하"라는 정의이다. 여기서 국왕은 곧 정부를 의미하며, 공무원은 국왕의 신하로 국왕에 의하여 구성된 정부에 대하여 충성 의무가 있지만, 공무원 개개인의 일차적인 의무는 그들이 근무하는 부처의 각료에 대한 것이다(서필언, 2005: 28-29).

공무원의 범위는 중앙행정기관과 그 소속의 책임운영기관에 근무하는 자로 한정되며, 정치적 임명직인 장관, 정무차관, 의회소속 직원, 군인, 판

사, 교사, 경찰, 소방, 지방자치단체 직원, 국영기업 등의 직원은 공무원에 포함되지 않으며, 교원 및 경찰관은 지방공무원이다(서필언, 2005; 중앙인사위원회, 2002).

영국의 공무원은 국회 입법이 아닌 국왕의 전권에 의하여 존재하며, 공무원에 관한 사항도 국회 입법이 아닌 국왕의 자문기관인 추밀원(Privy Council)에서 발하는 추밀원령에 따라 정해진다. 영국 공무원의 분류는 정규직(항구직)과 임시직(비항구직), 비현업직(사무직)과 현업직, 전임제와 시간제 공무원으로 구분한다. 중앙정부에 고용된 공무원은 주로 비현업직 업무에 종사하고 있다(서필언, 2005).

영국 공무원의 노사관계는 경찰이나 군인 같은 특수 직종을 제외하고는 기본적으로 민간부문과 공공부문의 고용 관련 법령을 그대로 적용받는데, 대표적인 것은 노동조합과 노사관계법(1992), 노동조합 개혁 및 노동권법(1993), 노동권법(1996, 1998) 등이며, 공무원을 위한 특별법으로 1992년의 '공무원(권한위임)법'과 1995년의 '공무원에 관한 추밀원령'이 있다. 전자는 총리와 내각사무처에 집중된 공무원의 관리와 근무조건에 관한 권한을 각 부처 장관에게 위임한 법률이며, 후자는 공무원제도의 관리에 관한 기본적인 원칙을 명시한 것이다.

2 단결권

영국은 1799년 단결금지법에 따라 근로자들의 단결이 국가에 의하여 금지되어 왔으나, 1824년 단결금지법폐지법이 제정되고 1891년 노동조합법이 제정되면서 근로자들의 단결권이 보장되었다고 할 수 있다. 영국에서 단결권은 민간부문과 공공부문을 구별하지 않고 모든 근로자들에게 인정되며, 단결형태나 조직형태에 대한 제한도 없다. 다만, 군인은 단결권이 인정되지 않으며, 경찰은 오로지 경찰연맹(Police Federation)에만 가입할 수 있다(이철수 · 강성태, 1997).

영국에서 공무원단체가 최초로 결성된 것은 체신부 직원으로 19세기 말로 소급한다. 즉, 1891년에 우편배달부들에 의하여 우편배달부연맹이 결성되었으며, 1897년에는 철도사무원노동조합이 결성되었다(김금수, 1988). 당시의 노조는 거의 조합 승인을 얻지 못하였으나, 제1차 세계대전 이후 공직에의 불만이 커지면서 하급 서기직원은 TUC(Trade Union Congress, 영국노동조합회의)에 가입하여 파업으로 정부를 위협하였고, 1919년 휘틀리협의회(Whitley Council)가 설치되면서 공무원의 조직화가 급속하게 확대되었다(한국지방행정연구원, 1986).

1926년에 총동맹파업이 발생하자 정부는 1927년 '노동쟁의 및 노동조합법'을 제정하여 제5조에서 공공부문 근로자 중 '국왕에 의하여 고용된 공무원'은 국왕에 의하여 고용되지 않은 자를 포함하는 단체 또는 그 연합단체에 가입하는 방식을 금지하는 조직상의 제약을 두었다. 이 조직은 정치적 목적을 갖지 않아야 하며, 직간접으로 정당 또는 정치단체에 관계되지 않을 것을 조건으로 단결 및 가입이 인정되었다.

그런데, 제2차 세계대전 이후 노동당 정부에서 1946년 '노동조합 및 노동쟁의조정법'에 의하여 1927년의 법률이 폐지되면서 공무원들은 민간부문 근로자와 동일하게 단결권을 보장받게 되었다(조용만 외, 2003).

국가공무원들은 주로 직종(class)과 등급(grade)에 따라 여러 형태의 노동조합을 구성하거나 가입하고 있다. 즉, CPSA(Civil and Public Service Association)는 서기직과 비서직 중심, SCPS는 하위직 및 중간관리직, IPCS는 전문직 및 특수직, IRSF는 서기직, 비서직 및 중간관리직, CSU는 보조직(타자, 사환 등), POA는 교도관, NIPSA(Northern Ireland Public Service Alliance)는 북아일랜드 공무원, FDA(Association of First Division Civil Servants)는 고위관리직을 중심으로 조직되어 있다(중앙인사위원회, 2002).

그런데, 1979년 보수당 정부의 노동조합 가입 및 활동에 대한 부정적 입장으로 노동조합 활동이 위축되자 노동조합의 통합이 이루어져 왔으며, 1998년에는 SCPS, CSU, IRSF, CPSA가 통합하여 PCS(Public and Commercial Services Union, 공공 및 상업서비스노동조합)을 창립하여 TUC에 가입되어 있다(조용만 외, 2003).

3 단체교섭권

영국에서 단체교섭권은 법률상의 권리가 아닌 오랜 관행으로 인정되어 오고 있다. 교섭에 따른 합의 내용은 '신사협정'으로 법적 구속력이 없는 경우가 많다. 1992년 노사관계법에 의하여 법적 구속력이 가능하지만, 사법적 간섭보다는 노사 합의에 의한 당사자 간 자주적 이행을 확보하여 관행상 별로 이용하지 않고 있다. 이러한 사실은 민간부문과 공공부문 모두 공통된 특징이라고 할 수 있다(조용만 외, 2003).

이러한 결과로 교섭형태도 정형적인 단체교섭 방식과 협의방식 등 다양한 교섭방식을 가지고 있다. 단체교섭 방식은 승인된 노동조합[4]에 의한 것과 휘틀리협의회(Whitley Council)[5]에 의한 것이 있으며, 승인된 노동조합은 그 조합원에게 영향이 있는 문제에 관하여 직접교섭을 진행한다. 승인 노동조합은 승인대상 공무원층에 영향을 주는 문제에 관하여 협의할 권리, 관리자 측과 협약을 체결할 권리, 공무원중재재판소를 이용할 권리가 부여된다. 반면, 비승인 노동조합은 문서에 의하여 의견을 표명하는 것이 가능할 뿐이다(중앙인사위원회, 2002).

4 단체행동권

영국에서는 공공부문을 이유로 단체행동권을 특별히 금지하거나 제한하

4) 승인이란 노동조합에 관계가 있는 사용자 또는 2인 이상의 공동 경영자에 의한 단체교섭을 위한 승인을 의미한다(1975년 고용보호법 제126조). 노동조합의 승인으로 재무부에 의해 2개 부처 이상 공무원의 이익을 대표하는 노동조합에 부여되는 전국 승인과, 부처에 따라 당해 부처에 관한 문제로 당해 부처 일정 공무원을 대표하는 노동조합에 부여되는 성별 승인이 있다(중앙인사위원회, 2002).

5) 휘틀리협의회는 1916년 정부가 '노사관계에 관한 재건위원회' 보고서에 의하여 설립된 노사 동수의 대표자로 구성되는 산업합동협의회다. 이 제도는 사기업 영역에서만 채택되어 시행되어 오다가 공무원단체의 주장으로 1919년부터 행정부에도 도입되었다.

는 입법은 존재하지 않는다. 즉, 1825년 단결금지법폐지법이 제정되면서 쟁의행위가 인정되었으며, 1875년 '공모죄 및 재산보호법'에 의하여 형사상 면책특권이, 1906년 '노동쟁의법'에 의하여 민사상 면책특권이 확립되었다.

다만, 쟁의권에 대한 적극적인 권리가 인정되는 것이 아니라 민사상·형사상 면책을 통한 간접적인 형태로 쟁의권의 존재가 허용되는 것이며, 존재 형식에서도 성문법에 의한 이론적이고 체계적으로 구축된 것이 아니라 불문법의 예외로 개별 입법에 의하여 민사상·형사상 면책규정을 통한 방식을 취하고 있다.

쟁의행위에 대한 억제 절차로는 신고에 기초하여 필요한 경우 법원의 금지명령(injunction)이 발해지며, 금지명령을 준수하지 않을 경우 법원모독죄가 적용된다(중앙인사위원회, 2002).

파업의 자유는 경찰과 군인 등에게는 인정되지 않으며, 경찰의 경우 1919년 '경찰법'에 의하여 파업에 대하여 형벌을 부과하여 왔고, 1964년 개정으로 경찰직무의 불이행 시에도 형사적 처벌을 가할 수 있도록 규정하여 단체행동에 대한 금지가 강화되었다(조용만 외, 2003).

한편, 1982년 '고용법'에서는 노동쟁의의 범위를 축소시켰다. 즉, 당해 사용자가 고용하는 근로자가 참가하지 않거나 분쟁에 직접 관련되어 있지 않은 사용자를 대상으로 하는 쟁의행위는 노동쟁의 행위에서 제외시켰다. 또한, 1984년 '노동조합법'에서는 파업에 돌입하기 전에 먼저 근로자의 비밀투표를 의무화하여 분쟁절차를 강화하는 조치를 취하였다(이철수·강성태, 1997).

이러한 제약 조건들은 공공부문과 민간부문을 구분하지 않고 모두 적용된다. 영국에서는 공공부문과 민간부문을 구별하지 않고 특정 사업 부문에 대하여 파업에 대한 별도의 법률 규정을 두는 방식을 택하고 있다.

예로 가스·수도·전기사업의 경우 서비스 공급이 완전히 또는 대부분 중단되는 것을 알면서도 파업을 하는 것은 고의로 고용계약을 위반하는 행위로 간주하여 형벌로 규정하고 있다. 즉, 파업을 직접 금지하는 방식이 아니라 서비스를 고의로 중단하는 근로계약 위반행위 형식으로 금지하는 것이다. 따라서, 근로자들은 파업을 원하는 경우에는 7일 전에 사전 파업예고를 하여 합법적으로 고용계약을 해제한 후 가능하다.

사용자 측에서는 파업에 불참하는 근로자들을 대체고용하는 방식으로 서비스의 공급을 계속할 수 있으며, 정부도 이를 지원하고 있다.

궁극적으로 영국에서는 단지 법률에 의한 제한과 억압이 실제로 분쟁과 파업을 방지할 수 없다는 경험을 거쳐 교섭구조를 통한 해결방식을 중시하는 노사관계를 구축해 오고 있는 특징을 지닌다. 그 결과 국가독점적 · 공익적 우편사업에서도 파업권을 인정하고 있다(이철수 · 강성태, 1997).

5 분쟁조정제도

(1) 조정중재위원회(ACAS)

영국의 노사관계에서 분쟁 해결 절차는 조정과 중재제도라는 오랜 역사적 유물을 가지고 있다. 이러한 제도들은 1896년 '조정법(Conciliation Act)'과 1919년 '노동법원법(Industrial Courts Act)'에 의하여 구축되어 왔다. 이후 1974년에 조정중재위원회(Advisory, Conciliation, and Arbitration Service: ACAS)[6]가 설립되었으며, 1975년 '고용보호법'에 의하여 법률적 기반을 갖게 되었다. ACAS는 조정을 담당하고 조정이 실패한 경우 중재를 진행한다.

ACAS의 주요 목적은 정부부처와 독립적으로 임명된 구성원에 의하여 사업장 내 노사분쟁 예방 및 해결을 위하여 조정하고 중재하는 것이다.[7]

ACAS는 의회의 결정에 의하여 노사관계의 개선을 촉진하는 임무를 담당

6) ACAS를 직역하면, '조언 · 알선 · 중재위원회'라고 할 수 있다. 그런데, 조언(advisory)이나 알선(conciliation) 및 조정(mediation)은 모두 당사자들에게 구속력이 없다는 점에서 유사한 의미를 지니고 있으므로 번역과 설명의 편의상 '조정중재위원회'로 사용하기로 한다. 일반적으로 조정은 mediation으로, conciliation은 알선으로 구분하고 있으나, 알선과 조정은 구속력이 없다는 측면에서 상호 호환적으로 사용되기도 하므로, 여기서는 conciliation을 알선과 같은 의미로서 조정으로 사용한다.

7) 이하 ACAS에 대한 설명은 다음 자료를 참조하였으므로 좀 더 구체적인 사항은 www.acas.org.uk 및 중앙인사위원회(2003). 공무원노조 관련 분쟁 유형 및 조정 방안에 관한 연구 중 오병훈 박사가 담당한 영국 부분을 참조할 것.

〈표 10-1〉 영국 조정중재위원회(ACAS)의 구성

- 사용자 협회와의 협의를 거쳐 임명되는 4명
- 노동자를 대표하는 조직과 협의로 임명되는 4명(노조 사무총장들 및 고위 간부)
- 독자적인 전문가 3명(중진 학자, 변호사, 고용 문제 전문가)
- 의장, 사무총장, 본부국장들
- 지역 사무소 네트워크(11개)

한다. 국왕에 의하여 임명되는 의장과 11명의 비상근위원으로 구성되는 집행위원회에 의하여 공적 재정으로 운영되지만, 정부에 종속되지 않는다.

ACAS는 런던에 본부를 두고 11개의 주요 지역사무소를 가지며, 직원 약 900명이 국민들의 요청에 서비스를 제공한다. 그동안 ACAS는 노사 양측으로부터 공공성과 신뢰성을 받아왔기 때문에 노사 양측의 자발적 요청에 따라 개입하게 된다. 영국에서는 행정소송제도가 있지만, ACAS에 의뢰하는 것이 비용도 저렴하고 효과적인 것으로 평가된다.

ACAS는 작업장에서 발생한 분쟁이 분규로 이어지기 전에 해결하는 것이 주요 목적이다. 노동조합이나 사용자 측의 요구로 ACAS는 즉시 조정을 시작하며 조정으로 해결되지 않을 경우 중재제도를 이용하게 된다. ACAS 서비스는 자발성, 불편부당성, 비밀 유지, 독립성, 신속성, 비법률성(non-legalistic), 무비용 등을 특징으로 한다.

ACAS가 사용하는 조정(conciliation)은 노조와 사용자들이 각각 또는 공동으로 자발적 요청에 따라 이루어지며, 조정자는 노사 양측이 합의에 도달할 수 있도록 토론과 협상을 촉진시킨다. 한편, 중재(arbitration)는 분쟁이 조정에 의하여 해결될 수 없는 경우 ACAS는 독립적인 중재자와 중재위원회를 임명한다. 중재 시 양측은 서면으로 각각의 입장을 제출하고 이에 관련한 증거와 주장을 제시하는 공청회를 개최한다. 양측은 분쟁의 분명한 해결책으로서 중재자의 결정을 수용할 것을 사전에 동의해야만 한다.

ACAS 의 네 가지 주요 기능은 <표 10-2>와 같다.

〈표 10-2〉 영국 조정중재위원회(ACAS)의 주요 기능

첫째, 불편부당한 정보의 제공과 지원
둘째, 노사 분쟁의 예방과 문제 해결
셋째, 근로자의 권리에 관한 진정 해결
넷째, 함께 일하는 사업장 분위기 조성을 위한 워크숍과 세미나 개최

(2) **공무원중재재판소**(CSAT)

공무원에 관련한 쟁의조정에서 자발적인 조정 및 중재가 오랜 전통이며 관행이다. 사용자인 정부 당국과 공무원노조 간 교섭이 결렬되거나 휘틀리 협의회에 의한 합의가 불가능할 경우, 쌍방의 제소에 의하여 '공무원중재재판소(Civil Service Arbitration Tribunal: CSAT)를 통하여 분쟁을 해결한다. 중재 절차는 공개로 진행되며 재판관의 의견이 일치하지 않을 때는 재판장이 결정하도록 한다. 공무원중재재판소의 결정은 법적 구속력을 갖지 않으나 관례상 존중받고 있다.

CSAT는 3명의 재판관으로 구성된다. 재판장은 노사 양측의 협의하에 노동연금부장관에 의하여 임명되며, 나머지 2명은 정부대표로 재무부에서 1명, 전국휘틀리협의회 공무원 측에서 1명이 노동연금부장관에 의하여 임명된다. 재판소에 부의되는 사항은 급여, 근무시간 및 휴가에 한정되고 공무원 개인에 관한 사안은 취급되지 않는다. 한편, 중재재정은 정부와 의회에 대하여 법적 구속력은 없다.

1997년 4월 이후 공공부문 분쟁의 약 절반은 ACAS 지원 아래 조정제도를 통하여 해결되었다. ACAS는 몇 개의 상설 중재기구를 감독하고 있는데, 이들 중재기구는 공공부문에만 설립되었다. 즉, 경찰중재재판소(Police Arbitration Tribunal), 우편국조정중재재판소(Post Office Arbitration and Mediation Tribunal), 공무원중재재판소(Civil Service Arbitration Tribunal) 등이다. 그러나, 제도적으로 공무원을 위한 상설 중재기구인 공무원중재재판소(CSAT)는 1981년 이후 지난 20여 년 동안 전혀 활동 실적이 없다.

영국에서의 중재제도는 이론적으로 노사 양측의 자율성을 저해하는 측면이 있어 보이지만, 중재에 관련되었던 노사대표 중 아무도 중재 과정이

문제 있다고 생각하고 있지 않다고 한다. 오히려 이 중재 과정이 노사간 분쟁해결의 실마리를 제공하였고 그 과정을 촉진시켰다고 인식하고 있다.

결국, 영국에서의 분쟁은 어떤 해결 기제가 사용되든지 공정한 외부자의 개입으로 노사 양측이 합의하는 데 중요한 것이며, ACAS의 조정과 중재 방식은 파트너십에 기초한 합의로 귀결되었다고 볼 수 있다(중앙인사위원회, 2003).

제 3 절 프랑스의 공무원 노동기본권

1 공무원 노사관계의 개요

프랑스 공공부문의 근로자는 국가행정기관, 지방공공단체, 공공시설, 공법상의 특수법인 및 기타 공기업(국공영기업)에 소속된 자로 구성된다.8) 이들의 법적 지위는 다양한 형태로 뒤섞여 있으며, 임용 방식, 급여 형태, 직무 내용 등에 따라 다음과 같이 분류할 수 있다.

(1) 공법상의 근로자: 광의의 공무원

공법상 직원의 자격을 가지고 공법의 적용을 받으며, 소송 관할이 행정법원에 속하는 자를 말한다. 이들은 일반 근로자에게 인정되는 노동기본권이 인정되지만, 국민에 대한 행정 서비스 제공이라는 업무의 특수성과 공무원 지위 법정주의원칙에 따라 공무원노동기본권 보장과 국민의 일반 이익과의 조화를 위하여 일정한 제약을 가하고 있다.

즉, 공무원의 지위는 계약이 아니라 공무원법에 의하여 정해지므로 직업

---

8) 여기서 참조한 프랑스와 관련된 자료들(서원석, 1994; 이철수·강성태, 1997; 중앙인사위원회, 2003; 조용만 외, 2003)의 출처는 대부분 다음 자료를 인용하였으므로 좀 더 구체적인 내용을 필요로 하는 경우에는 직접 참고하기 바란다. 임서정 역(1993). 프랑스의 노사관계법제. 한국노동교육연구원.

〈표 10-3〉 프랑스 공무원의 범위

- 협의의 공무원: 국가 및 지방공무원
- 공법상의 계약에 의하여 행정관청 또는 국·공영기업에 고용된 직원
- 공법상의 특별 신분 규정에 의하여 규율되는 직원(국·공영기업의 장·경리직원, 국영기업의 고위 직원, 상공회의소와 농업회의소의 직원)
- 공법상의 협력자(행정관청이나 공공기관의 징용령에 의하여 징용되는 협력자: 강제 협력자, 무상협력자)

생활자로서의 근로자성을 부인하지는 않지만, 일반 근로자와는 다른 특수한 지위를 갖는 것으로 이해된다. 공무원법에 의하면, "공무원은 관청에 대하여 법률과 규칙에 기초한 관계를 지니는 자로서, 중앙행정부처나 국가의 대외적 업무 담당기관 또는 국가공공기관의 상설직에 계급제도상의 일정한 지위를 갖고 임명된 자"로 정의하고 있다.

(2) **사법상의 근로자**

사법상의 근로자로 그 소송 관할이 일반법원에 속하는 자를 말한다. 이들은 일반 노동법의 적용을 받으며, 원칙적으로 민간부문의 근로자와 동일한 자격으로 일반적 기본권의 자유와 권리를 가진다.

〈표 10-4〉 프랑스의 사법상 근로자의 범위

- 사법상의 계약에 의하여 고용된 자(국·공영기업의 단기고용 근로자, 특별 신분 규정을 갖지 않는 국영기업 근로자)
- 사법상의 특별 신분 규정에 의하여 규율되는 근로자(국영기업의 일반 근로자, 특별 신분 규정을 갖는 국영기업(프랑스 전기·석탄·은행·국철·항공)의 고위 직원이 아닌 자)
- 사법상의 협력자(징용령에 의한 국영기업 등에의 징용자)

2 단결권

프랑스 공무원들의 단결권은 제2차 세계대전 이전에는 인정되지 않았다. 일반 근로자의 단결권은 1884년에 인정되었고, 1901년에는 비영리단체의 형식을 취하여 단체를 결성하는 것만이 가능하여 적법한 노동조합은 인정하지 않았다.

제2차 세계대전 이후 제4공화국 헌법 전문에서 "모든 사람은 조합활동을 통하여 그의 권리 및 이익을 보호하고 동시에 그가 선택한 노동조합에 가입하는 것이 가능하다"고 선언함으로써 보편적인 단결권을 인정하였으며, 1946년 공무원법에서 "공무원은 조합결성권이 인정된다"라고 명시하였다. 이러한 형식은 1958년의 제5공화국 헌법에서도 계승되고 있으며, 1983년 공무원 일반법에서도 명시하고 있다. 즉, "단결권은 공무원에게 보장된다. 공무원은 자유롭게 노동조합을 설립하고 그에 가입하며 조합활동 임무를 수행할 수 있다"고 규정하여 거의 모든 공무원이 단결권을 보장받고 있다.

따라서 일반 공무원은 물론이고, 경찰, 소방관, 공안대 직원, 법관, 교도관 등에게도 단결권이 보장되고 있다. 또한 상급 관리직원, 지휘·감독의 직책이나 인사·예산·경리·기밀 등의 업무를 담당하는 직원에게도 단결권을 제한하지 않고 있다. 다만, 도지사, 부지사, 군인은 단결권이 인정되지 않는다(조용만 외, 2003; 중앙인사위원회, 2002, 2003).

3 단체교섭권

프랑스 공무원에게 단체교섭권은 보장하고 있으나, 단체협약체결권은 없다. 즉, 단체협약은 체결하지만, 법적 구속력이 없는 일종의 신사협정이다.

단체교섭권은 제4공화국 헌법에서 "모든 근로자는 자신의 대표를 통하여 근로 조건의 집단적 결정과 기업의 경영에 참여한다"고 규정되었고, 제5공화국 헌법에서 이를 재확인하였다. 1983년의 공무원일반법에서는 "공무원 노동조합은 정부 결정 이전에 전국적 단위에서 정부와 사전 교섭을 할 수 있는 자격을 가지며, 관리를 담당하는 기관과 해당 단위에서 근로조건 및 업무편성에 관한 문제들에 대하여 논의할 수 있는 자격을 갖는다"라고 규정하여 노동조합의 임금교섭권과 기타 근로조건 등에 관한 협의권을 인정하고 있다.

프랑스에서는 복수노조가 일반화되어 있기 때문에 일정한 요건을 충족한 '대표적 노동조합'에게만 단체교섭권을 인정하고 있다.

한편, 프랑스 공무원의 근로조건은 원칙적으로 법령에 의하여 결정된다. 따라서 근로조건은 단체교섭에 의한 계약 대상이 되지 않는다. 현실적으로는 중앙정부와 노동조합 간에 근로조건(대표적인 임금수준 결정) 단체교섭이 이루어져 단체협약서가 작성되지만, 이는 정부의 결정과 의회의 승인을 위한 사전 교섭에 불과하며 의례적 행위라고 볼 수 있다. 하지만, 정부는 노동조합과 체결한 단체협약서를 존중하여 근로조건에 관한 법을 개정하므로 단체협약은 실제적으로는 준수되고 있다고 할 수 있다.[9]

4 단체행동권

1) 일반적 원칙

프랑스에서는 공무원을 포함한 공공부문 근로자들에게 원칙적으로 단체행동권(파업권)이 인정되고 있다.

1946년 제4공화국 헌법 전문에는 "파업권은 법률이 정하는 범위 내에서 행사된다"고 선언하였고, 현행 제5공화국 헌법은 이를 재확인하였으며, 1983년 공무원일반법은 "공무원은 파업권을 규제하는 법률의 범위 내에서 행사한다"고 규정하여 공무원의 파업권을 제한할 수 있는 여지를 남겨두고 있다. 현재까지 파업권을 제한하는 일반 법률은 존재하지 않으며, 여러 가지 형태로 파업권을 제한하고 있다.

2) 파업권의 제한 형태

(1) 특별법에 의한 제한

특별법에 의하여 명문으로 파업권이 인정되지 않는 공무원은 다음과

9) 물론 1982년 유럽통화제도의 재조정으로 모든 근로자의 임금을 동결한 경우가 있었고, 조스팽(Lionel Jospin) 정부는 2000년부터 2002년까지의 공무원 보수를 노동조합과 교섭 없이 일방적으로 결정한 사례도 있다.

〈표 10-5〉 특별법상 파업권이 인정되지 않는 공무원

- 공화국보안대	- 항공안전관제에 종사하는 특정 직원
- 경찰	- 내무부 통신 직원
- 교도관	- 군인
- 재판관	

같다.

이러한 제한은 반드시 공공부문 근로자로 한정하는 것은 아니며, 공공서비스를 제공하는 민간부문 근로자도 필요에 따라서는 적용이 가능하다. 이러한 파업이 금지되는 특정 공무원이 파업을 하는 경우에 징계처분의 대상이 된다.

(2) 고위직에 대한 제한

그 외 조건부로 파업권이 인정되는 공무원도 있는데, 도지사, 부지사, 본부의 고위직 공무원, 기관의 장들로서 이들의 파업이 정부의 공공 업무의 계속성이 방해되지 않는다고 관리 당국이 판단하는 경우에만 인정된다(1966년 12월 16일 판례, 중앙인사위원회, 2002, 2003).

(3) 파업제한법에 의한 제한

한편, 프랑스에서는 1962년과 1963년 공공부문에서 돌발적이고 파상적인 파업이 발생하자, 이의 문제점을 심각하게 고려하여 1963년에 '파업제한법'을 제정하였으며, 이 법률에서 파업예고 의무제도와 파상파업의 금지제도를 마련하였고, 두 차례의 개정을 거치면서 현재 노동법전에 규정되어 있다.

① 파업제한법의 적용 대상

프랑스 공무원의 단체행동권인 파업을 제한하는 법률의 적용 대상을 살펴보면 그 적용 범위는 상당히 넓고 사적 기업・조직・사업체를 포함한다는 점에서 상당히 미묘한 문제를 제기하고 최종적인 판단은 법원에 위임되어 있다. 적용 대상은 다음과 같다.

〈표 10-6〉 파업제한법에 의한 파업 금지 대상자

- 국가·주·현 및 인구 10,000명 이상의 시·읍·면의 직원 - 공공 서비스인 국·공영기업의 직원(프랑스 국철·항공·공항·교통공단·석탄·전기·가스·은행 등) - 공공 서비스의 관리를 담당하는 민간기업(병원, 공공방송, 프랑스방송협회, 지방·지구의 사회보장금고, 비영리사단의 교육시설, 사회복지사업 등)

② 파업예고 의무제도

노동법전에서는 파업 제한 법규의 적용 대상자들이 파업을 개시하려면 만 5일 전에 예고를 하여야 하며, 이 예고는 전국 차원, 당해 직종 또는 당해 기업·조직·업무에서 가장 대표적인 노동조합에 의하여 이루어져야 한다. 예고방식은 파업의 이유, 장소, 개시 일시, 예정된 파업기간 및 파업유형(전면파업 또는 부분파업 여부)을 명시하고, 파업이 개시되기 만 5일 전까지 공무원인 경우에는 직계상의 장에게, 공무원 이외의 경우에는 기업·조직·사업체의 경영관리 책임자에게 각각 통고하여야 한다.

예고의무를 지는 자를 '가장 대표적인 노동조합'으로 규정한 것은 비공인 파업을 회피하려는 목적에서 규정된 것이다. 이 제도는 국민을 위하여 당국이 파업 영향을 최소화하려는 조치를 취할 수 있도록 하는 데 있으며, '1982년 10월 19일법'은 관계 당사자에게 파업 예고 기간 중에 교섭할 의무를 부과하고 있다(중앙인사위원회, 2003: 195).

③ 파상파업 금지제도

파업 제한 규정은 또한 파상파업을 금지하고 있는데, 직종, 직무, 사업장 등에 따라 근로의 개시 또는 종료 등이 시간적으로 분산되어 이루어지는 파상파업을 금지하고 있다. 또한 동일한 사업장의 각종 부서 또는 동일한 기업이나 조직의 다른 사업장에 파업을 파급시키기 위하여 여러 차례에 걸쳐 계속적으로 또는 협의하여 교대로 업무를 중단시키는 행위를 할 수 없도록 규정하고 있다.

다만, 업무의 성질상 개시와 종료 시각이 그 자체로서 교대되면서 계속적인 업무에 종사하는 자(예로 전차 운전기사)가 파업을 행하는 경우는 파상파업에 해당하지 않는다고 해석되고 있다 (중앙인사위원회, 2003: 196).

(4) 행정관청에 의한 파업 제한

행정판례는 행정관청이 파업을 제한하는 권한을 인정하였다.[10] 그 논리는 파업권과 일반 이익의 충돌을 조정할 수 있는 입법이 존재하지 않는 경우에 공공서비스의 정상적인 제공기능을 책임지고 있는 자(정부 또는 행정기관의 장)는 공공질서에 반하는 파업권의 남용을 방지하기 위한 제한 조치를 규칙으로 정할 수 있으며, 또한 파업에 의하여 중단될 수 없는 필수업무(신체와 생명의 안전, 시설 및 재산의 보호, 계속적·핵심적 행정 업무 등)에 관한 사항을 규칙으로 정할 수 있다고 본다. 이러한 규칙의 적법성 여부는 행정법원의 심사대상이 된다고 본다.[11]

(5) 사법부에 의한 파업권의 제한

공무원의 파업권은 헌법상의 권리이지만, 파업의 정당성이 인정되기 위해서는 파업권의 행사라고 볼 수 있는 행위가 존재하여야 하며, 파업권의 남용 내지 한계 이탈에 해당되지 않아야 한다는 것이 판례의 입장이다 (중앙인사위원회, 2002, 2003).

첫째, 판례에 의하여 형성된 파업행위는 다음과 같다. 즉, 파업은 근로자들이 "직업적 요구를 뒷받침하기 위하여 단결하여 집단적으로 근로 제공을 완전히 정지 또는 거부하는 행위"이어야 한다. 이러한 요건이 충족되지 않는 파업은 근로계약상의 채무불이행 또는 직무유기 내지 불복종 행위로 간주되어 정부의 정당한 징계 조치의 대상이 된다. 아울러 민법상의 불법행위에 해당되는 경우 그에 따른 손해배상 책임도 인정하고 있다. 특히 태업은 근로 제공의 완전한 정지에 해당되지 않아 고의적인 채무 불이행 내지 불완전 이행으로 징계 대상이 된다는 판례에 따라 프랑스에서의 태업은 독

10) 파업제한권을 갖는 자는 다음과 같다. 수상, 관계 장관, 도지사, 시·읍·면의 장, 국립천문대소장, 지방병원센터장, 정신병원장, 파리공항이사장 등(이철수·강성태, 1997).

11) 그런데, 헌법은 "파업권은 법률이 정하는 범위 내에서 행사된다"고 선언하여 법률에 의한 파업권의 제한 가능성을 예정하고 있다. 그리고 헌법법원에서도 입법부만이 파업권을 제한할 수 있다고 보고 있으므로, 행정관청에 의한 파업권 제한 방식을 인정하는 행정판례는 논란의 소지를 안고 있다 (중앙인사위원회, 2002, 2003).

립적인 쟁의행위로 정당성이 인정되지 못한다.

둘째, 파업 범주에 해당되더라도 남용된 파업은 정당성이 인정되지 않는다. 즉, 파업권의 남용 여부를 판단하는 기준으로 민간부문은 '기업 존속의 저해 여부'를 , 공공부문은 '필수 업무의 저해 여부'를 들고 있다. 공공부문의 경우 필수적인 공공서비스를 계속적으로 제공하고 유지함으로써 일반이익을 보호하기 위하여 법률이나 행정이 공무원들에게 필수업무의 유지의무를 부과하고 있는데, 파업으로 이러한 필수업무 유지를 침해하는 경우에는 파업권의 남용으로 본다.

마지막으로, 파업권의 남용 여부를 판단할 때 공공부문의 경우 입법적으로 파업의 예고와 개시를 제도화하고 있으므로 민간부문의 파업과는 다른 기준을 사용하고 있다(중앙인사위원회, 2002, 2003).

3) 파업권에 대한 정부의 대응 방식

프랑스의 경우 공무원이 파업을 하는 경우 그에 대한 정부의 대응 방식은 급여의 감액, 징용, 지명, 징계처분 등이 있다. 징용은 공무의 계속성을 확보하기 위하여 파업 중에도 필수불가결하다고 판단되는 기관 등에 속하는 직원 전체를 징용하여 직무에 종사시키는 방식이다. 이는 각의에서 결정된 정령에 의하여 권한이 승인되어야 가능하다.

지명은 징용과 동일한 이유에 의하여 장관이 직무를 수행하는 직원을 해당 부서에 머무르도록 지명하는 것을 말한다. 한편, 징계처분의 경우 파업권을 가진 공무원이 파업제한법을 위반한 경우에는 징계 절차를 거쳐 징계처분을 하고, 파업권이 없는 공무원이 파업을 행한 경우에는 원칙적으로 징계 절차 없이 징계처분이 이루어진다.

5 분쟁조정제도

프랑스의 경우 공무원법을 비롯한 어떤 법률에도 공공부문의 노사 분쟁에 대한 개념 구분이나 정의를 내리지 않고 있다. 현행법상 공무원의 노사

분쟁을 해결하기 위한 특별한 절차는 없다. 정부와 노동조합 간에 분쟁이 발생하는 경우 파업예고제 등을 통한 제한과 앞에서 살펴본 각종 제한 장치를 사용하여 분쟁을 해결하는 특징을 갖는다. 프랑스의 경우 공공부문에 대한 어떤 연구도 노사 분쟁의 해결에 대한 독립적인 연구를 하지 않았다는 것이다(Treu et al., 1987; 서원석, 1995).

제 4 절 주요 국가의 공무원노조 비교

지금까지 설명한 주요 국가－대한민국, 일본, 미국, 독일, 영국 및 프랑스－의 노동기본권 보장 대상과 범위를 요약하여 정리하면 뒤의 <표 10-7>과 같다.

대부분의 국가에서 단결권은 인정하고 있으며, 단체교섭권의 경우 좁은 의미의 단체교섭권은 인정하지만, 협약체결권을 인정하지 않거나(일본, 독일), 협약을 체결하더라도 법적 구속력이 없는 신사협정으로 해석하고 있다(영국, 프랑스).

단체행동권은 국가마다 달라 일본과 미국은 인정하지 않고, 미국은 50개 주 중 10개 주에서 인정하고 있다.

영국과 프랑스는 인정하고 있으나, 일정한 제한(고용계약 해지, 파업예고제, 파상파업 금지 등)을 두고 있다.

〈표 10-7〉 외국의 공무원노동기본권 비교

국가	공무원	근거법	단결권	단체교섭권	단체행동권
대한민국	일반공무원	공무원노조법	인정	단체교섭권: ○ 협약체결권: ○	불인정
	단순노무공무원	노동조합법	인정		인정
	경찰/소방/군인 등	국가공무원법 등	불인정	불인정	불인정
일본	일반공무원	국가공무원법/ 지방공무원법	**인정**	**단체교섭권: ○ 협약체결권: ×**	불인정
	경찰/소방/교도/ 해상보안청		**불인정**	**단체교섭권: × 협약체결권: ×**	불인정
	현업공무원	국영기업노동관계법/지방공영기업 노동관계법	인정	**단체교섭권: ○ 협약체결권: ○**	불인정
미국	연방공무원	연방공무원제도 개혁법	**인정**	**단체교섭권: ○ (법정사항제외) 협약체결권: ○**	불인정
	감사원/군인/연방수사국		**불인정**	**단체교섭권: × 협약체결권: ×**	불인정
	주/지방공무원	주 법률	대부분 주: 인정	40개 주 인정	10개 주 인정
독일	일반공무원	연방공무원법	인정	단체교섭권: ○ 협약체결권: ×	불인정
	공공부문 근로자 (계약직·노무직)	독일기본법 단체협약법	인정	단체교섭권: ○ 협약체결권: ○	인정 (국민 생존 필수분야 제한)
영국	공무원	고용관계법	인정	단체교섭권: ○ 협약체결권: △ (구속력 없는 신사협정)	금지법률 없음
	경찰		경찰연맹 인정		불인정
프랑스	공무원	공무원의 권리와 의무에 관한 법률	인정	단체교섭권: ○ 협약체결권: △ (법적 구속력 없음)	인정 (파업 예고제 등 절차·형태제한)
	경찰/ 공화국보안대		인정	단체교섭권: ○ 협약체결권: △ (법적 구속력 없음)	불인정

자료: 앞에서 설명한 내용과 선행 연구자료, 정부간행물 등을 바탕으로 저자가 정리함.

Chapter 11

대한민국 공무원 노사관계의 발전 방향

대한민국은 한반도의 분단 상황, 국내의 정치적 특수성으로 인하여 오랜 기간 동안 노동행정과 노동정책은 안보행정, 안보정책의 일부분으로 인식되어 처리되어 왔던 불행한 역사를 가지고 있다. 이러한 상황하에서 공무원에게 노동기본권을 보장한다는 것은 감히 생각조차 하기 힘든 사안이었다.

열악한 정치 상황과 근로환경 속에서도 소위 50대 이후 세대로 불리는 국민들의 허리띠를 졸라매며 흘린 피와 땀, 몇몇 경제계 지도자들의 과감하고 추진력있는 리더십, 민주주의를 최상의 가치로 여기며 온갖 탄압과 굴종 및 시련을 온몸으로 견디고 쟁취한 민주주의의 선구자적 정치인, 이를 창의력과 다양성으로 이어가는 후세대들 모두의 덕분으로 대한민국은 이제 경제 선진국으로 진입하는 쾌거를 가져왔다. 경제 선진화와 달리 정치를 상징하는 여의도 국회와 청와대는 아직도 후진성을 벗어나지 못하여 개혁 대상의 상위 순위를 점하고 있다. 하지만, 대한민국 국민의 우수성을 믿기에 조만간에 정치와 경제 선진화를 바탕으로 통일 대한민국을 건설할 것으로 본다.

정치 선진화의 작은 그러나 매우 중요한 기반의 하나가 민간부문과 공공부문의 노사관계 선진화라고 할 수 있다. 노동조합은 그 기능상 경제적 기능, 공제적 기능 및 정치적 기능을 갖는다. 특히 공무원노동조합은 압력단체로서의 기능, 행정의 민주화 기능, 실적제의 강화와 직업윤리 확립 등의 기능을 수행할 수 있다. 이러한 제반 특징을 지니고 있음에도 불구하고 그

동안 정부는 여러 국내외 사정에 의해 극히 일부 공무원들에 한정하여 노동기본권을 인정하여 왔던 것이다.

그러나, 국내외의 제반 환경이 급변하면서 정부도 공무원들에게 근로자로서의 사회적·경제적 지위 향상을 위한 수단의 하나인 공무원단체를 보장하는 정책을 추진하기에 이르렀다. 역사적 흐름에 따라 국민의 정부부터 공무원의 노사관계가 행정부, 특히 정부 인사행정의 주요 쟁점 사안으로 등장하게 되었으며, 2002년 10월에 행정자치부 법안으로 「공무원조합의설립및운영등에관한법률안」을 국회에 제출하였으나, 몇 가지 쟁점에 대한 합의 부재로 그 법안은 폐기되었다.

이후 2003년 참여정부가 들어서면서 공무원의 노동기본권 보장문제는 국정의 주요 현안으로 부각되었고, 주무 부서도 행정자치부에서 노동부로 바뀌면서 좀 더 전향적으로 공무원노동조합법안을 마련하게 되었다. 참여정부는 2004년 6월 공무원노동조합법안을 입법예고한 뒤, 여론을 수렴하여 10월에 국회에 제출하였으며, 국회는 제251회 임시회에서 12월 31일 「공무원의노동조합설립및운영등에관한법률」(이하 공무원노동조합법)을 통과시켰다. 공무원노동조합법에 따라 2006년부터 우리나라도 6급 이하 대부분의 공무원은 공무원노동조합을 결성하여 사용자인 정부와 단체교섭을 진행할 수 있게 되었다.

하지만, 모든 정책의 내용이 처음부터 만족할 만한 내용을 담을 수는 없듯이 공무원노동조합법도 몇 가지 부분에서 한계를 지니고 있다. 대표적인 사항으로 가입대상의 경우 공무원의 범위를 직급(계급)을 기준으로 삼은 결과, 6급 이하의 일반직공무원(연구, 특수기술직렬 포함) 및 이에 상당하는 별정직·계약직 공무원 그리고 특정직 공무원 중 6급 이하의 일반직 공무원에 상당하는 외무행정·외교정보관리직 공무원들로 한정하였다는 점이다.

공무원노동조합에의 가입범위는 직급이 아닌 공무원이 담당하는 직무의 공공성을 기준으로 재설정하여야 할 것이다. 대부분의 선진 국가에서는 노동기본권의 보장여부를 직급에 의하여 제한하기보다는 공무원이 담당하는 업무의 성격이 얼마만큼 공익성이 강하느냐에 따라 제한하고 있음을 참조할 필요가 있다.

아울러 조직형태의 범위, 단체교섭의 대상, 분쟁조정기구의 활성화 방안, 공무원노조의 정치적 행위 허용 여부 등이 심도있게 논의되어야 한다.

일반공무원의 노동기본권을 보장할 당시 공무원 및 노동조합의 정치활동을 보장하느냐에 대하여 많은 토론이 있었지만, 정치적 부담, 국민의 반대 등으로 정치활동을 허용하지 않는 방향으로 입법이 이루어졌다. 하지만, 공무원 특히 교원 노동조합은 간헐적으로 정치적 활동이라고 판단할 수 있는 여러 가지 활동을 해왔고, 이는 정치적 및 여론의 관심으로 이어지며, 한동안 사법부의 상이한 판결로 나타나면서 더욱 혼란을 가져오는 상황이 발생하였다. 국제노동기구(ILO)에서도 우리나라 공무원 노동조합의 정치활동을 허용하라는 권고가 있으나, 아직까지 정치권을 비롯한 국민 여론의 전반적인 입장은 공무원(교원) 및 노동조합의 정치활동을 허용하지 않는 분위기라고 할 것이다.

우리나라는 직업공무원제를 지향하고 있어 공무원의 신분보장과 정치적 중립을 강하게 요구받고 있다. 따라서, 노동조합은 정치적 중립을 바탕으로 공무원의 권익을 보호하고 국민에게 양질의 행정서비스를 제공하기 위하여

합법적이며 합리적인 노조활동문화가 정착되어야 한다. 일부 노동조합이 정치적 성격의 조합활동을 하는 경우 정부와 국민들에게 노조활동에 대한 신뢰확보 보다는 불안감만 가중시켜 공무원노조에 대한 국민여론을 악화시킬 가능성이 높다.

공무원은 그 임용주체가 궁극적으로 주권자인 국민 또는 주민이기 때문에 국민 전체에 대하여 봉사하고 책임을 져야 하는 특별한 지위에 있고 일반 근로자와는 다른 특별한 근무관계에 있다. 아울러 공무원은 그 담당하는 업무가 국가 또는 공공단체의 공공적인 속성을 지니므로 직무를 수행할 때 공공성, 공정성, 책임성 및 중립성 등이 특별히 요구되어 일반 근로자와는 다른 특수한 근무관계를 가진다. 이러한 공무원의 신분, 직무상의 특수성은 헌법 제7조 제1항, 제2항(공무원의 지위, 책임, 신분, 정치적 중립성), 제29조 제1항, 제2항(공무원의 불법행위와 배상책임), 제33조 제2항(공무원의 노동3권 제한), 공무원 관계 법률의 신분보장 규정 등에 의해서도 확인

될 수 있다.

민간부문의 경우 노동조합의 정치활동이 허용되고 있으나, 공무원노조법에는 노동조합과 그 조합원의 정치활동을 금지하고 있으며, 공무원노조는 공직선거법에 의하여 정치활동이나 공직선거에의 관여가 금지된 단체에 해당되고, 노조법상의 노동조합과 달리 그 명의 또는 그 대표의 명의로 선거활동을 할 수 없고, 정치자금의 기부도 금지된다.

민주주의는 국민의 의견인 여론을 정책에 반영하는 제도이다. 우리나라도 민주주의 국가이며, 공무원(교원)노동조합의 정치적 중립과 정치적 활동 문제도 궁극적으로 국민여론이 결정할 문제이다. 정부와 노조가 상호신뢰 속에 상생적 노사문화로 국가경쟁력 강화에 이바지하고 양질의 행정서비스를 제공할 때 국민 여론은 공무원(교원)노조의 정치적 행위를 허용할 것이다.

우리나라는 그동안 민간부문 및 공공부문의 노사관계가 적대적, 대립적, 투쟁적이며 소모적이고 비효율적인 노사관계로 나타나 국민들의 불안이 가중되어 왔다. 이제는 경제 선진국답게 노사관계, 특히 공공부문은 상생적이고 협력적인 노사관계를 마련하기 위한 구체적인 실행방안이 절실하게 요구되고 있다.

이를 위해서는 무엇보다도 사용자인 정부와 근로자측인 공무원노동조합은 서로 신뢰하고 협력이 중요하다는 인식전환과 행동이 요구된다. 일부 정치인의 경우 아직도 권위적인 인습에 얽매여 모든 노동조합을 백안시하거나 과격한 좌파로 인시가는 것은 노사관계의 선진화를 통한 정치와 경제 선진화에 결코 도움이 되지 않는다는 것을 이해해야 한다. 아울러 일부 노동조합단체나 임원의 경우 노동조합 본래의 목적을 경시하고 자신의 정치적 기반이나 경제적 이익 확보를 위해 투쟁을 위한 투쟁으로 악용하는 것은 정상적인 노조마져 사용자단체인 정부와 국민들로부터 진정한 신뢰를 형성할 수 없도록 함으로서 조합원의 노동기본권 선진화에 걸림돌로 작용하므로 과감한 개혁이 요구된다. 이러한 인식전환과 개혁속에 격식과 형식에 얽매이지 말고 상호 대화와 협상을 위한 소통이 이루어져야 한다.

다음으로 상호이해와 상생적 노사관계를 구축하기 위해 미국의 이해기반교섭제도와 노사공동위원회제도 도입을 적극적으로 검토할 필요가 있다.

세 번째로 특히 민간부문에서 임금과 관련한 노사 간의 투쟁이 심하였던 과거를 돌아볼 때, 공무원노동조합도 이러한 전철은 밟을 가능성이 상존하는 만큼 일본의 공무원 임금권고안 제도의 도입문제도 논의할 필요가 있다. 공무원의 임금은 단체교섭(협상)에 의하여 결정되는 것이 아니므로 공정하고 객관적인 제3기관의 임금권고안을 노사 간에 서로 양보하면서 적극적으로 수용하는 전향적인 자세야말로 공공부문의 노사안정화에 크게 기여할 것으로 예상되기 때문이다.

네 번째로 유럽 제 국가들에서 나타나듯이 상호 이해관계를 인정하고 존중하며 신뢰를 바탕으로 한 공동체 의식과 절제된 노사관계, 문화, 파업예고제 등은 우리 사회에 시사하는 바가 매우 높다고 할 것이므로 이러한 문화기반 구축과 확산을 위한 정부와 국민들의 관심과 지원이 이루어져야 할 것이다.

앞으로 공무원노조가 우리 노사문화에 모범이 되는 상생 노사문화를 발전·정착시킬 수 있도록 제반 제도와 여건을 마련할 필요가 있다. 노사문화와 협상에 대한 올바른 이해, 공무원사회의 합리적인 노사 활동, 정부의 적극적이고 개방적인 대화와 소통, 노사(정부와 공무원) 모두 합리적이고 선진화된 협상전략과 전술 사용 등이 하루빨리 우리 사회에 뿌리내려야 할 것이다.

정부와 공무원노동조합 모두 서로가 공존할 때 이익이 공유된다는 사실을 인식하여 격의와 형식을 벗어나 신뢰와 소통을 근간으로 서로 양보하여 합리적인 노사상생의 대협상이 이루어질 때 한국의 노사문화가 선진화되고 선진사회로 진입할 수 있을 것임을 명심해야 한다. '좋은 정부는 좋은 관리에 의존한다(Good Government depends on Good Management.)'는 의미를 다시 한 번 강조하고 싶다.

참고 문헌

국내 문헌

강석인(1987). 노사관계관리론. 일조각.
강성철 외(2008).「새인사행정론」. 대영문화사.
강수돌(1997a).「독일 공공부문 노사관계의 구조와 영향」. 한국노동연구원.
———(1997b). 공기업 노사관계 및 인적자원관리 연구. 한국노동연구원.
강순희(1996).「일본의 공공부문 노사관계」. 한국노동연구원.
김남진 · 김연태(2012). 행정법 Ⅰ, Ⅱ. 법문사.
김동희(2009). 행정법 Ⅰ, Ⅱ. 법문사. 박영사.
공공부문노조연대회의(2006).「공공연대 대정부 요구안 해설집」.
공무원노동조합총연맹(2007). 건국 이후 최초, 59년 만에 열린 정부 · 공무원노동조합 단체교섭 타결(보도자료), 2007.12.14.
공무원노동조합협의회(2003).「2002 사업보고서」
교육인적자원부(1989).「참교육론의 교육학적 시각」.
국제노동연구소(1991). ILO와 단결권. 돌베개.
국회사무처의안과(1990). 법률안 계류 현황 내부자료.
김금수 역(1988).「영국노동조합운동사(상, 하)」. 새얼문화재단.
김금수 · 박현채 외(1985).「한국노동운동론 1」. 미래사.
김낙중(1982).「한국노동운동사: 해방후 편」. 청사.
김명수(2005). 공무원노동조합 발전 방안에 관한 연구. 중앙대학교 행정대학원 석사학위 논문.
김부연(2004). 우리나라 공무원의 노동기본권과 직장협의회 제도의 활성화 방안. 울산대학교 지역개발대학원 석사학위 논문.
김상욱 편역(1990).「교직원 노동조합의 이론과 일상활동」. 미래사.
김상호(1999).「공공부문의 단체교섭에 관한 연구」. 한국노총중앙연구원.
———(2000).「공무원직장협의회법에 관한 비교법적 고찰」. 한국노총중앙연구원.

———(2002). 공무원 직장협의회제도의 문제점과 그 대응 방안, 한국노총 중앙연구원 9월 주제발표문.

김성구(2004). 공무원의 근로 삼권 보장 방안에 관한 연구. 전남대학교 대학원 석사학위 논문.

김성훈 · 조경호(2002). 공무원 노동기본권 보호의 실효성 확보를 위한 제도적 조건의 탐색: 비교론적 접근 「한국인사행정학보」 1(1).

———(2003). 공무원 단체교섭의 효율적 운용과 정부의 전략: 교원노조 교섭 경험을 중심으로, 「한국행정연구」. 가을호. 한국행정연구원.

김신복 · 백종섭 외(1993). 「공직사회 의식개혁 방안 조사연구」. 서울대 행정대학원 부설 한국행정연구소.

김욱남(2003). 공무원의 노동삼권과 노동조합, 연세대학교 정경대학원 석사학위 논문.

김유선 외(2004). 「효율적인 공무원 노사관계 운영 방안 연구」. 행정자치부 연구용역보고서.

김유성(2004). 「노동법 Ⅱ」. 법문사.

김윤환(1982). 「한국노동운동사 Ⅰ: 일제하 편」. 청사.

김인재(2001a). 공무원노조와 교수노조의 결성과 합법화 방향 「노동법연구」 제11권. 서울대학교 노동법연구회.

———(2001b). 공무원의 사회적 신분과 노동자성. 전국공무원직장협의회 · PSI 한국가맹노조 주최 공무원노동기본권 보장을 위한 정책토론회 자료집.

김재기(2000). 공무원노동조합법제의 입법 방향: 단기적 입법 방향을 중심으로. 「노동법연구」.

김재훈(2005). 공무원 노사관계 전망 및 발전 방향. 한국노동교육원 토론회자료집.

김정한 · 오학수 · 이상민 · 채준호(2006). 「신공공관리와 공무원 노동운동」. 한국노동연구원.

김준(1996). 공공부문 노사관계제도의 쟁점과 개선 방안. 「입법조사연구」 126(3).

김헌수(2009). 노동조합 및 노동관계조정법. 법원사.

김형태(2004). 공무원노동조합의 발전 방향에 관한 연구, 전남대학교 행정대학원 석사학위 논문.

노광표 · 박장현 · 인수범(2003). 「외국 공무원노조의 조직과 교섭」, 한국노동사회연구소.

노동부(1996. 11). 「노동관계법 개정안 비교」.

———(2005a). 공무원노조법 주요 내용 및 쟁점 해설.

———(2005b). 보도 참고 자료.

노사관계개혁위원회(1996), 「공무원 · 교원의 노동권」.

———(1997). 「공무원 단결권 보장 방안」.
———(1997. 3). 「개정 노동법 비교」.
———(1998). 「노사관계개혁위원회 백서」.
노사관계개혁추진위원회(1996). 「노동관계법 개정안」.
———(1998). 「경제위기 극복을 위한 사회협약」.
———(1999.8). 「합의 사항 이행 현황」.
노사정위원회(2000a). 「1999 노사정위원회 활동 현황」.
———(2000b). 「2000년도 노사정위원회 활동 현황」.
———(2002). 「21세기 노사관계 발전 방안」.
———(2003). 「노사정위원회 5년 백서」.
박덕제 · 박기성(1989). 「한국의 노동조합 I」. 한국노동연구원.
박동서(1990). 「인사행정론」. 법문사.
———(2002). 「인사행정론」. 법문사.
박연호(1989). 「인사행정신론」. 법문사.
박영범 · 이상덕(1990). 공공부문의 노사관계. 한국노동연구원.
박영범 · 카멜로 노리엘 편, 이원희 역(1994). 「공공부문 노사관계의 국제적 추세와 한국의 과제」. 한국노동연구원.
박주영(2003). 공무원노동조합의 결성과 영향 요인에 관한 연구. 고려대학교 노동대학원 석사학위 논문.
박준식 · 박주영(2006). 「공무원 노동조합의 형성 과정과 의식조사를 통해 본 공무원 노사관계의 특성과 정책과제」. 한국노동연구원.
박천오 외(2004). 「인사행정의 이해」. 법문사.
박태주 외(2001). 「공공부문의 노사관계에 관한 연구: 단체교섭 구조를 중심으로」.
백종섭(1991a). 「한국 공무원단체 활동의 영향 요인에 관한 연구」. 서울대학교 대학원 박사학위 논문.
———(1991b). 정부의 공무원단체 활동에 관한 논의. 「현대사회」 11(2).
———(1992). 공무원단체활동의 영향 요인에 관한 연구. 「한국행정학회」 26(2).
———(2004). 공무원단체의 활동 및 제도의 변천에 관한 연구. 「대전대사회과학논문집」 23(1).
———(2005). 공무원노동조합제도의 정책적 쟁점과 해결 방안. 「한국인사행정학회보」 4(2).
백종섭 외(2005).「공무원 노사관계 성공사례 연구」, 한국행정연구원.
————(2008). 공무원 노사관계. 한국노동교육원.
서울대학교 사회과학연구소(1989). 「노사관계에 대한 국민의식 조사연구」.
서원석(1990). 한국 공무원의 단체활동에 관한 인식분석적 연구. 연세대 박사학위 논문.
———(1995). 「ILO 회원국의 공무원단체 활동 비교연구」. 한국행정연구원.
———(2002). 「한국 공무원 노사관계의 발전 방안」. 한국행정연구원.
서필언(2005). 「영국 행정개혁론」. 대영문화사.
신인령(1987). 「노동기본권연구」. 미래사.
———(1997). 공무원노조의 보장: 깨끗한 공직사회를 위한 공무원노조의 역할. 「법학논집」 2(1). 이대 법학연구소.
오석홍(1989, 1997). 「인사행정론」. 박영사.
유훈(1984). 노동조합운동과 노동정책. 「행정논총」, 22(2).
이규창 외(2001). 「신노사관계론」. 법문사.
이목(1989). 한국교원노동조합운동사. 도서출판 푸른나무.
이상윤(2000). 공공부문 노사관계의 법적 체계와 근로 상황. 한국노사관계학회 2000년 정기학술발표대회 논문: 4-11.
———(2008). 「노동법」. 법문사.
이상준(2002). 한국 공무원의 단체활동에 관한 연구. 경기대학교 대학원 석사학위 논문.
이승욱(2001). 「복수노조 병존의 쟁점과 과제」. 한국노동연구원.
———(2002). 「일본의 공무원 단체활동 보장제도」. 중앙인사위원회.
이영면(2000). 「고용관계론」. 경문사.
이윤경(2003). 공무원노동조합의 발전 방향, 전남대학교 행정대학원 석사 논문.
이을형(1996). 결사의 자유에 관한 서설: ILO 제87호 조약을 중심으로. 우전 이병태교수화갑논문집. 「신세기 노동법의 전개」.
이준범(1992). 「현대노사관계론」. 박영사.
이철수(1996). 「공공부문 노동관계에 관한 일 고찰」. 「노동법연구」 제5호.
이철수・강성태(1997). 「공공부문의 노사관계법」. 한국노동연구원.
이철수 외(2002). 「효율적인 공무원단체교섭 모델 운영 방안에 관한 연구」. 중앙인사위원회 연구용역보고서.
———(2004). 「공무원단체 업무 매뉴얼」. 행정자치부 연구용역 보고서.
임서정 역(1993). 프랑스의 노사관계법제. 한국노동교육원.
장홍근(2000). 「노동정책의 유럽적 대안」. 한국노동연구원.
전국공무원노동조합(2005. 8. 17). 「전국공무원노동조합 규약・규정집」.
전국교원노동조합(1990). 「한국교육운동백서: 1978-1990」. 풀빛.
전국교직원노동조합 외 공편(1989). 「민주화를 위한 교육백서」. 풀빛.
전명숙(2003), 「미국 공공부문」. 한국노동연구원.
조경호・김성훈(2001). 공무원노동기본권 보호의 실효성 확보를 위한 제도적 조건

의 탐색: 비교론적 접근. 「인사행정연구회 하계학술대회 발표논문집」.
조선일(2001). 공무원직장협의회제도 운영에 관한 실증적연구. 「한국행정학회보」. 35(4): 99-120.
조석준(1982). 한국의 노동조합조직과 노동행정에 관한 연구. 「행정논총」. 서울대.
조용만 · 문무기(2002). 「공무원 노동기본권 입법 방향」. 한국노동연구원.
조용만 외(2003). 국제노동 기준과 한국의 노사관계. 한국노동연구원.
중앙인사위원회(2001). 「주요 외국의 공무원인사제도 비교연구」.
———(2002). 「효율적인 공무원단체 교섭모델 운영 방안에 관한 연구」.
———(2003). 「공무원노조 관련 분쟁 유형 및 조정 방안에 관한 연구」.
최영기 외(2000). 「한국의 노동법 개정과 노사관계」. 한국노동연구원.
최종태(1998). 「현대노사관계론」. 경문사.
하동원(1994). 「미국연방공무원제도」. 동북아연구소 · 사회교육연구회.
하재룡(2006), 공무원 분쟁조직기구 효율화 방안 연구.
———(1993. 9), 한국노총노동관계법 개정에 관한 청원.
한국노동연구원(1989). 「분기별 노동동향분석」. 봄호.
한국노동조합총연맹(1979, 1985). 「한국노동조합운동사」.
———(1997. 2. 24). 「노동법 개정에 관한 입장」.
한국지방행정연구원(1986). 「각국의 공무원제도 비교」.
한국행정연구원(2005). 공무원 노사관계 성공사례 연구.
행정안전부(연도 미상). 외국의 공무원 노사관계.
행정자치부(2004). 공무원단체 업무 매뉴얼.
———(2004.10). 「외국공무원 노동조합 운영사례 연구 실무연수 보고서: 핀란드, 스웨덴, 노르웨이」.
———(2004. 12). 「협력공무원 노사관계 구축을 위한 실무연수 보고서: 호주, 뉴질랜드」.
———(2005). 「공무원단체 기본 현황」, 공무원단체 복무팀.
———(2005.4). 「공무원 단체교섭 참고사례집」.
———(2006). 2006년 정부교섭 절차 등에 관한 합의서.
———(2007.12.14). 2006 정부교섭 단체협약서.
———(2007.12.14). 정부, 공무원노조와의 첫 단체교섭 성공적 타결: 노사문화의 새로운 장 펼쳐져(보도자료).
———(2008.1). 「알기 쉬운 공무원 노사관계」.
홍기갑(1990). ILO 제87호 협약에 관한 연구. 숭실대학교대학원 박사학위 논문.
홍준현 · 조진래(1997), 「미국의 연방정부조직」, 한국행정연구원.

경향신문, 1990. 9. 28; 1996. 12. 5.
대구매일신문(1960 5. 6; 5. 22; 8. 27; 8. 16; 9. 15; 9. 28; 9. 29; 9. 30; 1961. 1. 20).
동아일보, 1960. 7. 5.
매일노동뉴스, 1996. 11. 28.
서울신문, 1960. 10. 6.
영남일보(1960. 5. 1 사설; 6. 26; 7. 6; 8. 6; 8. 11; 8. 16; 1960. 9. 3; 9. 9; 9. 15; 9. 28; 9. 29; 9. 30; 10. 31; 1961. 1. 20; 2. 21).
조선일보, 1960. 10. 7.
한겨레신문, 1989. 6. 1; 1989. 6. 28; 1996. 12. 2; 1996. 12. 26.
한국일보, 1994. 1. 17.

국외 문헌

Ban, Carolyn(1999). The Status of Public Personnel Reform in the United States: Themes and Variations. International Symposium Proceedings, *Knowlege-Based Society and Human Resources Management in Government*.

Beaumont, P. B. (1992). *Public Sector Industrial Relations*, Routledge, London and New York.

Bent, Alan E. & T. Z. Reeves(1978). *Collective Bargaining in the Public.*

Cho, Seonil(1999). A Comparative Study on the Factors and Process of the Changes in the Labor Policy, *Korean Journal of Policy Studies*, Vol. 14-1.

Coleman, Charles J.(1990). *Managing Labor Relations in the Public Sector.* San Francisco: Jossey-Bass Publishers.

Cozzetto, Don A. et al.(1996). *Public Personnel Administration: Confronting the Challenges of Change, Upper Saddle Review.* NJ: Prentice-Hall.

Drewry G. & T. Butcher(1988). *The Civil Service Today.* Oxford: Basil Blackwell Ltd.

Frankel, Saul(1964). Employee in the Public Service. *PAR.* 25(4).

Gerhart, Barry et al.(1995). Employee Compensation: Theory, Practice, and Evidence. In *Handbook of Human Resource Management.* Oxford: Blackwell Publishers Ltd.

Godine, M. R. (1967). *The Labor Problem in the Public Service.* N. Y.:

Russell & Russell.

Henry, Nicholas(1989). *Publie Admmstration & Public Affairs.* 4th ed., Englewovd Cliffs: Prentice-Hall.

ILO(1985). *Freedom of Association*, 3rd ed. Geneva: ILO.

Kearney, Richard C. & D. G. Carnevale(2001). *Labor Relations in the Public Sector.* N.Y.: Marcel Dekker, Inc.

Kearney, Richard C. & W. Hays Stevens(1994). Labor-Management Relations and Participative Decision Making: Toward a New Paradigm. *Public Administration Review,* 54(1): 44-51.

Klingner, Donald E.(1980). Federal labor Relations After the Civil Service Reform Act. *PPM*, 9(3): 172-183.

Leap, Terry L.(1991). *Collective Bargaining and labor Relations.* New York: Macmillan Publishing Co.

Masters, Marick F. & Robert R. Albright(1999). The Federal Sector Labor Relations: Climate under Executive Order 12871. *Journal of Collective Negotiations.* 28(1): 69-82.

Nigro, F. A.(1968). A Symposium: Collective Negotiation in the Public Service. *PAR*, 28(2): 111-147.

Nigro, F. A. & L. G, Nigro(1986). *The New Public Personnel Administration.* Illinois: F. E. Beacock Pub. Inc.

Osborne, David & Ted Gaebler(1992). *Reinventing Government: How the Entrepreneurial Spirit Is Transforming the Public Sector*, Reading, MA: Addison-Wesley.

Perlman, Mark(1958). *Labor Union Theories in America: Background and Development*, Row Peterson & Co.

Powell, N. J.(1956). *Personnel Administration in Govn't.* Englewood Cliffs, N. J.: Prentice-Hall, Inc.

Shafritz, Jay M. et al.(1992). *Personnel Management in Government.* 4th ed. New York: Marcel Dekker, Inc.

Siegel, G. B. & R. C. Myrtle(1985). *Public Personnel Administration*, Boston: Houghton Mifflin Company.

Stahl, O. Glenn(1983). *Public Personnel Administration.* 8th ed. New York: Harper & Row Publishers.

Spero Sterling & John M. Capozzola(1973). *The Urban Community and Its Unionized Bureaucracy.* N. Y.: Dunellen.

Treu, Tiziano et al.(1987). *Public Service Labor Relations-Recent Trends and Future Prospects*. Geneva: ILO.

Tyler, Gus(1968). *The Political Imperative*. N. Y.: The Macmillan Co.

———(1972). Why They Organize? *PAR*, 32(2): 97-101.

———(1987). *Industrial Democracy*. N. Y.: Longmans, Green & Co.

Webb, Sidney & Webb Beatrice(1956). *The History of Trade Unionism*. N. Y.: Longmans, Green & Co.

Wellington, Harry, H. & Winter, R. K. Jr(1971). *The Unions and the Cities*. Washington, D. C.: The Brookings Instituion, quoted in.

White, L. D. (1963). *Introduction to the Study of Public Administration*. 4th ed. N. Y.: The Macmillan Co.

鵜飼信成(1980).「公務員法(新版)」. 有斐閣.

阿部泰隆他(1983).「地方公務員法入門」, 有斐閣.

佐藤達夫(1997).「國家公務員制度」, 學陽書房.

和田筆(2003). 國家公務員の勞働基本權と勞働條件決定System,「季刊勞働法」202號, 總合勞働研究所.

www.moleg.go.kr.

www.nanet.go.kr/nal/3/3-1-2/issue-126.htm

찾아보기

ㄱ

ㅅ

ㅇ

ㅈ

ㅊ

ㅋ

ㅌ

ㅍ

ㅎ

저자 소개

백종섭(白鍾燮)

[약력]

- 전북 임실 출생
- 보성고등학교 졸업
- 서울대학교 사범대학 사회교육과 졸업(문학사)
- 서울대학교 행정대학원 졸업(행정학 석사)
- 서울대학교 대학원 행정학과 졸업(행정학 박사)
- 1980년 제24회 행정고시 합격(2차)
- (전)한국행정학회 윤리위원회 위원장
- (전)한국인사행정학회 회장
- (전)한국공공행정학회 회장
- Indiana University Fellowship
- (현)중앙노동위원회 공익위원
- (현)행정안전부 자체평가위원
- (현)대전대학교 행정학과 교수

[저서 및 논문]

- 「개정판 새행정학」(공저, 2011)
- 「참여정부 인사개혁의 현황과 과제」(공저, 2006)
- 「민주사회와 행정개혁」(공저, 2003)
- 「시민사회와 행정」(공저, 2002)
- 「지방자치의 미래」(공저, 2001)
- 「복지행정론」(공저, 1998)
- 최저임금제 실시의 타당성 분석(석사학위 논문, 1984)
- 공무원단체활동의 영향요인에 관한 연구(박사학위 논문, 1991)
- 공무원의 이중몰입 분석: 평행모델의 적용(2011)
- 참여정부 인사정책에 대한 평가 소고(공저, 2007)
- 국립대학교 직원의 노조몰입결정요인 분석(2006)
- 공무원노동조합제도의 정책적 쟁점과 해결 방안(2005) 외 다수

공무원노동조합론

펴낸날 / 제1판 제1쇄 2013년 1월 7일
지은이 / 백종섭
펴낸이 / 임춘환
펴낸곳 / 도서출판 대영문화사
주소 / 서울 용산구 청파동 1가 178-2 ㊥ 140-869
등록 / 1975년 12월 26일 제3-16호
전화 / (02)716-3883, (02)714-3062
FAX / (02)703-3839
홈페이지 / http://www.dymbook.co.kr

ISBN 978-89-7644-372-4

〔값 13,000원〕